U0524636

"十三五"国家重点出版物出版规划项目

习近平新时代中国特色社会主义思想学习丛书

名誉总主编　王伟光
总　主　编　谢伏瞻
副总主编　王京清　蔡昉

总　策　划　赵剑英

全面依法治国
建设法治中国

李 林 莫纪宏 著

中国社会科学出版社
CHINA SOCIAL SCIENCES PRESS

图书在版编目(CIP)数据

全面依法治国　建设法治中国/李林，莫纪宏著.—北京：中国社会科学出版社，2019.3（2023.2 重印）

（习近平新时代中国特色社会主义思想学习丛书）

ISBN 978-7-5203-4031-1

Ⅰ.①全… Ⅱ.①李…②莫… Ⅲ.①社会主义法制—建设—中国—学习参考资料 Ⅳ.①D920.0

中国版本图书馆 CIP 数据核字（2019）第 016238 号

出 版 人	赵剑英
项目统筹	王　茵
责任编辑	王　茵　孙　萍
特约编辑	许　琳
责任校对	郝阳洋
责任印制	王　超

出　　版	中国社会科学出版社
社　　址	北京鼓楼西大街甲 158 号
邮　　编	100720
网　　址	http://www.csspw.cn
发 行 部	010-84083685
门 市 部	010-84029450
经　　销	新华书店及其他书店

印刷装订	北京君升印刷有限公司
版　　次	2019 年 3 月第 1 版
印　　次	2023 年 2 月第 13 次印刷

开　　本	710×1000　1/16
印　　张	25.75
字　　数	279 千字
定　　价	57.00 元

凡购买中国社会科学出版社图书，如有质量问题请与本社营销中心联系调换
电话：010-84083683
版权所有　侵权必究

代 序

时代精神的精华
伟大实践的指南

谢伏瞻*

习近平总书记指出:"马克思主义是不断发展的开放的理论,始终站在时代前沿。"① 习近平新时代中国特色社会主义思想,弘扬马克思主义与时俱进的品格,顺应时代发展,回应时代关切,科学回答了"新时代坚持和发展什么样的中国特色社会主义、怎样坚持和发展中国特色社会主义"这个重大时代课题,实现了马克思主义中国化的新飞跃,开辟了马克思主义新境界、中国特色社会主义新境界、治国理政新境界、管党治党新境界,是当代中国马克思主义、21世纪马克思主义,是时代精神的精华、伟大实践的指南。

---

* 作者为中国社会科学院院长、党组书记,学部主席团主席。
① 习近平:《在纪念马克思诞辰200周年大会上的讲话》(2018年5月4日),人民出版社2018年版,第9页。

一 科学回答时代之问、人民之问

马克思说过:"问题是时代的格言,是表现时代自己内心状态的最实际的呼声。"① 习近平总书记也深刻指出:"只有立足于时代去解决特定的时代问题,才能推动这个时代的社会进步;只有立足于时代去倾听这些特定的时代声音,才能吹响促进社会和谐的时代号角。"② 习近平新时代中国特色社会主义思想,科学回答时代之问、人民之问,在回答和解决时代和人民提出的重大理论和现实问题中,形成马克思主义中国化最新成果,成为夺取新时代中国特色社会主义伟大胜利的科学指南。

(一)深入分析当今时代本质和时代特征,科学回答"人类向何处去"的重大问题

习近平总书记指出:"尽管我们所处的时代同马克思所处的时代相比发生了巨大而深刻的变化,但从世界社会主义 500 年的大视野来看,我们依然处在马克思主义所指明的历史时代。"③ 马克思恩格斯关于资本主义基本矛盾的分析没有过时,关于资本主义必然灭亡、社会主义必然胜

---

① 《马克思恩格斯全集》第 1 卷,人民出版社 1995 年版,第 203 页。
② 习近平:《问题就是时代的口号》(2006 年 11 月 24 日),载习近平《之江新语》,浙江人民出版社 2007 年版,第 235 页。
③ 《习近平谈治国理政》第 2 卷,外文出版社 2017 年版,第 66 页。

利的历史唯物主义观点也没有过时。这是我们对马克思主义保持坚定信心、对社会主义保持必胜信念的科学根据。

虽然时代本质没有改变，但当代资本主义却呈现出新的特点。一方面，资本主义的生产力水平在当今世界依然处于领先地位，其缓和阶级矛盾、进行自我调整和体制修复的能力依然较强，转嫁转化危机的能力和空间依然存在，对世界经济政治秩序的控制力依然强势。另一方面，当前资本主义也发生了许多新变化，出现了许多新问题。正如习近平总书记指出的："许多西方国家经济持续低迷、两极分化加剧、社会矛盾加深，说明资本主义固有的生产社会化和生产资料私人占有之间的矛盾依然存在，但表现形式、存在特点有所不同。"[①] 当今时代本质及其阶段性特征，形成了一系列重大的全球性问题。世界范围的贫富分化日益严重，全球经济增长动能严重不足，霸权主义和强权政治依然存在，地区热点问题此起彼伏，恐怖主义、网络安全、重大传染性疾病、气候变化等非传统安全威胁持续蔓延，威胁和影响世界和平与发展。与此同时，随着世界多极化、经济全球化、社会信息化、文化多样化深入发展，反对霸权主义和强权政治的和平力量迅速发展，全球治理体系和国际秩序变革加速推进，不合理的世界经济政治秩序愈益难以为继，人类社会进入大发展大变革大调整的重要时期，面临"百年未有之大变局"。在新的时代条件下，如何应对人类共同面临的全球性重大挑战，引领人

---

① 习近平：《在哲学社会科学工作座谈会上的讲话》（2016年5月17日），人民出版社2016年版，第14页。

类走向更加光明而不是更加黑暗的前景，成为一个必须科学回答的重大问题，这就是"人类向何处去"的重大时代课题。习近平总书记立足全人类立场，科学回答这个重大问题，提出了一系列新思想新观点，深化了对人类社会发展规律的认识，也具体回答了"世界怎么了，我们怎么办"的迫切现实问题。

（二）深入分析世界社会主义运动的新情况新特点，科学回答"社会主义向何处去"的重大问题

习近平总书记深刻指出，社会主义从产生到现在有着500多年的历史，实现了从空想到科学、从理论到实践、从一国到多国的发展。特别是十月革命的伟大胜利，使科学社会主义从理论走向实践，从理想走向现实，开辟了人类历史发展的新纪元。第二次世界大战以后，世界上出现一批社会主义国家，世界社会主义运动蓬勃发展。但是，20世纪80年代末90年代初发生的苏东剧变，使世界社会主义运动遭遇严重挫折而进入低潮。

进入21世纪，西方资本主义国家出现了严重危机，在世界上的影响力不断下降，而中国特色社会主义则取得了辉煌成就，其他国家和地区的社会主义运动和进步力量也有所发展。但是，两种制度既合作又竞争的状况将长期存在，世界社会主义的发展任重道远。在这样的背景和条件下，世界社会主义运动能否真正走出低谷并发展振兴，"东升西降"势头能否改变"资强社弱"的总体态势，成为一个必须回答的重大问题，这就是"社会主义向何处去"的重大问题。习近平总书记贯通历史、现实和未来，

科学回答这个重大问题，深化了对社会主义发展规律的认识，丰富发展了科学社会主义。新时代中国特色社会主义的发展，成为世界社会主义新发展的引领旗帜和中流砥柱。

（三）深入分析当代中国新的历史方位及其新问题，科学回答"中国向何处去"的重大问题

在世界社会主义运动面临严峻挑战、处于低潮之际，中国坚定不移地沿着中国特色社会主义道路开拓前进，经过长期努力，经济、科技、国防等方面实力进入世界前列，国际地位得到空前提升，以崭新姿态屹立于世界民族之林。中国特色社会主义进入新时代，"在中华人民共和国发展史上、中华民族发展史上具有重大意义，在世界社会主义发展史上、人类社会发展史上也具有重大意义"[①]。

中国特色社会主义进入新时代，中国日益走近世界舞台中央，影响力、感召力和引领力不断增强，使世界上相信马克思主义和社会主义的人多了起来，使两种社会制度力量对比发生了有利于马克思主义、社会主义的深刻转变。为此，西方资本主义国家不断加大对中国的渗透攻击力度，中国遭遇"和平演变""颜色革命"等风险也在不断加大。因此，新时代如何进行具有许多新的历史特点的伟大斗争，在国内解决好新时代的社会主要矛盾，在国际

---

① 习近平：《决胜全面建成小康社会 夺取新时代中国特色社会主义伟大胜利——在中国共产党第十九次全国代表大会上的报告》（2017年10月18日），人民出版社2017年版，第12页。

上维护好国家主权、安全和发展利益，推进新时代中国特色社会主义取得新胜利，实现中华民族伟大复兴，成为一个必须科学回答的重大问题，这就是"中国向何处去"的重大问题。习近平总书记立足新的历史方位，科学回答了这个重大问题，深化了对中国特色社会主义建设规律的认识，在马克思主义中国化历史进程中具有里程碑的意义。

（四）深入分析新时代中国共产党面临的风险挑战，科学回答"中国共产党向何处去"的重大问题

中国共产党是中国工人阶级的先锋队，同时是中华民族和中国人民的先锋队，不断推进伟大自我革命和伟大社会革命。中华民族迎来了从站起来、富起来到强起来的伟大飞跃，迎来了中华民族伟大复兴的光明前景。但是在长期执政、改革开放日益深入、外部环境复杂变化的新的历史条件下，党自身状况发生了广泛深刻变化，"四大考验"长期复杂，"四大危险"尖锐严峻，正如习近平总书记指出的："我们党面临的执政环境是复杂的，影响党的先进性、弱化党的纯洁性的因素也是复杂的，党内存在的思想不纯、组织不纯、作风不纯等突出问题尚未得到根本解决。"[①] 中国共产党能否经得住前所未有的风险考验，始终保持自身的先进性和纯洁性，始终走在时代前列、始终成为全国人民的主心骨、始终成为坚强领导核心，成为一个

---

① 习近平：《决胜全面建成小康社会　夺取新时代中国特色社会主义伟大胜利——在中国共产党第十九次全国代表大会上的报告》（2017年10月18日），人民出版社2017年版，第61页。

必须科学回答的重大问题,这就是"中国共产党向何处去"的重大问题。习近平总书记勇于应对风险挑战,科学回答了这个重大问题,深化了对共产党执政规律的认识,把马克思主义执政党建设推进到一个新境界。

总之,人类向何处去、社会主义向何处去、当代中国向何处去、中国共产党向何处去,这些时代之问、人民之问,这些重大理论和现实问题,集中到一点,就是"新时代坚持和发展什么样的中国特色社会主义、怎样坚持和发展中国特色社会主义"这个重大时代课题。以习近平同志为主要代表的中国共产党人从理论和实践的结合上系统回答了这个重大时代课题,创立了习近平新时代中国特色社会主义思想。这一马克思主义中国化最新成果,既是中国的也是世界的,既是中国人民的行动指南也是全人类的共同思想财富。

二 丰富的思想内涵,严整的理论体系

习近平新时代中国特色社会主义思想内涵十分丰富,涵盖改革发展稳定、内政外交国防、治党治国治军等各个领域、各个方面,构成了一个系统完整、逻辑严密、相互贯通的思想理论体系。

(一)坚持和发展新时代中国特色社会主义,是习近平新时代中国特色社会主义思想的核心要义

中国特色社会主义,是我们党紧密联系中国实际、深入探索创新取得的根本成就,是改革开放以来党的全部理

论和实践的主题。中华人民共和国成立后,以毛泽东同志为核心的第一代中央领导集体,团结带领全党全国人民开始探索适合中国国情的社会主义建设道路。改革开放以来,以邓小平同志为核心的第二代中央领导集体、以江泽民同志为核心的第三代中央领导集体、以胡锦涛同志为总书记的党中央,紧紧围绕着坚持和发展中国特色社会主义这个主题,深入分析并科学回答了"什么是社会主义、怎样建设社会主义""建设什么样的党、怎样建设党""实现什么样的发展、怎样发展"等重大问题,不断深化对中国特色社会主义建设规律的认识,创立了邓小平理论、"三个代表"重要思想、科学发展观,不断丰富中国特色社会主义理论体系。

党的十八大以来,以习近平同志为核心的党中央一以贯之地坚持这个主题,紧密结合新时代条件和新实践要求,以全新的视野,紧紧抓住并科学回答了"新时代坚持和发展什么样的中国特色社会主义、怎么坚持和发展中国特色社会主义"这一重大时代课题,创立了习近平新时代中国特色社会主义思想,深刻揭示了新时代中国特色社会主义的本质特征、发展规律和建设路径,为新时代坚持和发展中国特色社会主义提供了科学指引和基本遵循。

(二)"八个明确"是习近平新时代中国特色社会主义思想的主要内容

习近平总书记创造性地把马克思主义基本原理同当代中国具体实践有机结合起来,对新时代坚持和发展中国特色社会主义的总目标、总任务、总体布局和战略布局及发展方向、发展方式、发展动力、战略步骤、外部条件、政治保证等一系列基本问题进行了系统阐述，做出了"八个明确"的精辟概括，构成了习近平新时代中国特色社会主义思想的主要内容。其中，第一个明确从国家发展的层面上，阐明了坚持和发展中国特色社会主义的总目标、总任务和战略步骤。第二个明确从人和社会发展的层面上，阐明了新时代中国社会主要矛盾，以及通过解决这个主要矛盾促进人的全面发展、全体人民共同富裕的社会理想。第三个明确从总体布局和战略布局的层面上，阐明了新时代中国特色社会主义事业的发展方向和精神状态。第四至第七个明确分别从改革、法治、军队、外交方面，阐明了新时代坚持和发展中国特色社会主义的改革动力、法治保障、军事安全保障和外部环境保障等。第八个明确从最本质特征、最大优势和最高政治领导力量角度，阐明了新时代坚持和发展中国特色社会主义的根本政治保证。

"八个明确"涵盖了新时代坚持和发展中国特色社会主义的最核心、最重要的理论和实践问题。既包括中国特色社会主义最本质特征，又包括决定党和国家前途命运的根本力量；既包括中国大踏步赶上时代的法宝，又包括解决中国一切问题的基础和关键；既包括社会主义政治发展的必然要求，又包括中国特色社会主义的本质要求和重要保障；既包括国家和民族发展中更基本、更深沉、更持久的力量，又包括发展的根本目的；既包括中华民族永续发展的千年大计，又包括我们党治国理政的重大原则；既包括实现"两个一百年"奋斗目标的战略支撑，又包括实现中华民族伟大复兴的必然要求；既包括实现中国梦的国际环境和稳定的国际秩序，又包括我们党最鲜明的品格。这些内容逻辑上层层递进，内容上相辅相成，集中体现了习近平新时代中国特色社会主义思想的系统性、科学性、创新性。

（三）"十四个坚持"是新时代坚持和发展中国特色社会主义的基本方略

"十四个坚持"是习近平新时代中国特色社会主义思想的重要组成部分，是新时代坚持和发展中国特色社会主义的基本方略。其主要内容就是：坚持党对一切工作的领导，坚持以人民为中心，坚持全面深化改革，坚持新发展理念，坚持人民当家作主，坚持全面依法治国，坚持社会主义核心价值体系，坚持在发展中保障和改善民生，坚持人与自然和谐共生，坚持总体国家安全观，坚持党对人民军队的绝对领导，坚持"一国两制"和推进祖国统一，坚持推动构建人类命运共同体，坚持全面从严治党。

"十四个坚持"基本方略，从新时代中国特色社会主义的实践要求出发，包括中国全方位的发展要求，深化了对共产党执政规律、社会主义建设规律、人类社会发展规律的认识。体现了坚持党对一切工作的领导和坚持全面从严治党的极端重要性，紧紧扭住和高度聚焦中国共产党是当今中国最高政治领导力量。充分体现了坚持以人民为中心的根本立场和坚持全面深化改革的根本方法。包含了中国特色社会主义"五位一体"总体布局和"四个全面"战略布局的基本要求，突出了关键和特殊领域的基本要求，即坚持总体国家安全观体现了国家安全领域的基本要求，坚持党对人民军队的绝对领导体现了军队和国防建设方面的基本要求，坚持"一国两制"和推进祖国统一体现了港澳台工作方面的基本要求，坚持推动构建人类命运共同体体现了外交工作方面的基本要求。总的来看，"十四个坚持"基本方略，从行动纲领和重大对策措施的层面上，对经济、政治、法治、科技、文化、教育、民生、民族、宗教、社会、生态文明、国家安全、国防和军队、"一国两制"和祖国统一、统一战线、外交、党的建设等各方面内容做出了科学回答和战略部署，形成了具有实践性、操作性的根本要求，是实现"两个一百年"奋斗目标、实现中华民族伟大复兴中国梦的"路线图"和"方法论"，是科学的行动纲领和实践遵循。

（四）习近平新时代中国特色社会主义思想是一个严整的理论体系

习近平新时代中国特色社会主义思想坚持马克思主义基本立场、观点和方法，扎根于中国特色社会主义的生动实践，聚焦时代课题、擘画时代蓝图、演奏时代乐章，构建起系统完备、逻辑严密、内在统一的科学理论体系。它有着鲜明的人民立场和科学逻辑，蕴含着丰富的思想方法和工作方法，体现了坚持马克思主义与发展马克思主义的辩证统一，体现了把握事物发展客观规律性与发挥人的主观能动性的辩证统一，体现了立足中国国情与把握世界发展大势的辩证统一，书写了马克思主义发展新篇章。

习近平新时代中国特色社会主义思想内容极其丰富，

既是科学的理论指南,又是根本的行动纲领。"八个明确"侧重于回答新时代坚持和发展什么样的中国特色社会主义的问题,科学阐述了新时代中国特色社会主义发展中生产力与生产关系、经济基础与上层建筑、发展目标与实践进程等的辩证关系,涵盖了经济建设、政治建设、文化建设、社会建设、生态文明建设以及国防、外交、党的建设各个领域,是架构这一科学理论体系的四梁八柱。"十四个坚持"侧重于回答新时代怎么坚持和发展中国特色社会主义的问题,根据新时代的实践要求,从领导力量、发展思想、根本路径、发展理念、政治制度、治国理政、思想文化、社会民生、绿色发展、国家安全、军队建设、祖国统一、国际关系、党的建设等方面,做出深刻的理论分析和明确的政策指导,是习近平新时代中国特色社会主义思想的理论精髓和核心要义的具体展开,同党的基本理论、基本路线一起,构成党和人民事业发展的根本遵循。

　　总之,习近平新时代中国特色社会主义思想贯通历史、现实和未来,是扎根中国大地、反映人民意愿、顺应时代发展进步要求的科学理论体系。它坚持"实事求是,一切从实际出发","坚持问题导向","聆听时代声音",坚持以我们正在做的事情为中心,以解决人民群众最关心、最直接、最现实的利益问题为着力点,顺利推进中国特色社会主义伟大事业。它始终面向党和国家事业长远发展,形成了从全面建成小康社会到基本实现现代化、再到全面建成社会主义现代化强国的战略安排,发出了实现中华民族伟大复兴中国梦的最强音。

三 为发展马克思主义做出原创性贡献

习近平总书记指出:"新中国成立以来特别是改革开放以来,中国发生了深刻变革,置身这一历史巨变之中的中国人更有资格、更有能力揭示这其中所蕴含的历史经验和发展规律,为发展马克思主义作出中国的原创性贡献。"① 习近平新时代中国特色社会主义思想,是发展创新马克思主义的典范,贯通马克思主义哲学、政治经济学、科学社会主义,体现了马克思主义基本原理与当代中国具体实际的有机结合,体现了对中华优秀传统文化、人类优秀文明成果的继承发展,赋予了马克思主义鲜明的实践特色、理论特色、民族特色、时代特色,是当代中国马克思主义、21世纪马克思主义,为丰富和发展马克思主义做出了中国的原创性贡献。

(一) 赋予辩证唯物主义和历史唯物主义新内涵

习近平总书记强调,辩证唯物主义和历史唯物主义是马克思主义的世界观、方法论,是马克思主义全部理论的基石,马克思主义哲学是共产党人的看家本领,"必须不断接受马克思主义哲学智慧的滋养"②。习近平新时代中国

---

① 《习近平谈治国理政》第2卷,外文出版社2017年版,第66页。
② 习近平:《辩证唯物主义是中国共产党人的世界观和方法论》,《求是》2019年第1期。

特色社会主义思想，创造性地将辩证唯物主义和历史唯物主义运用于党和国家的一切工作中，丰富发展了马克思主义哲学。比如，习近平总书记强调要学习和实践人类社会发展规律的思想，提出共产主义远大理想信念是共产党人的政治灵魂、精神支柱，实现共产主义是由一个一个阶段性目标达成的历史过程，"我们现在的努力以及将来多少代人的持续努力，都是朝着最终实现共产主义这个大目标前进的"[①]，把共产主义远大理想同中国特色社会主义共同理想统一起来、同我们正在做的事情统一起来；强调学习和实践坚守人民立场的思想，提出始终把人民立场作为根本立场，把为人民谋幸福作为根本使命，坚持全心全意为人民服务的根本宗旨，贯彻群众路线，尊重人民主体地位和首创精神，始终保持同人民群众的血肉联系，凝聚起众志成城的磅礴力量，团结带领人民共同创造历史伟业，不断促进人的全面发展、社会全面进步；学习和实践生产力和生产关系的思想，提出生产力是推动社会进步的最活跃、最革命的要素，社会主义的根本任务是解放和发展生产力，坚持发展为第一要务，自觉通过调整生产关系激发社会生产力发展活力，自觉通过完善上层建筑适应经济基础发展要求，让中国特色社会主义更加符合规律地向前发展；强调运用社会矛盾运动学说，揭示新时代中国社会主要矛盾是人民日益增长的美好生活需要和不平衡不充分的

[①] 习近平：《关于坚持和发展中国特色社会主义的几个问题（2013年1月5日）》，载《十八大以来重要文献选编》（上），中央文献出版社2014年版，第115页。

发展之间的矛盾；强调学习掌握唯物辩证法的根本方法，丰富和发展马克思主义方法论，增强战略思维、历史思维、辩证思维、创新思维、法治思维、底线思维能力，等等。这些新思想新观点新方法，在新的时代条件下赋予了辩证唯物主义和历史唯物主义基本原理和方法论新的时代内涵，光大了马克思主义哲学的实践性品格，将马克思主义哲学的创造性运用提升到一个新的境界，为中国人民认识世界、改造世界提供了强大的精神力量，发挥了改造世界的真理伟力。

（二）谱写马克思主义政治经济学新篇章

习近平总书记指出："学好马克思主义政治经济学基本原理和方法论，有利于我们掌握科学的经济分析方法，认识经济运动过程，把握经济社会发展规律，提高驾驭社会主义市场经济能力，更好回答中国经济发展的理论和实践问题。"[①] 习近平总书记立足中国国情和发展实践，深入研究世界经济和中国经济面临的新情况新问题，把马克思主义政治经济学基本原理同新时代中国经济社会发展实际相结合，提炼和总结中国经济发展实践的规律性成果，把实践经验上升为系统化的经济学理论，形成习近平新时代中国特色社会主义经济思想。比如，提出坚持发展为了人民的马克思主义政治经济学的根本立场，坚持以人民为中

---

① 习近平：《不断开拓当代中国马克思主义政治经济学新境界》（2015年11月23日），载习近平《论坚持全面深化改革》，中央文献出版社2018年版，第187页。

心的发展思想，坚定不移走共同富裕道路，推进全民共享、全面共享、共建共享和渐进共享，最终实现全体人民共同富裕，发展了马克思主义关于社会主义生产本质和目的的理论；创造性提出并贯彻创新、协调、绿色、开放、共享的新发展理念，集中反映了我们党对中国经济社会发展规律认识的深化，创新了马克思主义发展观；坚持和完善中国社会主义基本经济制度和分配制度，提出毫不动摇巩固和发展公有制经济，毫不动摇鼓励、支持、引导非公有制经济的发展，完善按劳分配为主体、多种分配方式并存的分配制度，使改革发展成果更多更公平惠及全体人民，实现效率和公平有机统一，发展了马克思主义所有制理论和分配理论；提出完善社会主义市场经济体制，使市场在资源配置中起决定性作用，更好发挥政府作用，实现了我们党对中国特色社会主义建设规律认识的新突破，标志着社会主义市场经济发展进入了一个新阶段；着眼于中国经济由高速增长阶段转向高质量发展阶段的深刻变化，提出积极适应、把握、引领经济发展新常态，坚持质量第一、效益优先，以供给侧结构性改革为主线，推动经济发展质量变革、效率变革、动力变革，建设现代化经济体系，发展了社会主义经济建设理论；站在全面建成小康社会、实现中华民族伟大复兴中国梦的战略高度，把脱贫攻坚摆到治国理政突出位置，提出精准扶贫、精准脱贫等重要思想，推动中国减贫事业取得巨大成就，对世界减贫做出了重大贡献；坚持对外开放基本国策，提出发展更高层次的开放型经济，积极参与全球经济治理，推进"一带一路"建设，深化了社会主义对外开放理论，等等。这一系列新思想新理念新论断,创造性地坚持和发展马克思主义政治经济学基本原理和方法论,实现了中国特色社会主义政治经济学学术体系、话语体系、方法论体系的创新发展,书写了当代中国社会主义政治经济学、21世纪马克思主义政治经济学的最新篇章,打破国际经济学领域许多被奉为教条的西方经济学的理论、概念、方法和话语,为发展马克思主义政治经济学做出重大贡献。

(三)开辟科学社会主义新境界

习近平总书记指出:"科学社会主义基本原则不能丢,丢了就不是社会主义。"[①] 对科学社会主义的理论思考、经验总结,对坚持和发展中国特色社会主义的担当和探索,贯穿习近平新时代中国特色社会主义思想形成和发展的全过程。习近平新时代中国特色社会主义思想贯穿科学社会主义基本原则,推进理论创新、实践创新、制度创新、文化创新以及各方面创新,提出一系列关于科学社会主义的新思想。比如,把科学社会主义基本原则同中国具体实际、历史文化传统、时代要求紧密结合起来,提出"中国特色社会主义是社会主义而不是其他什么主义"[②],是科学社会主义理论逻辑和中国社会发展历史逻辑的辩证统一,是根植于中国大地、反映中国人民意愿、适应中国和时代

---

① 习近平:《关于坚持和发展中国特色社会主义的几个问题(2013年1月5日)》,载《十八大以来重要文献选编》(上),中央文献出版社2014年版,第109页。

② 同上。

发展进步要求的科学社会主义；明确中国特色社会主义事业总体布局是"五位一体"、战略布局是"四个全面"，强调坚定"四个自信"，明确全面深化改革是坚持和发展中国特色社会主义的根本动力等，丰富发展了马克思主义关于社会主义全面发展的认识；将科学社会主义基本原则运用于解决当代中国实践问题，创造性地提出中国特色社会主义进入新时代、建设社会主义现代化强国的思想，丰富发展了社会主义发展阶段理论；创造性地提出坚持和完善中国特色社会主义制度、不断推进国家治理体系和治理能力现代化的思想，创建了科学社会主义关于国家治理体系和治理能力现代化的崭新理论，丰富发展了马克思主义国家学说和社会治理学说；站在人类历史发展进程的高度，正确把握国际形势的深刻变化，顺应和平、发展、合作、共赢的时代潮流，高瞻远瞩地提出构建人类命运共同体的重大思想，建设持久和平、普遍安全、共同繁荣、开放包容、清洁美丽的世界，丰富发展了马克思主义关于未来社会发展的理论；创造性地提出中国特色社会主义最本质的特征和中国特色社会主义制度的最大优势是中国共产党的领导，党是最高政治领导力量，新时代党的建设总要求、新时代党的组织路线，突出政治建设在党的建设中的重要地位，持之以恒全面从严治党等重大思想，科学地解答了马克思主义执政党长期执政面临的一系列重大问题，深化了对共产党执政规律的认识，丰富发展了马克思主义政党建设理论，等等。这些重大理论观点，是习近平总书记总结世界社会主义500多年历史，科学社会主义170多年历史，特别是中华人民共和国近70年社会主义建设正反经验得出的重要结论，回答了在21世纪如何坚持和发展科学社会主义等重大理论和实践问题，丰富和发展了科学社会主义基本原理，彰显了科学社会主义的鲜活生命力，使社会主义的伟大旗帜始终在中国大地上高高飘扬，把科学社会主义推向一个新的发展阶段。

实践没有止境，理论创新也没有止境。习近平总书记指出："世界每时每刻都在发生变化，中国也每时每刻都在发生变化，我们必须在理论上跟上时代，不断认识规律，不断推进理论创新、实践创新、制度创新、文化创新以及其他各方面创新。"[1] 今天，时代变化和中国发展的广度和深度远远超出了马克思主义经典作家当时的想象，这就要求我们坚持用马克思主义观察时代、解读时代、引领时代，用鲜活丰富的当代中国实践来推动马克思主义发展，以更加宽阔的眼界审视马克思主义在当代发展的现实基础和实践需要，继续发展21世纪马克思主义，不断开辟马克思主义发展新境界，使马克思主义放射出更加灿烂的真理光芒。

四 坚持用习近平新时代中国特色社会主义思想统领哲学社会科学工作

习近平总书记指出："坚持以马克思主义为指导，是

---

[1] 习近平：《决胜全面建成小康社会 夺取新时代中国特色社会主义伟大胜利——在中国共产党第十九次全国代表大会上的报告》（2017年10月18日），人民出版社2017年版，第26页。

当代中国哲学社会科学区别于其他哲学社会科学的根本标志，必须旗帜鲜明加以坚持。"① 不坚持以马克思主义为指导，哲学社会科学就会失去灵魂、迷失方向，最终也不能发挥应有作用。习近平新时代中国特色社会主义思想是闪耀真理光辉、凝结时代精华的当代中国马克思主义，是新时代哲学社会科学的最高成果。坚持习近平新时代中国特色社会主义思想，就是真正坚持和发展马克思主义。用习近平新时代中国特色社会主义思想武装头脑、指导实践、推动工作，是做好一切工作的重要前提。坚持以习近平新时代中国特色社会主义思想为统领，中国哲学社会科学就有了定盘星和主心骨，就能保证哲学社会科学研究坚持正确的政治方向、学术导向和价值取向，就能与时代同步伐、与人民齐奋进，实现哲学社会科学的大繁荣大发展。

（一）学懂弄通做实习近平新时代中国特色社会主义思想

学习宣传贯彻习近平新时代中国特色社会主义思想是哲学社会科学界头等政治任务和理论任务。担负起新时代赋予的构建中国特色哲学社会科学崇高使命，必须做到：一要学懂，深入学习领会这一思想蕴含的核心要义、丰富内涵、重大意义，深刻领悟这一思想对丰富发展马克思主义理论宝库做出的原创性贡献，深刻把握这一思想对哲学社会科学工作的指导意义；二要弄通，学习贯穿习近平新

---

① 习近平：《在哲学社会科学工作座谈会上的讲话》（2016年5月17日），人民出版社2016年版，第8页。

时代中国特色社会主义思想的立场观点方法，既要知其然又要知其所以然，体会习近平总书记为什么这么讲，站在什么样的高度来讲；三要落实，全面贯彻习近平总书记在哲学社会科学工作座谈会上的重要讲话和致中国社会科学院建院40周年、中国社会科学院中国历史研究院成立贺信精神，把习近平新时代中国特色社会主义思想落实到哲学社会科学各个领域、各个方面，切实贯穿到学术研究、课堂教学、成果评价、人才培养等各个环节，促进党的创新理论与各个学科、概念、范畴之间的融通，使党的重大理论创新成果真正融入哲学社会科学中去，推出系统性与学理性并重、说理透彻与文风活泼兼备的高水平研究成果，书写研究阐释当代中国马克思主义、21世纪马克思主义的学术经典，为推进马克思主义中国化时代化大众化做出新贡献。

（二）坚持以研究回答新时代重大理论和现实问题为主攻方向

问题是时代的声音。习近平总书记反复强调："当代中国的伟大社会变革，不是简单延续我国历史文化的母版，不是简单套用马克思主义经典作家设想的模板，不是其他国家社会主义实践的再版，也不是国外现代化发展的翻版，不可能找到现成的教科书。"[①] 建设具有中国特色、中国风格、中国气派的哲学社会科学，必须立足中国实

---

① 习近平：《在哲学社会科学工作座谈会上的讲话》（2016年5月17日），人民出版社2016年版，第21页。

际，以我们正在做的事情为中心，坚持问题导向，始终着眼党和国家工作大局，聚焦新时代重大理论和现实问题，聚焦人民群众关注的热点和难点问题，聚焦党中央关心的战略和策略问题，特别是习近平总书记提出的一系列重大问题，例如，如何巩固马克思主义在意识形态领域的指导地位，培育和践行社会主义核心价值观，巩固全党全国各族人民团结奋斗的共同思想基础；如何贯彻落实新发展理念、加快推进供给侧结构性改革、转变经济发展方式、提高发展质量和效益；如何更好保障和改善民生、促进社会公平正义；如何提高改革决策水平、推进国家治理体系和治理能力现代化；如何加快建设社会主义文化强国、增强文化软实力、提高中国在国际上的话语权；如何不断提高党的领导水平和执政水平、增强拒腐防变和抵御风险能力等，在研究这些问题上大有作为，推出更多对中央决策有重要参考价值、对事业发展有重要推动作用的优秀成果，揭示中国社会发展、人类社会发展的大逻辑大趋势，为实现中华民族伟大复兴的中国梦提供智力支持。

（三）加快构建中国特色哲学社会科学学科体系、学术体系、话语体系

哲学社会科学的特色、风格、气派，是发展到一定阶段的产物，是成熟的标志，是实力的象征，也是自信的体现。构建中国特色哲学社会科学，是新时代繁荣发展中国哲学社会科学事业的崇高使命，是广大哲学社会科学工作者的神圣职责。哲学社会科学界要以高度的政治自觉和学术自觉，以强烈的责任感、紧迫感和担当精神，在加快构

建"三大体系"上有过硬的举措、实质性进展和更大作为。要按照习近平总书记在哲学社会科学工作座谈会上的重要讲话中提出的指示要求，按照立足中国、借鉴国外，挖掘历史、把握当代，关怀人类、面向未来的思路，体现继承性、民族性，体现原创性、时代性，体现系统性、专业性，构建中国哲学社会科学学科体系、学术体系、话语体系，形成全方位、全领域、全要素的哲学社会科学体系，为建设具有中国特色、中国风格、中国气派的哲学社会科学奠定基础，增强中国哲学社会科学研究的国际影响力，提升国家的文化软实力，让世界知道"学术中的中国""理论中的中国""哲学社会科学中的中国"。

（四）弘扬理论联系实际的马克思主义学风

繁荣发展中国哲学社会科学，必须解决好学风问题，加强学风建设。习近平总书记指出："理论一旦脱离了实践，就会成为僵化的教条，失去活力和生命力。"[①] 哲学社会科学工作者要理论联系实际，大力弘扬崇尚精品、严谨治学、注重诚信、讲求责任的优良学风，营造风清气正、互学互鉴、积极向上的学术生态；要树立良好学术道德，自觉遵守学术规范，讲究博学、审问、慎思、明辨、笃行，崇尚"士以弘道"的价值追求，真正把做人、做事、做学问统一起来；要有"板凳要坐十年冷，文章不写一句空"的执着坚守，耐得住寂寞，经得起诱惑，守得住底

---

① 习近平：《辩证唯物主义是中国共产党人的世界观和方法论》，《求是》2019年第1期。

线，立志做大学问、做真学问；要把社会责任放在首位，严肃对待学术研究的社会效果，自觉践行社会主义核心价值观，做真善美的追求者和传播者，以深厚的学识修养赢得尊重，以高尚的人格魅力引领风气，在为祖国、为人民立德立言中成就自我、实现价值，成为先进思想的倡导者、学术研究的开拓者、社会风尚的引领者、中国共产党执政的坚定支持者。

（五）坚持和加强党对哲学社会科学的全面领导

哲学社会科学事业是党和人民的重要事业，哲学社会科学战线是党和人民的重要战线。加强和改善党对哲学社会科学工作的全面领导，是出高质量成果、高水平人才，加快构建"三大体系"的根本政治保证。要树牢"四个意识"，坚定"四个自信"，坚决做到"两个维护"，坚定不移地在思想上政治上行动上同以习近平同志为核心的党中央保持高度一致，坚定不移地维护习近平总书记在党中央和全党的核心地位，坚定不移地维护党中央权威和集中统一领导，确保哲学社会科学始终围绕中心、服务大局；要加强政治领导和工作指导，尊重哲学社会科学发展规律，提高领导哲学社会科学工作本领，一手抓繁荣发展、一手抓引导管理；要认真贯彻党的知识分子政策，尊重劳动、尊重知识、尊重人才、尊重创造，做到政治上充分信任、思想上主动引导、工作上创造条件、生活上关心照顾，多为他们办实事、做好事、解难事；要切实贯彻百花齐放、百家争鸣方针，开展平等、健康、活泼和充分说理的学术争鸣，提倡不同学术观点、不同风格学派相互切磋、平等讨论；要正确区分学术问题和政治问题，不要把一般的学术问题当成政治问题，也不要把政治问题当作一般的学术问题，既反对打着学术研究旗号从事违背学术道德、违反宪法法律的假学术行为，也反对把学术问题和政治问题混淆起来、用解决政治问题的办法对待学术问题的简单化做法。

"群才属休明，乘运共跃鳞。"中国特色社会主义进入新时代，也是哲学社会科学繁荣发展的时代，是哲学社会科学工作者大有可为的时代。广大哲学社会科学工作者，要坚持以习近平新时代中国特色社会主义思想为指导，发愤图强，奋力拼搏，书写新时代哲学社会科学发展新篇章，为实现"两个一百年"奋斗目标、实现中华民族伟大复兴的中国梦做出新的更大贡献。

出版前言

党的十八大以来,以习近平同志为主要代表的中国共产党人,顺应时代发展,站在党和国家事业发展全局的高度,围绕坚持和发展中国特色社会主义,从理论和实践结合上系统回答了新时代坚持和发展什么样的中国特色社会主义、怎样坚持和发展中国特色社会主义这个重大时代课题,创立了习近平新时代中国特色社会主义思想。习近平新时代中国特色社会主义思想,内容丰富、思想深刻,涉及生产力和生产关系、经济基础和上层建筑各个环节,涵盖经济建设、政治建设、文化建设、社会建设、生态文明建设、党的建设以及国防和军队建设、外交工作等领域,形成了系统完整、逻辑严密的科学理论体系。习近平新时代中国特色社会主义思想是对马克思列宁主义、毛泽东思想、邓小平理论、"三个代表"重要思想、科学发展观的继承和发展,是马克思主义中国化的最新成果,是当代中国马克思主义、21世纪马克思主义,是全党全国人民为实现"两个一百年"奋斗目标和中华民族伟大复兴而奋斗的行动指南。深入学习、刻苦钻研、科学阐释习近平新时代中国特色社会主义思想是新时代赋予中国哲学社会科学工作者的崇高使命与责任担当。

2015年年底，为了深入学习贯彻落实习近平总书记系列重要讲话精神和治国理政新理念新思想新战略，中国社会科学出版社赵剑英社长开始策划组织《习近平总书记系列重要讲话精神和治国理政新理念新思想新战略学习丛书》的编写出版工作。中国社会科学院党组以强烈的政治意识、大局意识、核心意识、看齐意识，高度重视这一工作，按照中央的相关部署和要求，组织优秀精干的科研力量对习近平总书记系列重要讲话精神和治国理政新理念新思想新战略进行集中学习、深入研究、科学阐释，开展该丛书的撰写工作。

2016年7月，经全国哲学社会科学工作办公室批准，《习近平总书记系列重要讲话精神和治国理政新理念新思想新战略学习丛书》的写作出版，被确立为国家社会科学基金十八大以来党中央治国理政新理念新思想新战略研究专项工程项目之一，由时任中国社会科学院院长、党组书记王伟光同志担任首席专家。国家社会科学基金十八大以来党中央治国理政新理念新思想新战略研究专项工程项目于2016年4月设立，包括政治、经济、文化、军事等13个重点研究方向。本课题是专项工程项目中唯一跨学科、多视角、全领域的研究课题，涉及除军事学科之外12个研究方向，相应成立了12个子课题组。

党的十九大召开之前，作为向十九大献礼的项目，课题组完成了第一批书稿，并报中央宣传部审批。党的十九大召开之后，课题组根据习近平总书记最新重要讲话和党的十九大精神，根据中宣部的审读意见，对书稿进行了多次修改完善，并将丛书名确立为《习近平新时代中国特色社会主义思想学习丛书》。

中国社会科学院院长、党组书记谢伏瞻同志对本课题的研究和丛书的写作、修改做出明确指示，并为之作序。王伟光同志作为课题组首席专家，主持制定总课题和各子课题研究的基本框架、要求和实施方案。中国社会科学院副院长、党组副书记王京清同志一直关心本丛书的研究和写作，对出版工作予以指导。中国社会科学院副院长蔡昉同志具体负责课题研究和写作的组织协调与指导。中国社会科学院科研局局长马援等同志，在项目申报、经费管理等方面给予了有力支持。中国社会科学出版社作为项目责任单位，在本丛书总策划，党委书记、社长赵剑英同志的领导下，以高度的政治担当意识和责任意识，协助院党组和课题组专家认真、严谨地做好课题研究管理、项目运行和编辑出版等工作。中国社会科学出版社总编辑助理王茵同志、重大项目出版中心主任助理孙萍同志，对项目管理、运行付出了诸多辛劳。

在三年多的时间里，课题组近一百位专家学者系统深入学习习近平同志在不同历史时期所发表的重要讲话和著述，深入研究、精心写作，召开了几十次的理论研讨会、专家审稿会，对书稿进行多次修改，力图系统阐释习近平新时代中国特色社会主义思想的时代背景、理论渊源、实践基础、主题主线、主要观点和核心要义，努力从总体上把握习近平新时代中国特色社会主义思想内在的理论逻辑和精神实质，全面呈现其当代中国马克思主义、21世纪马克思主义的理论形态及其伟大的理论和实践意义，最终形成了总共约300万字的《习近平新时代中国特色社会主义思想学习丛书》，共 12 册。

(1)《开辟当代马克思主义哲学新境界》
(2)《深入推进新时代党的建设新的伟大工程》
(3)《坚持以人民为中心的新发展理念》
(4)《构建新时代中国特色社会主义政治经济学》
(5)《全面依法治国　建设法治中国》
(6)《建设新时代社会主义文化强国》
(7)《实现新时代中国特色社会主义文艺的历史使命》
(8)《生态文明建设的理论构建与实践探索》
(9)《走中国特色社会主义乡村振兴道路》
(10)《习近平新时代中国特色社会主义外交思想研究》
(11)《习近平新时代治国理政的历史观》
(12)《全面从严治党永远在路上》

习近平新时代中国特色社会主义思想博大精深、内涵十分丰富，我们虽已付出最大努力，但由于水平有限，学习体悟尚不够深入，研究阐释定有不少疏漏之处，敬请广大读者提出宝贵的指导意见，以期我们进一步修改完善。

最后，衷心感谢所有参与本丛书写作和出版工作的专家学者、各级领导以及编辑、校对、印制等工作人员。

《习近平新时代中国特色社会主义思想学习丛书》课题组
首席专家　王伟光

中国社会科学出版社

2019 年 3 月

目　　录

导论　习近平总书记关于法治的重要论述
　　概述 …………………………………………………（1）

第一章　习近平总书记关于法治的重要论述的
　　　　理论逻辑 ……………………………………（15）
　一　治国方略论：依法治国是党领导人民治国
　　　理政的基本方略 ……………………………（17）
　二　人民主体论：人民是依法治国的主体和
　　　力量源泉 ……………………………………（28）
　三　宪法权威论：全面推进依法治国必须维护
　　　宪法权威 ……………………………………（39）
　四　良法善治论：推进国家治理体系和治理能力
　　　现代化 ………………………………………（44）
　五　依法治权论：把权力关进法律和制度的
　　　笼子里 ………………………………………（49）
　六　保障人权论：中国共产党和中国政府始终
　　　尊重和保障人权 ……………………………（52）
　七　公平正义论：公正是社会主义法治的
　　　生命线 ………………………………………（58）

八 法治系统论：全面推进依法治国是一个
   系统工程 ………………………………………（64）
九 党法关系论：党和法治的关系是法治
   建设的核心问题 ………………………………（72）

**第二章 习近平总书记关于法治的重要论述的
         战略设计** ………………………………………（80）
一 全面依法治国是国家治理领域的一场
   深刻革命 ………………………………………（81）
二 全面推进依法治国是"四个全面"战略布局的
   重要组成部分和法治保障 ……………………（95）
三 中国特色社会主义法治道路、法治理论、法治
   体系"三位一体" ……………………………（105）
四 党领导立法、保证执法、支持司法、带头守法
   全面落实 ……………………………………（120）
五 科学立法、严格执法、公正司法、全民守法
   协调发展 ……………………………………（123）
六 依法治国、依法执政、依法行政共同推进，
   法治国家、法治政府、法治社会一体建设 ……（131）
七 依法治国与依规治党有机统一 ………………（134）

**第三章 以习近平新时代中国特色社会主义思想
         引领法治中国建设新征程** ……………………（141）
一 习近平新时代中国特色社会主义思想是
   法治中国建设的指导思想 ……………………（145）

二　把全面依法治国与新时代党的历史使命
　　　紧密结合起来 …………………………………（149）
　三　把依法治国基本方式与新时代基本方略
　　　有机统一起来 …………………………………（151）
　四　确立建设法治中国"两步走"的发展战略 ……（159）
　五　全面推进依法治国,深化依法治国实践 ………（166）

第四章　全面推进依法治国的基本原则 ……………（177）
　一　坚持中国共产党的领导 ……………………………（178）
　二　坚持人民主体地位 …………………………………（184）
　三　坚持法律面前人人平等 ……………………………（189）
　四　坚持依法治国和以德治国相结合 …………………（193）
　五　坚持从中国实际出发 ………………………………（197）

第五章　推进依宪治国,保障宪法实施 ……………（201）
　一　坚持依法治国首先要坚持依宪治国 …………（204）
　二　坚持依宪治国关键是要确立宪法在国家
　　　治理中的法律权威 ……………………………（208）
　三　宪法的生命和权威在于实施 ………………………（214）
　四　加强宪法实施监督,保证宪法实施
　　　顺利进行 ………………………………………（220）
　五　推进合宪性审查工作 ………………………………（226）

第六章　推进科学立法,构建良法体系 ……………（228）
　一　立法领域面临的突出问题 …………………………（230）
　二　完善立法体制 ………………………………………（232）

三　提高立法质量 …………………………………… (238)
　　四　加强重点领域的立法 …………………………… (240)
　　五　处理好改革与法治(立法)的关系 ……………… (244)
　　六　以良法促进发展,保障善治 …………………… (252)

第七章　推进依法行政,建设法治政府 ……………… (255)
　　一　完善行政依法决策机制 ………………………… (262)
　　二　深化执法体制改革 ……………………………… (265)
　　三　坚持严格规范公正文明执法 …………………… (268)
　　四　强化权力监督制约 ……………………………… (271)
　　五　全面推进政务公开 ……………………………… (279)

第八章　推进司法改革,实现公正司法 ……………… (285)
　　一　深化司法体制改革是全面推进
　　　　依法治国的一项重要事业 ……………………… (287)
　　二　公正司法是司法工作的生命线 ………………… (295)
　　三　保障司法机关依法独立行使职权 ……………… (302)
　　四　推进司法公开,增强司法透明度 ……………… (309)
　　五　坚持司法为民,发展司法便民 ………………… (318)
　　六　深化司法体制综合配套改革 …………………… (323)

第九章　推进全民守法,建设法治社会 ……………… (327)
　　一　全面推进依法治国必须坚持全民守法 ………… (329)
　　二　全民守法关键在于执政党和各级领导
　　　　干部要带头守法 ………………………………… (337)

三　不断完善全民守法机制,努力建设
　　法治社会 …………………………………（341）
四　加大全民普法力度 ……………………………（350）

参考文献 ……………………………………………（352）

索引 …………………………………………………（358）

后记 …………………………………………………（373）

导　论

习近平总书记关于法治的
重要论述概述

　　习近平总书记在党的十九大报告中指出：十八大以来，国内外形势变化和我国各项事业发展都给我们提出了一个重大时代课题，这就是必须从理论和实践结合上系统回答新时代坚持和发展什么样的中国特色社会主义、怎样坚持和发展中国特色社会主义……围绕这个重大时代课题，我们党坚持以马克思列宁主义、毛泽东思想、邓小平理论、"三个代表"重要思想、科学发展观为指导，坚持解放思想、实事求是、与时俱进、求真务实，坚持辩证唯物主义和历史唯物主义，紧密结合新的时代条件和实践要求，以全新的视野深化对共产党执政规律、社会主义建设规律、人类社会发展规律的认识，进行艰辛理论探索，取得重大理论创新成果，形成了新时代中国特色社会主义思想。①

　　习近平新时代中国特色社会主义思想，是对马克思列宁

---

　　① 习近平：《决胜全面建成小康社会　夺取新时代中国特色社会主义伟大胜利——在中国共产党第十九次全国代表大会上的报告》，人民出版社2017年版，第18—19页。

主义、毛泽东思想、邓小平理论、"三个代表"重要思想、科学发展观的继承和发展，是马克思主义中国化最新成果，是党和人民实践经验和集体智慧的结晶，是中国特色社会主义理论体系的重要组成部分，是全党全国人民为实现中华民族伟大复兴而奋斗的行动指南，必须长期坚持并不断发展。①

全面依法治国的中国特色社会主义法治思想，是习近平新时代中国特色社会主义思想的重要组成部分，是中国特色社会主义理论体系的有机组成部分。党的十八大以来，以习近平同志为核心的党中央站在治国理政的战略高度，立足"五位一体"总体布局和"四个全面"战略布局，着眼"两个一百年"奋斗目标，围绕为什么要全面依法治国、怎样全面依法治国、如何建设社会主义法治国家等中国特色社会主义法治建设的重大问题，从法治理论上作出深刻回答，从顶层设计上作出战略部署，从改革实践上着力全面推进，开启了党领导人民依照宪法和法律治理国家、保证人民当家作主的新征程，在历史新起点上形成了习近平总书记关于法治的重要论述。

法律是治国之重器，法治是国家治理体系和治理能力的重要依托，法治理论是国家治理体系理论的重要组成部分。习近平总书记指出："一个国家选择什么样的治理体系，是由这个国家的历史传承、文化传统、经济社会发展

---

① 习近平：《决胜全面建成小康社会 夺取新时代中国特色社会主义伟大胜利——在中国共产党第十九次全国代表大会上的报告》，人民出版社2017年版，第20页。

水平决定的，是由这个国家的人民决定的。我国今天的国家治理体系，是在我国历史传承、文化传统、经济社会发展的基础上长期发展、渐进改进、内生性演化的结果。"①

中华民族有五千多年的文明历史，创造了灿烂的中华文明，为人类作出了卓越贡献，成为世界上伟大的民族。②"我们的先人们早就开始探索如何驾驭人类自身这个重大课题，春秋战国时期就有了自成体系的成文法典，汉唐时期形成了比较完备的法典。我国古代法制蕴含着十分丰富的智慧和资源，中华法系在世界几大法系中独树一帜"③，深刻影响了亚洲诸国，古老的中国为人类法治文明作出了重要贡献。然而，1840年鸦片战争后，中国逐渐沦为半殖民地半封建社会，"陷入内忧外患的黑暗境地，中国人民经历了战乱频仍、山河破碎、民不聊生的深重苦难"④，中华法系逐步走向衰落。为了改变国家和民族的苦难命运，为了民族复兴，无数仁人志士不屈不挠、前仆后继，进行了可歌可泣的斗争，进行了各式各样的尝试，一些仁人志士试图将近代西

---

① 习近平：《习近平谈治国理政》，外文出版社2014年版，第105页。
② 习近平：《决胜全面建成小康社会 夺取新时代中国特色社会主义伟大胜利——在中国共产党第十九次全国代表大会上的报告》，人民出版社2017年版，第13页。
③ 习近平：《加快建设社会主义法治国家》，《求是》2015年第1期。
④ 习近平：《决胜全面建成小康社会 夺取新时代中国特色社会主义伟大胜利——在中国共产党第十九次全国代表大会上的报告》，人民出版社2017年版，第13页。

方国家的法治模式移植到中国，以实现变法图强的梦想。但由于各种历史原因，他们的努力最终归于失败，终究未能改变旧中国的社会性质和中国人民的悲惨命运。

十月革命一声炮响，给中国送来了马克思列宁主义。中国先进分子从马克思列宁主义的科学真理中看到了解决中国问题的出路。在近代以后中国社会的剧烈运动中，在中国人民反抗封建统治和外来侵略的激烈斗争中，在马克思列宁主义同中国工人运动的结合过程中，1921年中国共产党应运而生。从此，中国人民谋求民族独立、人民解放和国家富强、人民幸福的斗争就有了主心骨，中国人民就从精神上由被动转为主动，① 中华民族的历史发生了翻天覆地的改变。在中国共产党成立后90多年波澜壮阔的历史进程中，我们党紧紧依靠人民，为中华民族作出了伟大历史贡献：一是团结带领中国人民进行28年浴血奋战，完成新民主主义革命，建立了中华人民共和国，实现了中国从几千年封建专制政治向人民民主的伟大飞跃；② 二是

---

① 习近平：《决胜全面建成小康社会　夺取新时代中国特色社会主义伟大胜利——在中国共产党第十九次全国代表大会上的报告》，人民出版社2017年版，第12—13页。

② 习近平总书记在党的十九大报告中指出："实现中华民族伟大复兴，必须推翻压在中国人民头上的帝国主义、封建主义、官僚资本主义三座大山，实现民族独立、人民解放、国家统一、社会稳定。我们党团结带领人民找到了一条以农村包围城市、武装夺取政权的正确革命道路，进行了二十八年浴血奋战，完成了新民主主义革命，一九四九年建立了中华人民共和国，实现了中国从几千年封建专制政治向人民民主的伟大飞跃。"

团结带领中国人民完成社会主义革命,推进了社会主义建设,实现了中华民族由不断衰落到根本扭转命运、持续走向繁荣富强的伟大飞跃;① 三是团结带领中国人民进行改革开放新的伟大革命,开辟了中国特色社会主义道路,形成了中国特色社会主义理论体系,确立了中国特色社会主义制度,使中国赶上了时代,实现了中国人民从站起来到富起来、强起来的伟大飞跃。②

习近平总书记在庆祝中国共产党成立95周年大会上的讲话中,高屋建瓴地指出:"中国共产党领导中国人民取得的伟大胜利,使具有5000多年文明历史的中华民族全面迈向现代化,让中华文明在现代化进程中焕发出新的蓬勃生机;使具有500年历史的社会主义主张在世界上人口最多的国家成功开辟出具有高度现实性和可行性的正确

---

① 习近平总书记在党的十九大报告中指出:"实现中华民族伟大复兴,必须建立符合我国实际的先进社会制度。我们党团结带领人民完成社会主义革命,确立社会主义基本制度,推进社会主义建设,完成了中华民族有史以来最为广泛而深刻的社会变革,为当代中国一切发展进步奠定了根本政治前提和制度基础,实现了中华民族由近代不断衰落到根本扭转命运、持续走向繁荣富强的伟大飞跃。"

② 参见习近平《在庆祝中国共产党成立95周年大会上的讲话》(2016年7月1日),人民出版社2016年版,第2—4页。习近平总书记在党的十九大报告中指出:"实现中华民族伟大复兴,必须合乎时代潮流、顺应人民意愿,勇于改革开放,让党和人民事业始终充满奋勇前进的强大动力。我们党团结带领人民进行改革开放新的伟大革命,破除阻碍国家和民族发展的一切思想和体制障碍,开辟了中国特色社会主义道路,使中国大踏步赶上时代。"

道路，让科学社会主义在21世纪焕发出新的蓬勃生机；使具有60多年历史的新中国建设取得举世瞩目的成就，中国这个世界上最大的发展中国家在短短30多年里摆脱贫困并跃升为世界第二大经济体，彻底摆脱被开除球籍的危险，创造了人类社会发展史上惊天动地的发展奇迹，使中华民族焕发出新的蓬勃生机。"①

在中国共产党领导中国人民取得革命、建设、改革伟大胜利的历史进程中，在不断开创中国特色社会主义新局面的伟大实践过程中，我们党领导人民走上了全面推进依法治国、建设法治中国的中国特色社会主义法治道路，形成了中国特色社会主义法治理论。

习近平总书记指出："法治和人治问题是人类政治文明史上的一个基本问题，也是各国在实现现代化过程中必须面对和解决的一个重大问题。综观世界近现代史，凡是顺利实现现代化的国家，没有一个不是较好解决了法治和人治问题的。相反，一些国家虽然也一度实现快速发展，但并没有顺利迈进现代化的门槛，而是陷入这样或那样的'陷阱'，出现经济社会发展停滞甚至倒退的局面。后一种情况很大程度上与法治不彰有关。"②

习近平总书记从我国社会主义法治建设经验教训的角度进一步深刻指出："全面推进依法治国，是深刻总结我

---

① 习近平：《在庆祝中国共产党成立95周年大会上的讲话》（2016年7月1日），人民出版社2016年版，第4页。

② 习近平：《在中共十八届四中全会第二次全体会议上的讲话》（2014年10月23日），载中共中央文献研究室编《习近平关于全面依法治国论述摘编》，中央文献出版社2015年版，第12页。

国社会主义法治建设成功经验和深刻教训做出的重大抉择。我们党对依法治国问题的认识经历了一个不断深化的过程。新中国成立初期，我们党在废除国民党旧法统的同时，积极运用新民主主义革命时期根据地法制建设的成功经验，抓紧建设社会主义法治，初步奠定了社会主义法治的基础。后来，党在指导思想上发生'左'的错误，逐渐对法制不那么重视了，特别是'文化大革命'十年内乱使法制遭到严重破坏，付出了沉重代价，教训十分惨痛！"① 邓小平同志在改革开放初期就强调，要加强社会主义民主和社会主义法制建设，重视党和国家制度的改革和建设，解决好法治与人治的关系问题。他说："一个国家的命运建立在一两个人的声望上面，是很不健康的，是很危险的。不出事没问题，一出事就不可收拾。"② 因此，"要通过改革，处理好法治和人治的关系"③。

党的十一届三中全会总结民主法制建设的深刻教训，明确提出为了保障人民民主，必须加强社会主义法制建设，使民主制度化、法律化，使这种制度和法律具有稳定性、连续性和权威性，使之不因领导人的改变而改变，不因领导人的看法和注意力的改变而改变。党的十一届三中全会把加强社会主义民主法制建设作为治国理政的基本任

---

① 习近平：《在中共十八届四中全会第二次全体会议上的讲话》（2014年10月23日），载中共中央文献研究室编《习近平关于全面依法治国论述摘编》，中央文献出版社2015年版，第8页。
② 《邓小平文选》第3卷，人民出版社1993年版，第311页。
③ 同上书，第177页。

务，提出了"有法可依、有法必依、执法必严、违法必究"的法制建设的基本方针，标志着我们党与"人治"方式的彻底决裂，翻开了新时期中国特色社会主义法治建设的新篇章。

党的十五大提出，依法治国、建设社会主义法治国家，强调依法治国是党领导人民治理国家的基本方略，是发展社会主义市场经济的客观需要，是社会文明进步的重要标志，是国家长治久安的重要保障，提出到2010年形成中国特色社会主义法律体系，肯定了尊重和保障人权的原则，实现了从"法制"到"法治"的重大转变。

党的十六大提出，发展社会主义民主政治，最根本的是要把坚持党的领导、人民当家作主和依法治国有机统一起来。党的领导是人民当家作主和依法治国的根本保证，人民当家作主是社会主义民主政治的本质要求，依法治国是党领导人民治理国家的基本方略。三者有机统一是社会主义政治文明的本质特征，是发展社会主义民主政治、建设社会主义法治国家必须始终坚持的政治方向。

党的十七大提出全面落实依法治国基本方略，加快建设社会主义法治国家的总任务，要求必须坚持科学立法、民主立法，完善中国特色社会主义法律体系；加强宪法和法律实施，坚持公民在法律面前一律平等，维护社会公平正义，维护社会主义法治的统一、尊严、权威；推进依法行政，深化司法体制改革，加强政法队伍建设；深入开展法治宣传教育，弘扬法治精神；尊重和保障人权，维护宪法和法律的权威，有力推进了中国特色社会主义法治建设。

导论　习近平总书记关于法治的重要论述概述

党的十八大以来，以习近平同志为核心的党中央强调依法治国是坚持和发展中国特色社会主义的本质要求和重要保障，是关系我们党执政兴国、关系人民幸福安康、关系党和国家长治久安的重大战略问题，更加重视充分发挥法治在治国理政和社会主义现代化建设中的重要作用，大力加强中国特色社会主义法治道路、法治体系和法治理论建设，全面推进依法治国、加快建设社会主义法治体系，努力把我国建设成为社会主义法治国家。

党的十八大明确提出，要全面推进依法治国，推进科学立法、严格执法、公正司法、全民守法进程，加快建设社会主义法治国家，到2020年，依法治国基本方略全面落实，法治政府基本建成，司法公信力不断提高，人权得到切实尊重和保障，国家各项工作实现法治化。

党的十八届三中全会审议通过《中共中央关于全面深化改革若干重大问题的决定》，把全面深化改革与法治建设紧密结合起来，开创性地提出建设法治中国，必须坚持依法治国、依法执政、依法行政共同推进，坚持法治国家、法治政府、法治社会一体建设，努力推进国家治理体系和治理能力现代化。

党的十八届四中全会作出《中共中央关于全面推进依法治国若干重大问题的决定》，进一步明确提出依法治国是党领导人民治国理政的基本方略，法治是党治国理政的基本方式，提出了全面推进依法治国的指导思想、基本原则、总目标、总抓手和基本任务、法治工作的基本格局，阐释了中国特色社会主义法治道路的核心要义，回答了党的领导与依法治国的关系等重大问题，制定了法治中国建设的路线图，按下了全面依法治国的"快进键"。执政的共产党专门作出依法治国的政治决定，这在世界共产主义运动160多年的历史上，在中国共产党成立以来90多年的历史上，在中华人民共和国成立以来近70年的历史上，在改革开放以来40年的历史上，都是史无前例、彪炳千秋的第一次。作出《中共中央关于全面推进依法治国若干重大问题的决定》，开启了中国特色社会主义法治道路、法治理论、法治体系"三位一体"全面建设的新征程，标志着我们党治国理政和全面依法治国从理论到实践站在了新的历史起点，具有十分重大的里程碑意义。

党的十八届五中全会以全面建成小康社会为主题，通过了《中共中央关于制定国民经济和社会发展第十三个五年规划的建议》，明确提出"创新、协调、绿色、开放、共享"的新发展理念，提出法治是发展的可靠保障，必须坚定不移走中国特色社会主义法治道路，加快建设法治经济和法治社会，把经济社会发展纳入法治轨道，实现到2020年全面建成小康社会时"国家治理体系和治理能力现代化取得重大进展，各领域基础性制度体系基本形成，人民民主更加健全，法治政府基本建成，司法公信力明显提高，人权得到切实保障，产权得到有效保护"的任务，明确了未来五年法治中国建设阶段性目标。

党的十八届六中全会以全面从严治党为主题，通过了《关于新形势下党内政治生活的若干准则》和《中国共产党党内监督条例》，正式提出"以习近平同志为核心的党中央"，凸显了思想建党和制度治党的主题，体现了依规治党与依法治国的深度结合，完成了全面建成小康社会、

导论　习近平总书记关于法治的重要论述概述

全面深化改革、全面依法治国、全面从严治党的整体战略布局。"四个全面"战略布局的完成，进一步强化了全面依法治国在党领导人民治国理政中的战略地位和重要作用。

习近平总书记在党的十九大报告中指出："为贯彻十八大精神，党中央召开七次全会，分别就政府机构改革和职能转变、全面深化改革、全面推进依法治国、制定'十三五'规划、全面从严治党等重大问题作出决定和部署。五年来，我们……协调推进'四个全面'战略布局……党和国家事业全面开创新局面。"[①] 在民主法治建设方面，我们党"推进全面依法治国，党的领导、人民当家作主、依法治国有机统一的制度建设全面加强……科学立法、严格执法、公正司法、全民守法深入推进，法治国家、法治政府、法治社会建设相互促进，中国特色社会主义法治体系日益完善，全社会法治观念明显增强。国家监察体制改革试点取得实效，行政体制改革、司法体制改革、权力运行制约和监督体系建设有效实施"，民主法治建设迈出重大步伐。[②] 尽管我们的法治建设取得了前所未有的巨大成就，但"全面依法治国任务依然繁重，国家治理体系和治理能力有待加强"。立足中国特色社会主义进入新时代的基本国情和主要矛盾，面向"两个一百年"民族复兴的奋斗目

---

① 习近平：《决胜全面建成小康社会　夺取新时代中国特色社会主义伟大胜利——在中国共产党第十九次全国代表大会上的报告》，人民出版社2017年版，第2页。

② 同上书，第4页。

标，开启中国特色社会主义新征程，我们党将义无反顾地坚持建设中国特色社会主义法治体系、建设社会主义法治国家的总目标，坚定不移推进全面依法治国，坚定不移走中国特色社会主义法治道路，不断深化依法治国实践，努力"完善以宪法为核心的中国特色社会主义法律体系，建设中国特色社会主义法治体系，建设社会主义法治国家，发展中国特色社会主义法治理论，坚持依法治国、依法执政、依法行政共同推进，坚持法治国家、法治政府、法治社会一体建设，坚持依法治国和以德治国相结合，依法治国和依规治党有机统一，深化司法体制改革，提高全民族法治素养和道德素质"，努力实现党的十八大提出的到2020年依法治国基本方略全面落实、法治政府基本建成、司法公信力不断提高、人权得到切实尊重和保障、国家各项工作实现法治化的法治发展目标，实现党的十九大提出的到2035年基本建成"法治国家、法治政府、法治社会"的法治中国建设目标。[①]

  党的十九大之后，以习近平同志为核心的党中央对"全面依法治国，建设法治中国"又提出了新任务和新要求。习近平总书记在党的十九届一中全会上的讲话中明确指出：要努力增强"依法执政本领"，"敬畏法纪"，"确保党中央政令畅通"。党的十九届二中全会强调："习近平新时代中国特色社会主义思想是马克思主义中国化最新成果，是

---

  ① 习近平：《决胜全面建成小康社会 夺取新时代中国特色社会主义伟大胜利——在中国共产党第十九次全国代表大会上的报告》，人民出版社2017年版，第22—23、28页。

当代中国马克思主义、21世纪马克思主义，是党和国家必须长期坚持的指导思想。"全会号召全党同志要更加紧密地团结在以习近平同志为核心的党中央周围，以习近平新时代中国特色社会主义思想为指导，"自觉维护宪法权威，保证宪法实施"。党的十九届三中全会公报也突出强调：要以"习近平新时代中国特色社会主义思想"为指导，"着力全面依法治国、推进中国特色社会主义法治体系建设"。要"完善党和国家机构法规制度，依法管理各类组织机构，加快推进机构、职能、权限、程序、责任法定化"。

在新中国几代共产党人探索治国理政基本方略和基本方式取得法治成果的基础上，在以习近平同志为核心的党中央领导人民全面推进依法治国的进程中，我们党高举中国特色社会主义旗帜，坚持党的领导、人民当家作主、依法治国有机统一，坚持法治建设与改革开放和社会主义现代化建设紧密结合，坚持依法治国与依规治党紧密结合，坚持社会主义法治理论与法治实践紧密结合，坚持法治理论创新不忘本来、吸收外来、面向未来，不断加强具有中国特色、中国风格、中国气派的社会主义法治理论建设，深刻认识和把握共产党治国理政规律、社会主义法治建设规律、人类法治文明发展规律，创造性地提出了一系列中国特色社会主义法治的新论断、新观点、新理念、新战略，形成了习近平总书记关于法治的重要论述。

习近平总书记关于法治的重要论述，是以马克思列宁主义、毛泽东思想、邓小平理论、"三个代表"重要思想、科学发展观和新时代中国特色社会主义思想为指导，坚持党的领导、人民当家作主、依法治国有机统一，坚定不移走中国特色社会主义法治道路，坚决维护宪法法律权威，依法维护人民权益、维护社会公平正义、维护国家安全稳定，是为实现"两个一百年"奋斗目标、实现中华民族伟大复兴中国梦提供有力法治保障的中国特色社会主义法治理论体系。

习近平总书记关于法治的重要论述作为以习近平同志为核心的党中央集体智慧的集中体现，深刻阐释了社会主义法治的理论依据、本质特征、价值功能、内在要求、中国特色、基本原则、发展方向等重大问题，系统阐述了什么是社会主义法治，如何依法治国、建设法治体系和法治中国，如何运用法治方式和法治思维管理国家、治理社会、管理经济文化事业等一系列根本性问题，对于全面推进依法治国、建设社会主义法治国家，推进国家治理体系和治理能力现代化，把我国建成富强、民主、文明、和谐、美丽的社会主义现代化强国，具有重大的理论意义、历史意义和现实价值。

习近平总书记关于法治的重要论述作为中国特色社会主义理论体系的重要组成部分，是对马克思主义经典作家关于国家与法学说的中国化继承和最新发展，是对毛泽东同志关于人民民主法律思想的时代化丰富和实践性深化，是对邓小平理论、"三个代表"重要思想和科学发展观关于中国特色社会主义法治观点的系统化坚持和理论化创新，是传承中华法律文化精华、汲取全球法治精髓的最新法治理论成果，是中华民族对世界法治文明的原创性理论贡献，是全党全国人民为建设社会主义现代化法治强国、实现中华民族伟大复兴而奋斗的指导思想和行动指南。

第一章

习近平总书记关于法治的重要论述的理论逻辑

习近平总书记关于法治的重要论述内容丰富、观点鲜明、博大精深，其理论逻辑，可提炼概括为治国方略论、人民主体论、宪法权威论、良法善治论、依法治权论、保障人权论、公平正义论、法治系统论、党法关系论"九论"。这个理论逻辑，包括以下基本内容。

第一，在新时代的历史新起点上，面对新矛盾新形势新任务，中国共产党如何领导全国人民治好国、理好政，如何通过全面依法治国实现党和国家长治久安，实现"两个一百年"奋斗目标，这是习近平总书记关于法治的重要论述基本出发点。从这个理论逻辑基点出发，我们党审时度势、运筹帷幄，由党的十八届四中全会专门作出《中共中央关于全面推进依法治国若干重大问题的决定》，把依法治国提到了全面建成小康社会、全面深化改革、全面依法治国、全面从严治党战略布局的新高度；党的十九大进一步明确中国特色社会主义事业总体布局是"五位一体"、战略布局是"四个全面"，强调全面依法治国是中国特色社会主义的本质要求和重要保障，坚持和发展中国特色社

>> 全面依法治国 建设法治中国

会主义，必须坚定不移推进全面依法治国，①从战略决策上确立并重申了以依法治国为党领导人民治国理政的基本方略、以法治为党治国理政的基本方式。

第二，坚持党的领导、人民当家作主、依法治国有机统一。其中，人民当家作主是社会主义民主政治的本质特征，也是党治国理政的内在要求。根据人民主权（一切权力属于人民）②的法理精神和宪法原则，党治国理政代表最广大人民群众的根本利益和整体意志，恪守一切权力来自人民、属于人民且为了人民的原则，切实坚持并保证人民至上的主体地位。

第三，宪法是党领导人民制定的治国安邦的总章程，是人民自由的圣经和治国理政的根本法据。依法治国首先是依宪治国，依法执政关键是依宪执政，因此全面推进依法治国，必须保证宪法实施，切实维护宪法至上的最高法治权威。

第四，根据全面深化改革和全面依法治国是"车之两轮""鸟之两翼"的总要求，全面推进科学立法、严格执法、公正司法和全民守法，实质是推进国家治理体系和治

---

① 习近平：《决胜全面建成小康社会 夺取新时代中国特色社会主义伟大胜利——在中国共产党第十九次全国代表大会上的报告》，人民出版社2017年版，第22页。

② 这里人民主权是指："在社会主义制度下，人民是国家和社会的主人，国家的一切权力来自人民并且属于人民。国家权力必须服从人民的意志，服务人民的利益；国家权力的行使和运用，必须符合宪法。"《宪法学》（马克思主义理论研究和建设工程重点教材），高等教育出版社、人民出版社2011年版，第96页。

理能力现代化，核心是运用法治思维和法治方式提升国家治理能力和治理水平，路径依赖和目标结果是实现国家与社会的良法善治。

第五，全面推进依法治国要把权力关进制度的笼子里，重点是依法治权、依法治官，用法律和制度管住关键少数；使命是尊重保障人权，维护人民利益，实现人民福祉；目的是通过法治构建法律秩序，维护社会公平，实现法律正义。

第六，全面推进依法治国，涉及政治经济社会的方方面面，是一场深刻的社会变革，是一项宏大的系统工程，必须坚持中国共产党的领导，把党的领导贯彻落实到依法治国全过程和各方面，坚定不移走中国特色社会主义法治道路，处理好党与法的关系，在党的领导下加快建设中国特色社会主义法治体系，努力建设社会主义法治国家。

一　治国方略论：依法治国是党领导人民治国理政的基本方略

治国理政是习近平总书记关于法治的重要论述的基本出发点。2014年2月17日，习近平总书记在党的十八届三中全会第二次全体会议上的讲话中指出："怎样治理社会主义社会这样全新的社会，在以往的世界社会主义中没有解决得很好。马克思、恩格斯没有遇到全面治理一个社会主义国家的实践，他们关于未来社会的原理很多是预测性的；列宁在俄国十月革命后不久就过世了，没来得及深入探索这个问题；苏联在这个问题上进行了探索，取得了一些实践经验，但也犯下了严重错误，没有解决这个问题。我们党在全国执政以后，不断探索这个问题，虽然也发生了严重曲折，但在国家治理体系和治理能力上积累了丰富经验、取得了重大成果，改革开放以来的进展尤为显著。"①

治国理政既要有政略和战略，也要有方略和策略。治国方略就是执政者（执政党）运用公权力和其他政治资源治理国家所遵循的战略性指导原则和整体性策略方针。治国方略的优劣好坏，能否符合国情并解决国家治理的基本问题，往往可以决定国家和执政者（执政党）生存与发展的前途和命运。因此，历来希冀实现长治久安执政目标的执政者（执政党），通常都比较重视治国方略的选择、设计与实施。在人类政治文明史上，治国方略的选择主要有：一是国家的道路模式，如资产阶级专政与无产阶级专政、专制独裁与民主共和等；二是国家治理的制度体制，如三权分立与民主集中制、联邦制与单一制、普选制与世袭制、多党制与一党制、总统制与议会制、两院制与一院制等；三是国家治理的方式方法，如人治与法治，政策与法律，依法治国与以德治国，以党治国与民主治国，良法善治与恶法专制，他治、自治与共治等。上述治国方略的选择，有些是非此即彼的矛盾关系，不可能同时共存共用，如民主与专制、共和与独裁、法治与人治；有些则是交叉互补的兼容关系，可以根据需要进行不同组合搭配，如法治与德治、自治与共治、教育手段与法律手段。从某种意义上讲，人类政治文明的

---

① 习近平：《习近平谈治国理政》，外文出版社2014年版，第91页。

历史就是一部治国理政的道路模式、制度体制、方略方式的创造史、选择史和实践史。

中国共产党如何从国情出发选择和实施自己的治国方略，闯出一条治国理政的新路？新民主主义革命时期，中国共产党作为以夺取国家政权为使命的革命党，主要靠政策、命令、决定、决议等来组织和领导革命。革命党的角色地位，决定了这个时期党的中心任务是武装斗争、夺取全国政权，"治国理政"主要是在党领导的革命根据地和解放区有限范围的实践探索。党领导人民进行革命夺取全国政权的过程，就是不承认国民党政权的一切宪法法律，突破国民党政权旧法律、废除旧法统的过程，因为"如果要讲法，就不能革命，就是维护三大敌人的统治秩序。那时候对反动阶级就是要'无法无天'，在人民内部主要讲政策"①。党"依靠政策，把三座大山推翻了。那时，只能靠政策"②，革命法律只是党领导群众运动和开展武装斗争的辅助方式。

"我们党团结带领人民找到了一条以农村包围城市、武装夺取政权的正确革命道路，进行了二十八年浴血奋战，完成了新民主主义革命，一九四九年建立了中华人民共和国，实现了中国从几千年封建专制政治向人民民主的伟大飞跃。"③ 党领导人民建立了全国性的政权，开始了全国范围的治国理政。这时的中国共产党，"已经从领导人

---

① 《彭真文选》，人民出版社1991年版，第491页。
② 《彭真传》第4卷，中央文献出版社2012年版，第1570页。
③ 习近平：《决胜全面建成小康社会　夺取新时代中国特色社会主义伟大胜利——在中国共产党第十九次全国代表大会上的报告》，人民出版社2017年版，第14页。

民为夺取全国政权而奋斗的党,成为领导人民掌握全国政权并长期执政的党"①。党治国理政开始从依靠政策办事,逐步过渡到不仅依靠政策,还要建立健全法制,依法办事。"建国后中国共产党作为执政党,领导方式与战争年代不同,不仅要靠党的政策,而且要依靠法制。凡是关系国家和人民的大事,党要做出决定,还要形成国家的法律,党的领导与依法办事是一致的。"② 然而,1957年下半年"反右"斗争开始以后,国家政治生活出现不正常情况。治国理政"究竟搞人治还是搞法治?党的主要领导人的看法起了变化,认为'法律这个东西没有也不行,但我们有我们这一套','我们基本上不靠那些,主要靠决议、开会,不靠民法、刑法来维持秩序。人民代表大会、国务院开会有它们那一套,我们还是靠我们那一套','到底是法治还是人治?看来实际靠人,法律只能作为办事的参考'"③,人治成为治国理政的基本方式。到"文化大革命"时期,以阶级斗争为纲,"和尚打伞无法无天""彻底砸烂公检法""大民主"的群众运动成为治国理政的主要方式,新中国建立的民主法制设施几乎被全面摧毁,社会主义法制受到严重破坏。党的十一届三中全会以后,我们总结法治建设的深刻教训,提出"为了保障人民民主,必须加强法制。必须使民主制度化、法律化,使这种制度

---

① 《江泽民文选》第3卷,人民出版社2006年版,第536页。
② 《江泽民论有中国特色社会主义》(专题摘编),中央文献出版社2002年版,第307—308页。
③ 《彭真传》第4卷,中央文献出版社2012年版,第1572页。

和法律不因领导人的改变而改变，不因领导人的看法和注意力的改变而改变"①。

在历史新起点上，中国共产党之所以选择走中国特色社会主义法治之路，选择推进全面依法治国、建设法治中国，既因有历史给予的惨痛教训，又基于理性思考和实践需要。

（一）坚定不移走法治之路

实践证明，在党领导人民当家作主的社会主义国家，如果以人治方式治国理政，必然会造成双重损害：既损害党的集体领导、削弱党的政治权威和执政能力，又践踏人民民主、破坏社会主义法治，给党、国家、人民和社会带来深重灾难。"法治兴则国家兴，法治衰则国家乱。什么时候重视法治、法治昌明，什么时候就国泰民安；什么时候忽视法治、法治松弛，什么时候就国乱民怨。"② 这是我们党用惨痛教训换来的经验之谈，是治国理政的至理名言。放眼世界，法治是人类文明的重要成果之一，法治的精髓和要旨对于各国国家治理和社会治理具有普遍意义。习近平总书记说："综观世界近现代史，凡是顺利实现现代化的国家，没有一个不是较好解决了法治和人治问题的。"③ 作为与法治相对的概念，人治就是一种依靠领导人或者统治者的意志

---

① 《邓小平文选》第 2 卷，人民出版社 1994 年版，第 146 页。

② 习近平：《在中共十八届四中全会第二次全体会议上的讲话》（2014 年 10 月 23 日），载中共中央文献研究室编《习近平关于全面依法治国论述摘编》，中央文献出版社 2015 年版，第 8 页。

③ 同上书，第 12 页。

和能力来管理国家和社会、处理社会公共事务的治国方式。① 无论从我国实行人治的历史教训还是从世界采行法治的成功经验来看，我们党要领导人民实现"两个一百年"的奋斗目标，必须坚持和实行依法治国，坚定不移走中国特色社会主义法治之路。

（二）坚持"两个基本"治国理政

面对国内外两个大局的新形势，在中国特色社会主义政党体制下，中国共产党如何治国理政、实现长治久安和"两个一百年"奋斗目标，这是党领导人民管理国家、治理社会、发展经济、保障民生必须面对和解决的重大课题，也是深入理解习近平总书记关于法治的重要论述理论逻辑的一个基本出发点。我们党一向坚持依法治国是党领导人民治理国家的基本方略。党的十五大第一次明确表述："依法治国，是党领导人民治理国家的基本方略。"党的十六大从"三者有机统一"角度强调："党的领导是人民当家作主和依法治国的根本保证，人民当家作主是社会主义民主政治的本质要求，依法治国是党领导人民治理国家的基本方略。"党的十七大明确要求："全面落实依法治国基本方略，加快建设社会主义法治国家。"党的十八大和十八届四中全会均明确提出：依法治国是党领导人民治国理政的基本方略，法治是党治国理政的基本方式（以下简称"两个基本"）。习近平总书记2012年在首都各界纪

---

① 《法理学》（马克思主义理论研究和建设工程重点教材），人民出版社、高等教育出版社2010年版，第345页。

念现行宪法公布施行三十周年大会上的讲话中特别指出：党的十八大强调，依法治国是党领导人民治理国家的基本方略，法治是治国理政的基本方式，要更加注重发挥法治在国家治理和社会管理中的重要作用，全面推进依法治国，加快建设社会主义法治国家。实现这个目标要求，必须全面贯彻实施宪法。在庆祝全国人民代表大会成立六十周年大会上的讲话中，习近平总书记把依法治国与法治密切联系起来，进一步强调"我们必须坚持把依法治国作为党领导人民治理国家的基本方略、把法治作为治国理政的基本方式，不断把法治中国建设推向前进"[1]。坚持"两个基本"治国理政，是党领导人民在社会主义革命、建设和改革实践探索中得出的重要结论，表明党对依法治国重大意义认识的充分肯定和不断深化；是党"深刻总结我国社会主义法治建设成功经验和深刻教训作出的重大抉择"[2]，表明全面依法治国在党治国理政战略布局中具有至关重要的战略地位和不可或缺的战略作用；是马克思主义国家与法的学说同我国全面依法治国实践相结合的最新理论成果，表明中国特色社会主义法治建设理论是与时俱进和创新发展的。

---

[1] 习近平：《在庆祝全国人民代表大会成立六十周年大会上的讲话》（2014年9月5日），载中共中央文献研究室编《十八大以来重要文献选编（中）》，中央文献出版社2016年版，第55页。

[2] 习近平：《在中共十八届四中全会第二次全体会议上的讲话》（2014年10月23日），载中共中央文献研究室编《习近平关于全面依法治国论述摘编》，中央文献出版社2015年版，第8页。

(三) 依法治国事关重大

"依法治国,是坚持和发展中国特色社会主义的本质要求和重要保障,是实现国家治理体系和治理能力现代化的必然要求,事关我们党执政兴国,事关人民幸福安康,事关党和国家长治久安。"[①] 全面建成小康社会、实现中华民族伟大复兴的中国梦,全面深化改革、完善和发展中国特色社会主义制度,全面从严治党、提高党的执政能力和执政水平,都必须全面推进依法治国。习近平总书记指出:"党的十八大以来,党中央从坚持和发展中国特色社会主义全局出发,提出并形成了全面建成小康社会、全面深化改革、全面依法治国、全面从严治党的战略布局。这个战略布局,既有战略目标,也有战略举措,每一个'全面'都具有重大战略意义。"[②] 如果"没有全面依法治国,我们就治不好国、理不好政,我们的战略布局就会落空。要把全面依法治国放在'四个全面'的战略布局中来把握,深刻认识全面依法治国同其他三个'全面'的关系,努力做到'四个全面'相辅相成、相互促进、相得益彰"[③]。

---

① 《中共中央关于全面推进依法治国若干重大问题的决定》(2014年10月23日),载中共中央文献研究室编《十八大以来重要文献选编(中)》,中央文献出版社2016年版,第155页。

② 习近平:《在省部级主要领导干部学习贯彻党的十八届四中全会精神全面推进依法治国专题研讨班上的讲话》(2015年2月2日),载中共中央文献研究室编《习近平关于全面依法治国论述摘编》,中央文献出版社2015年版,第14页。

③ 同上书,第15页。

（四）依法治国着眼解决现实重大问题

习近平总书记在《关于〈中共中央关于全面推进依法治国若干重大问题的决定〉的说明》中指出：作出全面依法治国的顶层设计，要"坚持改革方向、问题导向，适应推进国家治理体系和治理能力现代化要求，直面法治建设领域突出问题，回应人民群众期待，力争提出对依法治国具有重要意义的改革举措"，要"直面我国法治建设领域的突出问题……有针对性地回应了人民群众呼声和社会关切"。全面推进依法治国，是解决党和国家事业发展面临的一系列重大问题，解放和增强社会活力、促进社会公平正义、维护社会和谐稳定、确保党和国家长治久安的根本要求。党和国家长治久安靠什么？邓小平同志明确回答说："还是要靠法制，搞法制靠得住些。"① 我国是一个有十三亿多人口的大国，地域辽阔，民族众多，国情复杂。我们党在这样一个大国执政，要保证国家统一、法制统一、政令统一、市场统一，要实现经济发展、政治清明、文化昌盛、社会公正、生态良好，都需要秉持法律这个准绳、用好法治这个方式。尤其是"现在，全面建成小康社会进入决定性阶段，改革进入攻坚期和深水区，国际形势复杂多变，我们面对的改革发展稳定任务之重前所未有、面对的矛盾风险挑战之多前所未有，人民群众对法治的要求也越来越高，依法治国在党和国家工作全局中的地位更

---

① 《邓小平文选》第3卷，人民出版社1993年版，第379页。

加突出、作用更加重大"①。习近平总书记在党的十九大报告中指出：中国特色社会主义进入新时代，我国社会主要矛盾已经转化为人民日益增长的美好生活需要和不平衡不充分的发展之间的矛盾。我国稳定解决了十几亿人的温饱问题，总体上实现小康，不久将全面建成小康社会，人民美好生活需要日益广泛，不仅对物质文化生活提出了更高要求，而且在民主、法治、公平、正义、安全、环境等方面的要求日益增长。② 在新的历史起点上，要推动我国经济社会持续健康发展，不断开拓中国特色社会主义事业更加广阔的发展前景，就必须全面推进社会主义法治国家建设，从法治上为解决这些问题提供制度化方案。为此，必须把依法治国摆在更加突出的位置，把党和国家工作纳入法治化轨道，坚持在法治轨道上统筹社会力量，确保我国社会在深刻变革中既生机勃勃又井然有序。

（五）依法治国着眼长远发展考虑

党和国家事业未来发展的宏伟目标，是沿着中国特色社会主义道路，通过艰苦奋斗、改革发展，努力实现"两个一百年"的奋斗目标，实现国家富强、人民幸福、中华

---

① 习近平：《在中共十八届四中全会第二次全体会议上的讲话》（2014年10月23日），载中共中央文献研究室编《习近平关于全面依法治国论述摘编》，中央文献出版社2015年版，第9—10页。

② 习近平：《决胜全面建成小康社会 夺取新时代中国特色社会主义伟大胜利——在中国共产党第十九次全国代表大会上的报告》，人民出版社2017年版，第11页。

民族伟大复兴的中国梦。习近平总书记指出：从现在的情况看，只要国际国内不发生大的波折，经过努力，全面建成小康社会目标应该可以如期实现。但是，人无远虑，必有近忧。全面建成小康社会之后的路该怎么走？如何跳出"历史周期律"，实现长期执政？如何实现党和国家长治久安？这些都是需要我们深入思考的重大问题。为了实现中国梦，我们将全面深化改革开放，全面推进依法治国，不断推进现代化建设，不断提高人民生活水平。"全面推进依法治国，是着眼于中华民族伟大复兴中国梦、实现党和国家长治久安的长远考虑。对全面推进依法治国作出部署，既是立足于解决我国改革发展稳定中的矛盾和问题的现实考量，也是着眼于长远的战略谋划。"① 这个战略谋划，就是要用法治思维和法治方式"为党和国家事业发展提供根本性、全局性、长期性的制度保障。我们提出全面推进依法治国，坚定不移厉行法治，一个重要意图就是为子孙万代计、为长远发展谋"②。党的十九大报告在综合分析国际国内形势和我国发展条件的基础上，指出从2020年到本世纪中叶可以分两个阶段来安排，并对第一阶段依法治国提出了明确目标和任务：第一个阶段，从2020年到2035年，在全面建成小康社会的基础上，再奋斗15年，基本实现社会主义现代化。到那时，我国经济实力、

---

① 习近平：《在中共十八届四中全会第二次全体会议上的讲话》（2014年10月23日），载中共中央文献研究室编《习近平关于全面依法治国论述摘编》，中央文献出版社2015年版，第11页。

② 同上书，第12—13页。

科技实力将大幅跃升，跻身创新型国家前列；人民平等参与、平等发展权利得到充分保障，法治国家、法治政府、法治社会基本建成，各方面制度更加完善，国家治理体系和治理能力现代化基本实现。① 到 2035 年，我们要达成基本实现社会主义现代化的目标，在全面依法治国方面就是要基本建成法治中国。

二　人民主体论：人民是依法治国的主体和力量源泉

习近平总书记在党的十九大报告中指出："不忘初心，方得始终。中国共产党人的初心和使命，就是为中国人民谋幸福，为中华民族谋复兴。这个初心和使命是激励中国共产党人不断前进的根本动力。全党同志一定要永远与人民同呼吸、共命运、心连心，永远把人民对美好生活的向往作为奋斗目标。"② 我们党团结带领人民进行了 28 年浴血奋战，完成了新民主主义革命，1949 年建立了中华人民共和国，实现了中国从几千年封建专制政治向人民民主的伟大飞跃。

人民民主是我们党治国理政的重要前提和基础，保证人民当家作主是我们党领导和执政的重要使命。列宁说：

---

① 习近平：《决胜全面建成小康社会　夺取新时代中国特色社会主义伟大胜利——在中国共产党第十九次全国代表大会上的报告》，人民出版社 2017 年版，第 28 页。

② 同上书，第 1 页。

"民主是大多数人的统治"①,是人民的统治。而"工人革命的第一步就是使无产阶级上升为统治阶级,争得民主"②,掌握国家政权。邓小平同志在《坚持四项基本原则》的重要讲话中明确指出:"没有民主就没有社会主义,就没有社会主义的现代化。"③ 人民民主是社会主义的生命,是社会主义法治的基础。中国共产党执掌国家政权,治国理政,全面依法治国,必须依靠人民、为了人民,确保人民当家作主。我国社会主义民主是维护人民根本利益的最广泛、最真实、最管用的民主。发展社会主义民主政治就是要体现人民意志、保障人民权益、激发人民创造活力,用制度体系保证人民当家作主。④ 无论在政治逻辑还是在宪法、党章的规定上,人民都是国家的主人和社会的主体,是党全心全意为之服务的主体,是治国理政、全面依法治国的主体,是党和国家一切权力的根本来源和一切事业的根本出发点和落脚点。我国宪法明确规定:人民是国家的主人,国家的一切权力属于人民。《中国共产党章程》规定:"党除了工人阶级和最广大人民群众的利益,没有自己特殊的利益。党在任何时候都把群众利益放在第

---

① 《列宁全集》第18卷,人民出版社1959年版,第273页。
② 《马克思恩格斯选集》第1卷,人民出版社1995年版,第293页。
③ 《邓小平文选》第2卷,人民出版社1994年版,第168页。
④ 习近平:《决胜全面建成小康社会 夺取新时代中国特色社会主义伟大胜利——在中国共产党第十九次全国代表大会上的报告》,人民出版社2017年版,第35—36页。

一位，同群众同甘共苦，保持最密切的联系，坚持权为民所用、情为民所系、利为民所谋，不允许任何党员脱离群众，凌驾于群众之上。"①

"人民性是我国法治的基本属性……国家的主体是人民……政权的主体是人民……依法治国的主体当然也是人民。"② 人民是国家主人的政治定性和宪法定位，决定了人民必然是依法治国的主体而不是客体，必然是党治国理政的力量源泉而不是被整治处罚的对象，决定了一切国家权力和国家机构的人民性，国家法治必须以保障人民幸福安康为己任，切实保障和充分实现人权。人民对美好生活的向往，是党治国理政的奋斗目标，也是依法治国要达成的目标，两者殊途同归。党的十八届四中全会把"坚持人民主体地位"明确规定为全面推进依法治国必须坚持的一项基本原则，集中反映了我国法治的人民性，充分体现了人民在依法治国中的地位和作用。党的十八届五中全会从"五大发展理念"出发，再次确认了"坚持人民主体地位"的基本原则，指出："人民是推动发展的根本力量，实现好、维护好、发展好最广大人民根本利益是发展的根本目的。必须坚持以人民为中心的发展思想，把增进人民福祉、促进人的全面发展作为发展的出发点和落脚点，发展人民民主，维护社会公平正义，保障人民平等参与、平

---

① 《中国共产党章程》，人民出版社2017年版，第18—19页。
② 徐显明：《中国特色社会主义法治道路》，载徐显明、李林主编《法治中国建设的理论与实践》，中国社会科学出版社2015年版，第6页。

等发展权利,充分调动人民积极性、主动性、创造性。"习近平总书记在党的十九大报告中强调,深刻领会和贯彻落实新时代中国特色社会主义思想,必须"坚持以人民为中心。人民是历史的创造者,是决定党和国家前途命运的根本力量。必须坚持人民主体地位,坚持立党为公、执政为民,践行全心全意为人民服务的根本宗旨,把党的群众路线贯彻到治国理政全部活动之中,把人民对美好生活的向往作为奋斗目标,依靠人民创造历史伟业"①;必须坚持在发展中保障和改善民生。增进民生福祉是发展的根本目的。必须多谋民生之利、多解民生之忧,在发展中补齐民生短板、促进社会公平正义……保证全体人民在共建共享发展中有更多获得感,不断促进人的全面发展、全体人民共同富裕。建设平安中国,加强和创新社会治理,维护社会和谐稳定,确保国家长治久安、人民安居乐业。② 到2035年,达成"人民生活更为宽裕,中等收入群体比例明显提高,城乡区域发展差距和居民生活水平差距显著缩小,基本公共服务均等化基本实现,全体人民共同富裕迈出坚实步伐"的"第一个阶段"发展目标;到本世纪中叶把我国建成富强民主文明和谐美丽的社会主义现代化强国时,达成"全体人民共同富裕基本实现,我国人民将享有更加幸福安康的生活,中华民族将以更加昂扬的姿态屹立

---

① 习近平:《决胜全面建成小康社会 夺取新时代中国特色社会主义伟大胜利——在中国共产党第十九次全国代表大会上的报告》,人民出版社2017年版,第21页。

② 同上书,第23页。

于世界民族之林"的奋斗目标。①

坚持人民主体地位，必须坚持人民至上原则，保证人民在政治生活、经济生活和社会生活中的主体地位，实现人民当家作主的幸福生活。这是党的宗旨和国家性质的集中体现，是全面依法治国的必然要求。习近平总书记指出："我国社会主义制度保证了人民当家作主的主体地位，也保证了人民在全面推进依法治国中的主体地位。这是我们的制度优势，也是中国特色社会主义法治区别于资本主义法治的根本所在。"②

在我国，中国共产党作为各项事业的领导核心，人民作为国家和社会的主体，党应当如何把"核心"与"主体"统一起来，带领人民管理国家、治理社会、管理经济和文化事业？用宪法和法治思维来看，人民的主体地位和主体权利不仅是抽象的政治概念，更是具体的法定权利和实在利益，全面依法治国必须坚持并保障人民主体地位的充分实现。坚持人民主体地位，保证人民成为全面依法治国名副其实的主体，就必须坚持宪法权威和人民代表大会制度，使宪法真正成为具有最高权威和最高法律效力的根本法，使人民代表大会制度真正成为我国的根本政治制度。习近平总书记明确要求："我们必须坚持国家一切权力属于人民，坚持人民主体地位，

---

① 习近平：《决胜全面建成小康社会　夺取新时代中国特色社会主义伟大胜利——在中国共产党第十九次全国代表大会上的报告》，人民出版社2017年版，第29页。

② 习近平：《加快建设社会主义法治国家》，《求是》2015年第1期。

支持和保证人民通过人民代表大会行使国家权力。要扩大人民民主，健全民主制度，丰富民主形式，拓宽民主渠道，从各层次各领域扩大公民有序政治参与，发展更加广泛、更加充分、更加健全的人民民主。"① 在党的十九大报告中，习近平总书记强调必须"坚持人民当家作主……坚持和完善人民代表大会制度……发展社会主义协商民主，健全民主制度，丰富民主形式，拓宽民主渠道，保证人民当家作主落实到国家政治生活和社会生活之中"。② 人民代表大会制度是坚持党的领导、人民当家作主、依法治国有机统一的根本政治制度安排，必须长期坚持、不断完善。③ 在我国顶层设计的宪法体制下，一方面，人民通过行使选举权和被选举权，直接和间接选举产生各级人民代表大会，由各级人大代表代表选民在立法机关表达意志、提出诉求、作出决策和决定、进行监督等，充分享有国家主权权力和治理国家的主体权利；另一方面，人民通过代表民意的立法机关制定法律法规，把人民的普遍意志愿望和各种利益主张，具体充分及时地转化为法律条文，成为表现为国家意志的共同

---

① 习近平：《在庆祝全国人民代表大会成立六十周年大会上的讲话》（2014年9月5日），载中共中央文献研究室编《十八大以来重要文献选编（中）》，中央文献出版社2016年版，第55页。

② 习近平：《决胜全面建成小康社会 夺取新时代中国特色社会主义伟大胜利——在中国共产党第十九次全国代表大会上的报告》，人民出版社2017年版，第22页。

③ 同上书，第37页。

意志，成为表现为法律条文的法律权利和法定利益，进而把抽象的人民概念具体化为公民个体，把抽象的人民利益具体化为公民的法定权利和法定利益，再由行政机关、监察机关、审判机关和检察机关等保证其得到具体实在的落实。因此，习近平总书记在党的十九大报告中指出，要支持和保证人民通过人民代表大会行使国家权力。发挥人大及其常委会在立法工作中的主导作用，健全人大组织制度和工作制度，支持和保证人大依法行使立法权、监督权、决定权、任免权，更好发挥人大代表作用，使各级人大及其常委会成为全面担负起宪法法律赋予的各项职责的工作机关，成为同人民群众保持密切联系的代表机关。①

坚持人民主体地位必须坚持法治建设为了人民、依靠人民、造福人民、保护人民，以保障人民根本权益为出发点和落脚点。"要切实保证国家的一切权力属于人民，扩大人民民主，保证人民当家作主，从各个层次、各个领域扩大公民有序政治参与。"② 习近平总书记明确要求，必须"保证人民在党的领导下，依照法律规定，通过各种途径和形式管理国家事务，管理经济和文化事业，管理社会事务。要把体现人民利益、反映人民愿望、维护人民权益、增进人民福祉落实到依法治国全过程，使法律及其实施充

---

① 习近平：《决胜全面建成小康社会　夺取新时代中国特色社会主义伟大胜利——在中国共产党第十九次全国代表大会上的报告》，人民出版社2017年版，第37页。
② 《法理学》（马克思主义理论研究和建设工程重点教材），人民出版社、高等教育出版社2010年版，第237页。

分体现人民意志"①。

坚持人民主体地位,必须贯彻落实到立法、执法、司法、守法的各个方面。

在立法方面,要推进科学立法、民主立法、依法立法,以良法促进发展、保障善治。② 要推进人大主导立法,充分发挥人民群众和人大代表在立法中的主体作用,克服立法工作中的部门化倾向和立法的地方保护主义。习近平总书记对立法的部门保护主义、地方保护主义等消极现象进行了尖锐批评。他指出:"各有关方面都要从党和国家工作大局出发看待立法工作,不要囿于自己那些所谓利益,更不要因此对立法工作形成干扰。要想明白,国家和人民整体利益再小也是大,部门、行业等局部利益再大也是小……如果有关方面都在相关立法中掣肘,都抱着自己那些所谓利益不放,或者都想避重就轻、拈易怕难,不仅实践需要的法律不能及时制定和修改,就是弄出来了,也可能不那么科学适用,还可能造成相互推诿扯皮甚至'依法打架'。这种问题要引起我们高度重视。"③ 立法是落实人民主体地位、保障人民民主

---

① 习近平:《加快建设社会主义法治国家》,《求是》2015年第1期。

② 习近平:《决胜全面建成小康社会 夺取新时代中国特色社会主义伟大胜利——在中国共产党第十九次全国代表大会上的报告》,人民出版社2017年版,第38—39页。

③ 习近平:《在十八届中央政治局第四次集体学习时的讲话》(2013年2月23日),载中共中央文献研究室编《习近平关于全面依法治国论述摘编》,中央文献出版社2015年版,第44页。

的首要法治门户。"立法时脑子里要有农民、工人，要有十亿人民，要面向他们，为了他们。"① 立法如果忽略甚至背离了人民的利益诉求，淡忘甚至违背了人民的意志主张，就会从根本上削弱人民的主体地位，动摇全面依法治国正当性、合法性的民意基础。因此，必须高度重视和全面推进民主立法。必须恪守以民为本、立法为民理念，贯彻社会主义核心价值观，抓住提高立法质量这个关键，深入推进科学立法、民主立法，使每一项立法都符合宪法精神、反映人民意志、得到人民拥护。完善民主立法机制，创新公众参与立法方式，广泛听取各方面意见和建议，健全立法机关和社会公众沟通机制，开展立法协商，充分发挥政协委员、民主党派、工商联、无党派人士、人民团体、社会组织在立法协商中的作用，使立法充分体现民意。完善立法体制和立法程序，明确立法权力边界，从体制机制和工作程序上有效防止部门利益和地方保护主义法律化。健全有立法权的人民代表大会主导立法工作的体制机制，切实发挥人民代表大会及其常委会在立法工作中的主导作用。

在执法方面，要建设法治政府，推进依法行政，严格规范公正文明执法。② "政府是执法主体，对执法领域存在的有法不依、执法不严、违法不究甚至以权压法、权钱交易、徇私枉法等突出问题，老百姓深恶痛绝，必须下大气

---

① 彭真：《论新中国的政法工作》，中央文献出版社1992年版，第268页。

② 习近平：《决胜全面建成小康社会 夺取新时代中国特色社会主义伟大胜利——在中国共产党第十九次全国代表大会上的报告》，人民出版社2017年版，第39页。

力解决。"① 法律的价值在于执行，否则就可能成为一纸空文。法律的执行是人民主体地位和主权意志的具体实现，而"人民群众依法治国首要的就是约束公权力，一个极为重要的约束对象当然就是体系最庞大、权力最广泛、官员最集中的各级政府。因此，依法行政就成为依法治国的重中之重"②。在我国，法律法规的百分之八十以上是由国家行政机关执行实施的，而我国公务员中有百分之八十多是国家行政机关的公务员。这"两个百分之八十"的法治国情，决定了依法行政是全面依法治国的关键，也是人民能否当家作主依法管理国家和社会事务、管理经济和文化事业的关键。由此可见，能不能做到依法治国，关键在于党能不能坚持依法执政，各级政府能不能坚持依法行政。习近平总书记说："执法是行政机关履行政府职能、管理经济社会事务的主要方式，各级政府必须依法全面履行职能，坚持法定职责必须为、法无授权不可为，健全依法决策机制，完善执法程序，严格执法责任，做到严格规范公正文明执法。"③

---

① 习近平：《关于〈中共中央关于全面推进依法治国若干重大问题的决定〉的说明》（2014年10月20日），载中共中央文献研究室编《十八大以来重要文献选编（中）》，中央文献出版社2016年版，第150页。

② 最高人民法院中国特色社会主义法治理论研究中心编：《法治中国——学习习近平总书记关于法治的重要论述》，人民法院出版社2014年版，第47页。

③ 习近平：《加快建设社会主义法治国家》（2014年10月23日），载中共中央文献研究室编《习近平总书记重要讲话文章选编》，中央文献出版社、党建读物出版社2016年版，第213页。

在司法方面，要"依法公正对待人民群众的诉求，努力让人民群众在每一个司法案件中都能感受到公平正义，决不能让不公正的审判伤害人民群众感情、损害人民群众权益"①。司法本质上是人民意志的裁断，是保障人民主体地位的重要法治防线。"当前，司法领域存在的主要问题是，司法不公、司法公信力不高问题十分突出，一些司法人员作风不正、办案不廉，办金钱案、关系案、人情案，'吃了原告吃被告'，等等。"② 为此，必须深化司法体制改革，从根本上解决司法体制不完善、司法职权配置和权力运行机制不科学、人权司法保障制度不健全等深层次问题，努力实现公正司法。

在守法方面，要推进全民守法，深化法治宣传教育。毛泽东同志于1957年曾经指出："一定要守法，不要破坏革命的法制。法律是上层建筑。我们的法律，是劳动人民自己制定的法律。"③ 习近平总书记在党的十八届四中全会第二次全体会议上的讲话中更加清晰明确地指出："使全体人民都成为社会主义法治的忠实崇尚者、自觉遵守者、坚定捍卫者，使尊法、信法、守法、用法、护

---

① 习近平：《在首都各界纪念现行宪法公布施行三十周年大会上的讲话》（2012年12月4日），载中共中央文献研究室编《十八大以来重要文献选编（上）》，中央文献出版社2014年版，第91页。

② 习近平：《中共中央关于全面推进依法治国若干重大问题的决定》，人民出版社2014年版，第55页。

③ 《毛泽东文集》第7卷，人民出版社1999年版，第197页。

法成为全体人民的共同追求。"① 同时要求各级领导干部，尤其是"关键少数"，要做尊法、学法、守法、用法、护法的表率，做维护法治权威、恪守法治原则、严格依法办事的表率，做运用法治思维和法治方式推动发展、维护稳定、深化改革、保障人权的表率。习近平总书记在党的十九大报告中进一步要求：加大全民普法力度，建设社会主义法治文化，树立宪法法律至上、法律面前人人平等的法治理念。各级党组织和全体党员要带头尊法学法守法用法，任何组织和个人都不得有超越宪法法律的特权，绝不允许以言代法、以权压法、逐利违法、徇私枉法。②

三 宪法权威论：全面推进依法治国必须维护宪法权威

坚持人民主体地位，根据人民主权原则，政府的权力来自人民且属于人民。那么，人民是如何将自己的主权权力赋予政府等权力主体的？在西方自然法学的契约论看来，天赋人权、契约自由，人民通过与政府签订宪法这个根本契约，把自己的权力（权利）让渡给政府和其他权力

---

① 习近平：《加快建设社会主义法治国家》（2014年10月23日），载中共中央文献研究室编《习近平总书记重要讲话文章选编》，中央文献出版社、党建读物出版社2016年版，第208页。

② 习近平：《决胜全面建成小康社会 夺取新时代中国特色社会主义伟大胜利——在中国共产党第十九次全国代表大会上的报告》，人民出版社2017年版，第39页。

主体；如果政府滥用权力达到一定程度，人民就可以通过法定程序收回其让渡出去的部分或全部权力。在我国，我们不承认西方自然法学的契约论，但认同党和国家的权力，特别是政府的权力是人民赋予的。2013年7月习近平总书记在四川考察工作时说："大家都要牢记，权力是人民赋予的，要为人民用好权，让权力在阳光下运行。"后来他又指出："我们的权力是党和人民赋予的，是为党和人民做事用的，只能用来为党分忧、为国干事、为民谋利。"① 宪法是人民自由的圣经，② 是人民掌握国家政权后，通过民主制宪程序把属于人民的主权权力授予（或者赋予）执政党、人大、政府、法院、检察院等权力主体的根本法律形式，法律法规就是人民授予（或者赋予）的具体法律形式。人民依宪依法授权的目的，是希望和要求这些权力主体能够用人民赋予的权力治国理政，全心全意为人民服务，有效保障人权和基本自由，依法治理权力和官员。这就是人民主权原则的宪法逻辑，是国家权力具有合宪性、合法性的法治基础。

  坚持人民主权原则和人民主体地位，必然要求体现人民意志、保障人民权利的宪法具有处于一切法律权威之上的最高权威，具有居于一切法定权力之上的最高地位，成为中国

---

  ① 习近平：《做焦裕禄式的县委书记》，载《习近平谈治国理政》第2卷，外文出版社2017年版，第147页。
  ② 马克思在《黑格尔法哲学批评》中说道："法典就是人民自由的圣经"（《马克思恩格斯全集》第1卷，人民出版社1995年版，第176页），这里借用了马克思的观点——笔者注。

特色社会主义治国理政的总章程、总规矩，成为一切社会活动的总规范、总依据。宪法权威①就是宪法得到全社会普遍认同、自觉遵守、有效维护的一种理念、文化与力量，表现为一种宪法至上，所有公权力、政党活动都要受宪法约束。② 宪法是否具有至高无上的权威，关乎国家政权的根基，关乎党依宪执政的基础和能力，关乎国家核心价值观和社会信仰体系，关乎"四个全面"战略布局的根本。"我国宪法以国家根本法的形式，确立了中国特色社会主义道路、中国特色社会主义理论体系、中国特色社会主义制度的发展成果，反映了我国各族人民的共同意志和根本利益，成为历史新时期党和国家的中心工作、基本原则、重大方针、重要政策在国家法制上的最高体现。"③ 我国宪法不仅明确规定了人民与国家、中央与地方、人大与"一府两院"等最重要的政治关系，而且明确规定了四项基本原则作为立国之本，规定了依法治国作为治国理政的基本方略，规定了民主集中制作为国家生活的基本原则，规定了国家的根本政治制

---

① 1978年2月15日，梁漱溟在全国政协五届一次会议上发言说："宪法在中国，常常是一纸空文，治理国家主要靠人治，而不是法治。新中国成立30年，有了自己的宪法，但宪法是否成了最高的权威，人人都得遵守呢？……中国由人治渐入了法治，现在是个转折点，今后要逐渐依靠宪法和法律的权威，以法治国，这是历史发展的趋势，中国前途的所在，是任何人所阻挡不了的。"汪东林：《梁漱溟问答录》，湖北人民出版社2004年版，第297—298页。

② 韩大元：《维护宪法法律权威》，《北京日报》2014年10月27日第3版。

③ 习近平：《习近平谈治国理政》，外文出版社2014年版，第136页。

度和基本政治制度，规定了公民的基本权利与基本义务，等等。尤其是，"我国宪法以根本法的形式反映了党带领人民进行革命、建设、改革取得的成果，确立了在历史和人民选择中形成的中国共产党的领导地位。对这一点，要理直气壮讲、大张旗鼓讲。要向干部群众讲清楚我国社会主义法治的本质特征，做到正本清源、以正视听"①。实践证明，宪法权威与国家前途、人民命运息息相关。党领导人民治国理政，全面依法治国，必须维护宪法权威，保障宪法实施。宪法有无权威，实质上是人民、国家和执政党有无权威的根本问题；宪法权威能否至上，实质上是人民意志、国家权威和党的事业能否至上的根本问题。习近平总书记说："维护宪法权威，就是维护党和人民共同意志的权威。捍卫宪法尊严，就是捍卫党和人民共同意志的尊严。保证宪法实施，就是保证人民根本利益的实现。只要我们切实尊重和有效实施宪法，人民当家作主就有保证，党和国家事业就能顺利发展。反之，如果宪法受到漠视、削弱甚至破坏，人民权利和自由就无法保证，党和国家事业就会遭受挫折。"②

宪法的生命在于实施，宪法的权威也在于实施。"好的宪法，贵在实施。否则，宪法如果得不到充分实施，那

---

① 习近平：《关于〈中共中央关于全面推进依法治国若干重大问题的决定〉的说明》（2014年10月20日），载中共中央文献研究室编《十八大以来重要文献选编（中）》，中央文献出版社2016年版，第147页。

② 习近平：《习近平谈治国理政》，外文出版社2014年版，第137页。

么，法典写得再美妙，亦属徒然。"① 依法治国首先要依宪治国，依法执政关键是依宪执政。宪法是国家的根本法。法治权威能不能树立起来，首先要看宪法有没有权威。党的十九大报告明确要求：必须"加强宪法实施和监督，推进合宪性审查工作，维护宪法权威"。② 必须把宣传和树立宪法权威作为全面推进依法治国的重大事项抓紧抓好，切实在宪法实施和监督上下功夫。维护宪法权威，保证宪法实施：一要不断提高宪法意识，牢固树立宪法法律至上的理念，从内心深处信仰宪法，从思想上充分认同宪法是国家的根本法，是治国安邦的总章程，具有最高的法律地位、法律权威、法律效力，具有根本性、全局性、稳定性、长期性。二要坚持党的领导、人民当家作主、依法治国有机统一，坚持中国特色社会主义制度，贯彻中国特色社会主义法治理论，坚持党在宪法和法律范围内活动，推进依宪执政和依法执政。三要把权力关进宪法的笼子里，切实做到一切国家机关和武装力量、各政党和各社会团体、各企业事业组织，都必须以宪法为根本的活动准则，并且负有维护宪法尊严、保证宪法实施的职责。任何组织或者个人，都不得有超越宪法和法律的特权；一切违反宪法和法律的行为，都必须予以追究。四要完善全国人大及其常委会宪法监督制度，健全宪法解释程序机制；加强备

---

① 许崇德：《中华人民共和国宪法史》，福建人民出版社2003年版，第884页。

② 习近平：《决胜全面建成小康社会 夺取新时代中国特色社会主义伟大胜利——在中国共产党第十九次全国代表大会上的报告》，人民出版社2017年版，第38页。

案审查制度和能力建设，把所有规范性文件纳入备案审查范围，依法撤销和纠正违宪违法的规范性文件，禁止地方制发带有立法性质的文件。五要做到"重大改革于法有据，把发展改革决策同立法决策更好结合起来"。处理好改革与法治的关系，切实做到依宪依法改革，是维护宪法法律权威的关键。在我国法律体系已经形成、无法可依问题基本解决的历史条件下，必须严格按照宪法法律的规定进行改革，切实做到"在整个改革过程中，都要高度重视运用法治思维和法治方式，发挥法治的引领和推动作用，加强对相关立法工作的协调，确保在法治轨道上推进改革"①。

四 良法善治论：推进国家治理体系和治理能力现代化

良法善治是治国理政的重要追求，是全面依法治国的最佳境界。推进全面依法治国，要"以良法促进发展、保障善治"。② 党的十八届三中全会提出全面深化改革的总目标是"完善和发展中国特色社会主义制度，推进国家治理体系和治理能力现代化"；党的十八届四中全会提出全面推进依法治国的总目标是"建设中国特色社会主义法治体系，

---

① 中共中央文献研究室编：《习近平关于全面深化改革论述摘编》，中央文献出版社2014年版，第153页。

② 习近平：《决胜全面建成小康社会 夺取新时代中国特色社会主义伟大胜利——在中国共产党第十九次全国代表大会上的报告》，人民出版社2017年版，第39页。

第一章　习近平总书记关于法治的重要论述的理论逻辑

建设社会主义法治国家……促进国家治理体系和治理能力现代化"。党的十九大再次明确：全面深化改革总目标是完善和发展中国特色社会主义制度、推进国家治理体系和治理能力现代化；全面推进依法治国总目标是建设中国特色社会主义法治体系、建设社会主义法治国家。① 国家治理体系和治理能力现代化与全面推进依法治国之间有何关联性？可以这样理解，前者主要是政治学的表达方式，后者主要是法学的基本概念，在治国理政的意义上，两者是殊途同归的。习近平总书记说："法律是治国之重器，法治是国家治理体系和治理能力的重要依托。"② 站在中国特色治国理政的战略高度，把全面依法治国与国家治理体系和治理能力现代化融合起来理解，把厉行法治与深化治理结合起来把握，两者融合统一的最佳形态就是"良法善治"。亚里士多德说："我们应该注意到邦国虽有良法，要是人民不能全都遵循，仍然不能实现法治。法治应该包含两重意义：已成立的法律获得普遍的服从，而大家所服从的法律又应该是本身制订得良好的法律。"③ 用政治学和法学话语来表述，"良法"就是党领导

---

① 习近平：《决胜全面建成小康社会　夺取新时代中国特色社会主义伟大胜利——在中国共产党第十九次全国代表大会上的报告》，人民出版社2017年版，第19页。

② 习近平：《关于〈中共中央关于全面推进依法治国若干重大问题的决定〉的说明》（2014年10月20日），载中共中央文献研究室编《十八大以来重要文献选编（中）》，中央文献出版社2016年版，第141页。

③ ［古希腊］亚里士多德：《政治学》，吴寿彭译，商务印书馆1981年版，第199页。

人民管理国家、治理社会的一整套系统完备、科学规范、运行有效、成熟定型的制度体系，其中主要是宪法制度和法治体系；"善治"就是运用国家法律和制度体系管理国家、治理社会各方面事务的能力、过程和成效，其中主要是宪法制度和法治体系的运用。

全面推进依法治国，实现国家治理体系和治理能力现代化，必须实现良法善治。法律是治国之重器，良法是善治之前提。国家若善治，须先有良法；治国理政若达成，须先有良法体系。习近平总书记说："人民群众对立法的期盼，已经不是有没有，而是好不好、管用不管用、能不能解决实际问题；不是什么法都能治国，不是什么法都能治好国"[①]，而是要求以系统完备、科学规范、运行有效的"良法"治理国家和社会。创制良法就是国家制定和形成一整套系统完备科学有效的制度体系，尤其是法律制度体系。全面依法治国所倡导的法治基本价值，是评价法"良"与否的重要尺度，是创制良法体系的价值追求和实现良法善治的伦理导向。

"良法"对立法的要求和评判，主要包括以下五个方面：第一，立法应当具有良善的、符合人性人道的正当价值取向，符合正义、公平、自由、平等、民主、人权、秩序、安全等普遍价值标准；第二，立法应当是民意的汇集和表达，立法能否充分保障人民参与并表达自己的意见，

[①] 习近平：《在十八届中央政治局第四次集体学习时的讲话》（2013年2月23日），载中共中央文献研究室编《习近平关于全面依法治国论述摘编》，中央文献出版社2015年版，第43页。

能否体现人民的整体意志和维护人民的根本利益，是评价立法"良"与"恶"的一个重要标准；第三，立法程序应当科学民主有序，有利于实现多数人的意志，有利于良法的生产；第四，立法应当适应国情，符合经济社会关系发展的实际，具有针对性、可实施性和可操作性；第五，立法应当具有整体协调性和内在统一性，不能自相矛盾。习近平总书记对我国制定"良法"的基本要求是：要坚持问题导向，提高立法的针对性、及时性、系统性、可操作性，发挥立法引领和推动作用……努力使每一项立法都符合宪法精神、反映人民意愿、得到人民拥护。① 要恪守以民为本、立法为民理念，贯彻社会主义核心价值观，把公正、公平、公开原则贯穿立法全过程，使所有立法都体现并符合民意。

"善治"是良法的有效贯彻实施，是国家治理体系和治理能力现代化的集中体现。在我国，由于人民是国家的主人、社会的主体，因此善治首先是人民的统治，而绝不是极少数人的独裁专制；善治主要是制度之治、规则之治、宪法法律之治，而绝不是人治。实现政治学意义上的"善治"，应当符合合法性、法治、透明性、责任性、回应、有效、参与、稳定、廉洁、公正十个要素②的要求。实现法学意义上的"善治"，就是要把制定良好的宪法法律付诸实施，把表

---

① 习近平：《在庆祝全国人民代表大会成立六十周年大会上的讲话》（2014年9月5日），载中共中央文献研究室编《十八大以来重要文献选编（中）》，中央文献出版社2016年版，第56页。

② 俞可平：《善政与善治》，《论国家治理现代化》，社会科学文献出版社2014年版，第59—60页。

现为法律规范的各种制度执行、运行好，公正合理高效及时地用于治国理政，通过法治卓有成效的运行，满足"良法"的价值追求。习近平总书记指出："法律的生命力在于实施，法律的权威也在于实施。'天下之事，不难于立法，而难于法之必行。'如果有了法律而不实施、束之高阁，或者实施不力、做表面文章，那制定再多法律也无济于事。全面推进依法治国的重点应该是保证法律严格实施，做到'法立，有犯而必施；令出，唯行而不返'。"①

实现中国特色社会主义的良法善治，必须超越以三权分立、多党制等为特征的西方民主政治模式，坚持党的领导、人民民主和依法治国的统一，坚持民主与效率、民主与法治的统一，走中国特色社会主义民主政治发展道路；超越"言必称西方"的西方法治中心主义，学习借鉴人类法治文明的精髓和要旨，走中国特色社会主义法治道路，建设中国特色社会主义法治体系和法治国家；超越主导法学话语体系的"西医法学"理论，汲取中华法律文化精华，借鉴世界法治文明成果，走"中西医法学"相结合并以中（中国法治国情）为本的法学发展之路，坚持和发展中国特色社会主义法治理论，构建中国特色社会主义法学理论体系、话语体系和教材体系；超越法治形式主义和法治工具主义，坚持形式法治与实质法治相统一，坚持法治价值与法治实践相结合；超越法治万能主义，坚持依法治

---

① 习近平：《关于〈中共中央关于全面推进依法治国若干重大问题的决定〉的说明》（2014年10月20日），载中共中央文献研究室编《十八大以来重要文献选编（中）》，中央文献出版社2016年版，第150页。

国与以德治国相结合,坚持依规治党与依法治国相结合,坚持法律规范与其他社会规范相结合;超越法治虚无主义,坚持"两个基本"治国理政,坚持宪法法律至上,坚持法治思维和法治方式,充分发挥法治在构建和实现国家治理现代化中的重要作用。

五 依法治权论:把权力关进法律和制度的笼子里

法治是安邦固本的基石。在中国特色治国理政的意义上,法治有两个核心功能:一是尊重保障人权,实现人民的主体地位和主体权利;二是授权控权、依法治权、依法治官。由于人民是国家的主人和依法治国的主体,法治是代表人民、为了人民、依靠人民、保护人民的根本方式,因此党领导人民实施的依法治国,绝不是要依法治民(百姓),而是要依法治权、依法治官,把权力关进制度的笼子里。习近平总书记指出:"纵观人类政治文明史,权力是一把双刃剑,在法治轨道上行使可以造福人民,在法律之外行使则必然祸害国家和人民。"[①] 腐败现象千变万化,腐败行为林林总总,但归根结底是权力的腐败,因为权力不论大小,只要不受制约和监督,都可能被滥用;只要权力不受制约,必然产生腐败,绝对的权力产生绝对的腐败;因为权力的腐败是对法治的最大破坏,是对人

---

① 习近平:《在省部级主要领导干部学习贯彻党的十八届四中全会精神全面推进依法治国专题研讨班上的讲话》(2015年2月2日),载中共中央文献研究室编《习近平关于全面依法治国论述摘编》,中央文献出版社2015年版,第37—38页。

权的最大侵害，是对执政党权威的最大损害，所以，依法治国必然要通过宪法法律和各种制度在依法授权的同时还要对权力进行制约，必然要依宪分权、依法治权。权力腐败的表现形式五花八门，权力腐败的原因不尽相同，但归根结底是权力滥用、权力寻租和权力异化，是掌握和行使公权力的各类主体的行为腐败，而这些主体基本上都是政府官员和各种"吃皇粮"的公职人员，所以，依法治国不仅要依法治权，而且要依法治官、从严治吏。"在一个法治的民主国家里，即便是那些担任公职的人也得受法律和司法的约束。"[①] 权力腐败是法治的天敌，权力失控是法治的无能，权力滥用是法治的失职。依法治国必须依法治权，依法治权必须依法治官，从法律和制度的根本上解决权力腐败、权力失控和权力滥用问题。

反腐必须治权，治权必靠法治。依法治国的"治"，主要是指"管理""治理""规制"以及必要的"奖励"和"惩罚""整治"，决不能把"治"直接等同于惩罚和整治。法治就是法律之治，是制度之治、程序之治、规则之治，其核心要义就是要把权力关进制度笼子里，就是要依法设定权力、规范权力、制约权力、监督权力。邓小平同志曾经一针见血地指出："制度问题更带有根本性、全局性、稳定性和长期性……我们过去发生的各种错误，固然与某些领导人的思想、作风有关，但是组织制度、工作

---

① ［德］约瑟夫·夏辛、容敏德编著：《法治》，法律出版社2005年版，第51页。

制度方面的问题更重要。这方面的制度好可以使坏人无法任意横行,制度不好可以使好人无法充分做好事,甚至会走向反面。"① 所以还是要搞法治,搞法治靠得住些。习近平总书记明确要求我们,"要坚持用制度管权管事管人,抓紧形成不想腐、不能腐、不敢腐的有效机制,让人民监督权力,让权力在阳光下运行"②。

一个政党,一个政权,其前途命运取决于人心向背。人民群众反对什么、痛恨什么,我们就要坚决防范和纠正什么。③ 依法治国就是要强调以制度规范权力,以民主监督权力,建立并完善以法律控制权力、以权力和权利制约权力的制度机制,最大限度地减少权力腐败的机会,最大限度地增加权力腐败的成本。"法治需要名目繁多的程序和控制方式,目的是为了明确政府行为的范围和方式。"④ 依法治国就是要通过依法治权、依法治官,破解绝对权力的神话,破解一把手监督难题,用法律和制度防止权力的滥用和腐败。习近平总书记强调指出:"如果法治的堤坝被冲破了,权力的滥用就会像洪水一样成灾。各级党政组

---

① 《邓小平文选》第 2 卷,人民出版社 1994 年版,第 333 页。

② 习近平:《在庆祝全国人民代表大会成立六十周年大会上的讲话》(2014 年 9 月 5 日),载中共中央文献研究室编《十八大以来重要文献选编(中)》,中央文献出版社 2016 年版,第 58 页。

③ 习近平:《决胜全面建成小康社会 夺取新时代中国特色社会主义伟大胜利——在中国共产党第十九次全国代表大会上的报告》,人民出版社 2017 年版,第 61 页。

④ [德]约瑟夫·夏辛、容敏德编著:《法治》,法律出版社 2005 年版,第 55 页。

织、各级领导干部手中的权力是党和人民赋予的,是上下左右有界受控的,不是可以为所欲为、随心所欲的。"① 我们要把厉行法治作为规范制约权力的治本之策,把权力运行的规矩立起来、讲起来、守起来,真正做到谁把法律当儿戏,谁就必然要受到法律的惩罚。习近平总书记反复告诫我们,要通过制度和法律加强对权力运行的制约和监督,把权力关进制度的笼子里,"最大限度减少权力出轨、权力寻租的机会",努力形成不敢腐的惩戒机制、不能腐的防范机制、不易腐的保障机制。而所有权力主体,尤其是各级领导干部必须牢记:"任何人都没有法律之外的绝对权力,任何人行使权力都必须为人民服务、对人民负责并自觉接受人民监督。"②

六 保障人权论:中国共产党和中国政府始终尊重和保障人权

人民民主是社会主义的生命。实现人民当家作主、依法保障全体公民享有广泛人权是社会主义法治的内在要求

---

① 习近平:《在省部级主要领导干部学习贯彻党的十八届四中全会精神全面推进依法治国专题研讨班上的讲话》(2015年2月2日),载中共中央文献研究室编《习近平关于全面依法治国论述摘编》,中央文献出版社2015年版,第128页。

② 习近平:《依纪依法严惩腐败,着力解决群众反映强烈的突出问题》(2013年1月22日),载中共中央文献研究室编《十八大以来重要文献选编(上)》,中央文献出版社2014年版,第136页。

和本质特征。为了依法保障全体公民享有广泛真实的人权和基本自由,1982年宪法不仅专章规定了公民的基本权利与基本义务,而且还于2004年通过宪法修正案,把"国家尊重和保障人权"载入宪法,使之成为一项重要的宪法原则。

人权是"人依其自然属性和社会本质所享有和应当享有的权利"①。人权是人类的共同追求,充分享有人权是人类社会的共同奋斗目标,法治则是实现人权的根本保障。古罗马政治法律思想家西塞罗认为:"法律的制定是为了保障公民的福祉、国家的繁昌和人们的安宁而幸福的生活。"② 在我国,人权不仅是一个政治话语和意识形态概念,更是一个宪法法律概念。人权是人民主体地位和根本利益的宪法化、法律化表现形式,是人民幸福、人民利益、人民尊严的具体化、条文化和法治化。"中国建设社会主义法治国家,以确保公民权利的实现、人性尊严的捍卫、基本人权的落实为根本目的。"③ 我们党来自人民、植根人民、服务人民,一旦脱离群众,就会失去生命力。④

---

① 王家福、刘海年主编:《中国人权百科全书》,中国大百科全书出版社1998年版,第481页。

② [古罗马]西塞罗:《论共和国 论法律》,王焕生译,中国政法大学出版社1997年版,第219页。

③ 中华人民共和国国务院新闻办公室:《2014年中国人权事业的进展》,人民出版社2015年版,第1页。

④ 习近平:《决胜全面建成小康社会 夺取新时代中国特色社会主义伟大胜利——在中国共产党第十九次全国代表大会上的报告》,人民出版社2017年版,第66页。

我们党和国家的一切事业，全面依法治国的事业，归根结底是为了人民、依靠人民、造福人民和保护人民的事业，必须以保障人民根本权益为出发点和落脚点。

宪法是"保障公民权利的法律武器"，"我们要依法保障全体公民享有广泛的权利"，"要通过不懈努力，在全社会牢固树立宪法和法律的权威，让广大人民群众充分相信法律、自觉运用法律，使广大人民群众认识到宪法不仅是全体公民必须遵循的行为规范，而且是保障公民权利的法律武器"。[①] 习近平总书记指出："我们要随时随刻倾听人民呼声、回应人民期待，保证人民平等参与、平等发展权利，维护社会公平正义，在学有所教、劳有所得、病有所医、老有所养、住有所居上持续取得新进展，不断实现好、维护好、发展好最广大人民根本利益，使发展成果更多更公平惠及全体人民，在经济社会不断发展的基础上，朝着共同富裕方向稳步前进。"[②] 把我们党全心全意为人民服务的政治承诺表达为法治话语，把党治国理政为了实现人民幸福和福祉的目标转化为法治话语，把人民主体地位和主体权利的诉求表述为法治话语，就是充分保障和实现人权。马克思指出："人们为之奋斗的一切，都同他们的利益有关。"[③] 在现代

---

① 习近平：《习近平谈治国理政》，外文出版社 2014 年版，第 141 页。

② 习近平：《在第十二届全国人民代表大会第一次会议上的讲话》（2013 年 3 月 17 日），载中共中央文献研究室编《十八大以来重要文献选编（上）》，中央文献出版社 2014 年版，第 236 页。

③ 《马克思恩格斯全集》第 1 卷，人民出版社 1995 年版，第 187 页。

法治社会，人权的宪法法律化程度越高，法治对人权实现保障得越彻底，司法对人权救济和保障得越充分，这个社会就越容易实现稳定和谐、公平正义、诚信有序。所以，尊重、保障和充分实现人权，必然是党领导人民治国理政、全面依法治国的重要内容。

党的十八大指出，要"保证人民依法享有广泛权利和自由"，并把"人权得到切实尊重和保障"作为全面建成小康社会的一个重要目标。党的十八届四中全会指出，要"增强全社会尊重和保障人权意识，健全公民权利救济渠道和方式……加强人权司法保障"。党的十九大进一步强调，要"加强人权法治保障，保证人民依法享有广泛权利和自由"[①]。

习近平总书记在祝贺"2015·北京人权论坛"开幕的致信中强调指出："近代以后，中国人民历经苦难，深知人的价值、基本人权、人格尊严对社会发展进步的重大意义，倍加珍惜来之不易的和平发展环境，将坚定不移走和平发展道路、坚定不移推进中国人权事业和世界人权事业……中国共产党和中国政府始终尊重和保障人权。长期以来，中国坚持把人权的普遍性原则同中国实际相结合，不断推动经济社会发展，增进人民福祉，促进社会公平正义，加强人权法治保障，努力促进经济、社会、文化权利

---

① 习近平：《决胜全面建成小康社会 夺取新时代中国特色社会主义伟大胜利——在中国共产党第十九次全国代表大会上的报告》，人民出版社2017年版，第37页。

和公民、政治权利全面协调发展，显著提高了人民生存权、发展权的保障水平，走出了一条适合中国国情的人权发展道路。"① 习近平总书记把尊重保障人权与实现中国梦的战略目标密切联系起来，指出中国梦归根到底是人民的梦，必须不断为人民造福，不断实现更加充分的人权。"中国人民实现中华民族伟大复兴中国梦的过程，本质上就是实现社会公平正义和不断推动人权事业发展的进程。"②

　　实现中国梦，最根本的就是要实现国家富强、人民幸福和中华民族伟大复兴。对于人民中的每一个成员来说，人民幸福最根本的体现，就是每一个人民群众的每一项权利和基本自由都得到切实尊重和有效保障。只有保证公民在法律面前一律平等，尊重和保障人权，保证人民依法享有广泛的权利和自由，宪法法律才能深入人心，走入人民群众，宪法法律实施才能真正成为全体人民的自觉行动。正因为保障和实现人权已经成为中华人民共和国的立国之本、中国共产党的执政之基、全国人民的主体之魂，因此习近平总书记强调指出："我们要依法保障全体公民享有广泛的权利，保障公民的人身权、财产权、基本政治权利等各项权利不受侵犯，保证公民的经济、文化、社会等各方面权利得到落实，努力维护

---

　　① 《习近平致"2015·北京人权论坛"的贺信》，2015年9月16日，新华网。
　　② 《习近平同美国总统奥巴马共同会见记者时指出：中美达成广泛重要共识》，2015年9月26日，人民网。

最广大人民根本利益,保障人民群众对美好生活的向往和追求。"① 正因为保障和实现人权与执政党的宗旨和国家职能直接相关,与全面建成小康社会、全面深化改革和全面依法治国的战略部署内在相融,因此,党的十八大把"人权得到切实尊重和保障"明确规定为全面建成小康社会的目标之一,党的十八届三中全会指出要"完善人权司法保障制度",党的十八届四中全会指出要"加强人权司法保障",党的十八届五中全会强调要使"人权得到切实保障,产权得到有效保护",党的十九大指出要"依法打击和惩治黄赌毒黑拐骗等违法犯罪活动,保护人民人身权、财产权、人格权"②。这些关于保障人权的重要理念、政策和改革举措,使人民民主的一般政治原则得以具体化和法治化,使执政党关于"权为民所用、利为民所谋、情为民所系"的政治理念得以法律化和权利化,使人民关于平安幸福、自由平等、公平正义的抽象概念得以具体操作和贯彻落实,从而具体落实了人民主体地位,夯实了党治国理政的民意基础,强化了党领导执政的权威性,体现了全面依法治国的人民性。

---

① 习近平:《习近平谈治国理政》,外文出版社2014年版,第141页。

② 习近平:《决胜全面建成小康社会 夺取新时代中国特色社会主义伟大胜利——在中国共产党第十九次全国代表大会上的报告》,人民出版社2017年版,第49页。

七 公平正义论：公正是社会主义法治的生命线

公平正义（公平、公正、正义）是人民的期盼，是法治的灵魂。党的十九大报告在分析中国特色社会主义进入新时代的社会主要矛盾时指出："中国特色社会主义进入新时代，我国社会主要矛盾已经转化为人民日益增长的美好生活需要和不平衡不充分的发展之间的矛盾。我国稳定解决了十几亿人的温饱问题，总体上实现小康，不久将全面建成小康社会，人民美好生活需要日益广泛，不仅对物质文化生活提出了更高要求，而且在民主、法治、公平、正义、安全、环境等方面的要求日益增长"；在"坚持在发展中保障和改善民生"部分，强调"增进民生福祉是发展的根本目的。必须多谋民生之利、多解民生之忧，在发展中补齐民生短板、促进社会公平正义"；在"深化依法治国实践"部分，强调要"努力让人民群众在每一个司法案件中感受到公平正义"。[①] 可见，公平正义不仅是社会主义核心价值观的重要内容，而且成为新时代人民日益增长的美好生活需要的重要方面。哈耶克认为："所谓正义，始终意味着某个人或某些人应当或

[①] 习近平：《决胜全面建成小康社会 夺取新时代中国特色社会主义伟大胜利——在中国共产党第十九次全国代表大会上的报告》，人民出版社2017年版，第11、23、39页。

不应当采取某种行动。"① 罗尔斯则认为:"每个人都应当得到他所应当获得的东西(而不论是善果还是恶果),被人们普遍认为是正义的;然而,每个人应当得到他所不应得的善果,或者被迫承受他所不应蒙遭的恶果,则被人们普遍认为是不正义的。"② 全面推进依法治国,应当以维护公平正义、增进人民福祉为出发点和落脚点。"公正是法治的生命线。公平正义是我们党追求的一个非常崇高的价值,全心全意为人民服务的宗旨决定了我们必须追求公平正义,保护人民权益、伸张正义。全面依法治国,必须紧紧围绕保障和促进社会公平正义来进行。"③

公平正义是社会主义的本质要求,是社会主义核心价值观的重要内容,是执政党、国家和人民的共同追求。中华人民共和国成立以来,党领导人民治国理政,经过努力先后解决了使中国人民"站起来"和"富起来"的问题,当下迫切需要解决的根本问题是如何"分配好蛋糕",努力使中国社会更加"公平正义起来"。用马克思主义经典作家的观点来解读,社会主义社会要实现的人的全面解

---

① [英]弗里德里希·冯·哈耶克:《法律、立法与自由》(第2、3卷),邓正来等译,中国大百科全书出版社2000年版,第52页。

② [美]约翰·罗尔斯:《正义论》,何怀宏等译,中国社会科学出版社1988年版,第225—233页。

③ 习近平:《在省部级主要领导干部学习贯彻党的十八届四中全会精神全面推进依法治国专题研讨班上的讲话》(2015年2月2日),载中共中央文献研究室编《习近平关于全面依法治国论述摘编》,中央文献出版社2015年版,第38页。

放，包括政治解放、经济解放和社会解放。1949年人民夺取全国政权，翻身做主人"站起来了"，所解决的是"人的政治解放"问题；1978年人民通过改革开放"富起来了"，所解决的是"人的经济解放"问题；现在和未来要实现"社会公平正义起来"，所解决的是"人的社会解放"问题。只有完成这"三大解放"，才能真正实现人的彻底解放，实现人的自由而全面发展。① 由此可见，实现公平正义是我国从社会主义初级阶段迈向高级阶段的必然要求，是党在现阶段领导和执政的根本使命，是中国特色社会主义法治的基本职责。

公平正义有时也简称为正义，它是人类社会恒久存在的价值哲学问题之一，也是人类社会生活中最有争议和歧见的问题之一。正如奥地利著名规范分析法学家凯尔逊所言："自古以来，什么是正义这一问题是永远存在的。为了正义的问题，不知有多少人流了宝贵的鲜血与痛苦的眼泪，不知有多少杰出思想家，从柏拉图到康德，绞尽了脑汁；可是现在和过去一样，问题依然未获解决。"② 美国法学家博登海默说："正义有着一张普洛透斯似的脸（a Protean face），变幻无常、随时可呈不同形状并具有极不相同的面貌。当我们仔细查看这张脸并试图解开隐藏其表面背

---

① 马克思：《资本论》第1卷，人民出版社2004年版，第683页。
② 转引自张文显《二十世纪西方法哲学思潮研究》，法律出版社1996年版，第575页。

后的秘密时，我们往往会深感迷惑。"① 公平正义是一个见仁见智的道德概念，在现实生活中往往缺乏统一的内涵共识和可操作实施的具体标准。鉴于价值哲学上的公平正义主要是一种道德判断和伦理追求，常常见仁见智、莫衷一是，具有极大的主观性、随意性和不确定性；鉴于当下中国多元社会中人们对社会公平正义的理解和诉求的多样性、复杂性和易变性；鉴于当代中国市场经济刺激并鼓励人们合法追求经济利益和其他利益的最大化，由此带来价值多元和利益多样的种种冲突；鉴于深化改革和社会转型必然引发各种社会矛盾和社会冲突多发、高发和频发，而矛盾和冲突的各方都高擎"社会公平正义"的旗帜试图占领道德的制高点，以证明和支持自己"维权"行为的正当性；鉴于政府、社会和公民对于社会公平正义的理解，由于他们各自角色和角度的不同，往往相去甚远，甚至大相径庭……鉴于当下中国社会缺乏对"公平正义"的基本共识和评判标准的现状，应更加重视通过法律和法治来实现公平正义。②

在中国古人看来，法律就是"尺寸也，绳墨也，规矩也，衡石也，斗斛也，角量也"③。而"用法律的准绳去衡

---

① ［美］E.博登海默：《法理学：法律哲学与法律方法》，邓正来译，中国政法大学出版社2004年版，第261页。
② 李林：《通过法治实现公平正义》，《北京联合大学学报》2014年第3期。
③ 《管子·七法》。

量、规范、引导社会生活，这就是法治"①。在当代中国，"要实现经济发展、政治清明、文化昌盛、社会公正、生态良好，必须更好发挥法治引领和规范作用"②。因此，中国特色社会主义的治国理政，应当更加注重通过法治思维和法治方式界定和实现社会公平正义。

一要充分发挥法治的评判规范功能，重构我国社会公平正义的基本评判体系。法律是体现为国家意志的普遍行为规范，是社会利益和社会资源的分配器。应当更加重视发挥法治的社会价值评判向导和社会行为圭臬的基本功能，把公众对于公平正义的利益诉求纳入法治轨道。应当"坚持在法治轨道上统筹社会力量、平衡社会利益、调节社会关系、规范社会行为，依靠法治解决各种社会矛盾和问题"③。

二要通过民主科学立法，将事关人民群众公平正义的利益需求，尽可能纳入法律调整范围，转化为法律意义上的公平正义，使其具有明确性、规范性、统一性和可操

---

① 习近平：《在中共十八届四中全会第二次全体会议上的讲话》（2014年10月23日），载中共中央文献研究室编《习近平关于全面依法治国论述摘编》，中央文献出版社2015年版，第9页。

② 习近平：《在中共十八届四中全会第一次全体会议上关于政治局工作的报告》（2014年10月20日），载中共中央文献研究室编《习近平关于全面依法治国论述摘编》，中央文献出版社2015年版，第4—5页。

③ 习近平：《在中共十八届四中全会第二次全体会议上的讲话》（2014年10月23日），载中共中央文献研究室编《习近平关于全面依法治国论述摘编》，中央文献出版社2015年版，第11页。

作性。

三要通过公平公正的实体法，合理规定公民的权利与义务、合理分配各种资源和利益、科学配置各类权力与责任，实现实体内容上的分配正义；通过民主科学有效的程序法，制定能够充分反映民意并为大多数人接受的程序规则，从程序法上来配置资源、平衡利益、协调矛盾、缓解冲突，实现程序规则上的公平正义。

四要通过严格执法和公正司法，保障公众的合法权益。"公正司法是维护社会公平正义的最后一道防线。所谓公正司法，就是受到侵害的权利一定会得到保护和救济，违法犯罪活动一定要受到制裁和惩罚。"[①]

五是政法机关要把维护社会稳定作为基本任务，把促进社会公平正义作为核心价值追求，把保障人民安居乐业作为根本目标，坚持严格执法、公正司法。"促进社会公平正义是政法工作的核心价值追求。从一定意义上说，公平正义是政法工作的生命线，司法机关是维护社会公平正义的最后一道防线。政法战线要肩扛公正天平、手持正义之剑，以实际行动维护社会公平正义，让人民群众切实感受到公平正义就在身边。要重点解决好损害群众权益的突出问题，决不允许对群众的报警求助置之不理，决不允许让普通群众打不起官司，决不允许滥用权力侵犯群众合法

---

① 习近平：《在十八届四中全会政治局第四次集体学习时的讲话》（2013年2月23日），载中共中央文献研究室编《习近平关于全面依法治国论述摘编》，中央文献出版社2015年版，第67页。

权益，决不允许执法犯法造成冤假错案。"①

六要营造良好法治环境，"努力推动形成办事依法、遇事找法、解决问题用法、化解矛盾靠法的良好法治环境"，"形成人们不愿违法、不能违法、不敢违法的法治环境"。② 公众在发生矛盾纠纷等利益冲突问题时，应通过法治方式理性维权，依法维护和实现自己表现为法定权利或权益的公平正义。

八　法治系统论：全面推进依法治国是一个系统工程

改革开放前 30 年，我国法治建设要解决的主要问题是"无法可依"，因此法治建设的重点是立法，目标是形成中国特色社会主义法律体系。进入 21 世纪，尤其是党的十八大以来，我国法治建设开始从形成法律体系向建设法治体系转变，法治工作重点从加强立法向注重宪法法律实施转变，法治发展战略从法治各环节领域相对分别运行到全面系统推进依法治国转变。正如习近平总书记指出的："全面推进依法治国是一个系统工程，是国家治理领

---

① 习近平：《把促进社会公平正义作为核心价值追求》，《中国青年报》2014 年 1 月 9 日第 1 版。

② 习近平：《在十八届中央政治局第四次集体学习时的讲话》（2013 年 2 月 23 日），载中共中央文献研究室编《习近平关于全面依法治国论述摘编》，中央文献出版社 2015 年版，第 45 页。

域一场广泛而深刻的革命。"① 对于依法治国这个"系统工程",党的十八届四中全会明确要求必须做到"全面"而不是"片面"或者"局部"推进依法治国。党的十九大重申并进一步明确要求,必须"坚持全面依法治国",必须"坚定不移走中国特色社会主义法治道路,完善以宪法为核心的中国特色社会主义法律体系,建设中国特色社会主义法治体系,建设社会主义法治国家,发展中国特色社会主义法治理论,坚持依法治国、依法执政、依法行政共同推进,坚持法治国家、法治政府、法治社会一体建设,坚持依法治国和以德治国相结合,依法治国和依规治党有机统一,深化司法体制改革,提高全民族法治素养和道德素质"。②

所谓"全面"推进依法治国,就是要在指导思想上把依法治国作为一个庞大的社会系统工程,统筹考虑法治建设的各个环节、各种要素、各个领域和各个方面,使依法治国基本方略能够得到全面有效推进;要在方式方法上把系统科学和系统工程的思想、原理、方法和技术运用于依法治国和法治建设的顶层设计,进一步明确依法治国目标,选择最佳法治路线,优化法治体系结构,完善法律体

---

① 习近平:《关于〈中共中央关于全面推进依法治国若干重大问题的决定〉的说明》(2014年10月20日),载中共中央文献研究室编《十八大以来重要文献选编(中)》,中央文献出版社2016年版,第154页。

② 习近平:《决胜全面建成小康社会 夺取新时代中国特色社会主义伟大胜利——在中国共产党第十九次全国代表大会上的报告》,人民出版社2017年版,第22—23页。

系内容，整合依法治国资源，协调依法治国力量，化解法治发展障碍，提升法制改革效能……要在依法治国的实践进程中，努力把法治精神、法治价值、法治意识、法治理念、法治文化统合起来，把依宪治国、依法治国、依法执政、依法行政、依法治军、依法办事统一起来，把有法可依、有法必依、执法必严、违法必究统一起来，把科学立法、严格执法、公正司法、全民守法统一起来，把法学研究、法学教育、法治宣传与法治实践紧密结合起来，科学系统组合法治的各个要素，全面畅通法治的各个环节，综合发挥法治的各种功能，形成法治建设的合理格局，切实使依法治国基本方略得以全面展开、协调推进和具体落实。

在习近平总书记关于法治的重要论述的理论架构中，建设和实施中国特色社会主义法治系统工程，包括以下主要内容和要求。

其一，不断完善以宪法为核心的中国特色社会主义法律体系。2010年中国特色社会主义法律体系如期形成后，立法工作必须"坚持以宪法为最高法律规范，继续完善中国特色社会主义法律体系，把国家各项事业和各项工作纳入法治轨道，实现国家和社会生活的制度化、法治化"。党的十八届五中全会对完善我国法律体系提出了新要求：加快重点领域立法，坚持立、改、废、释和授权并举，深入推进科学立法、民主立法，加快形成完备的法律规范体系。紧紧围绕"四个全面"战略布局和"五位一体"总体布局，牢固树立创新、协调、绿色、开放、共享的发展理念，加快重点领域的立法，充分发挥立法的引领、推动和促进作用。当前,在一些旧法律法规亟待修改完善,而诸多新法律法规没有产生出台的"法律过渡期""规范空白期",全面深化改革又必须坚持"重大改革要于法有据",立法机关应当进一步解放思想,创新立法方式,加快立法速度,尽快扫清各项改革措施在地方、部门、行业和基层贯彻落实中遇到的法律和政策障碍。

其二,加快建设中国特色社会主义法治体系。"全面推进依法治国涉及很多方面,在实际工作中必须有一个总揽全局、牵引各方的总抓手,这个总抓手就是建设中国特色社会主义法治体系。依法治国各项工作都要围绕这个总抓手来谋划、来推进。"① 建设中国特色社会主义法治体系,有利于在法治轨道上推进国家治理体系和治理能力现代化,有利于在全面深化改革总体框架内全面推进依法治国各项工作,有利于在法治轨道上不断深化改革。习近平总书记指出:"法治体系是国家治理体系的骨干工程。落实全会部署,必须加快形成完备的法律规范体系、高效的法治实施体系、严密的法治监督体系、有力的法治保障体系,形成完善的党内法规体系。"② 把党内法规体系纳入中国特色社会主义法治体系,成为治国理政法治体系的重要组成部分,是中国共产党的首创,也是坚持党对法治建设

---

① 习近平:《关于〈中共中央关于全面推进依法治国若干重大问题的决定〉的说明》(2014年10月20日),载中共中央文献研究室编《十八大以来重要文献选编(中)》,中央文献出版社2016年版,第147—148页。

② 习近平:《加快建设社会主义法治国家》,《求是》2015年第1期。

领导的理论与制度创新。

其三，准确把握全面推进依法治国工作布局，坚持"三个共同推进"，坚持"三个一体建设"，不断开创依法治国新局面。习近平总书记强调指出："全面推进依法治国是一项庞大的系统工程，必须统筹兼顾、把握重点、整体谋划，在共同推进上着力，在一体建设上用劲。"[①] 在党的十八届四中全会《关于〈中共中央关于全面推进依法治国若干重大问题的决定〉的说明》中，习近平总书记指出："党的十八大提出，法治是治国理政的基本方式，要加快建设社会主义法治国家，全面推进依法治国……党的十八届三中全会进一步提出，建设法治中国，必须坚持依法治国、依法执政、依法行政共同推进，坚持法治国家、法治政府、法治社会一体建设。全面贯彻落实这些部署和要求，关系加快建设社会主义法治国家，关系落实全面深化改革顶层设计，关系中国特色社会主义事业长远发展。"[②] 可见，"三个共同推进"和"三个一体建设"，一方面是全面依法治国不断深化、日益拓展的必然要求，另一方面又是"全面推进依法治国是一个系统工程"思想的重要体现和贯彻落实。坚持"三个共同推进"和"三个

[①] 袁曙宏：《开创中国特色社会主义法治新时代——深入学习习近平总书记关于全面依法治国的重要论述》，《求是》2016年第10期。

[②] 习近平：《关于〈中共中央关于全面推进依法治国若干重大问题的决定〉的说明》（2014年10月20日），载中共中央文献研究室编《十八大以来重要文献选编（中）》，中央文献出版社2016年版，第140—141页。

一体建设",要求高度重视加强依法治国和法治改革的顶层设计、系统设计、战略设计和统筹安排,而不能头痛医头、脚痛医脚;要求依法治国和法制改革必须集中统一领导进行,而不能各自为政、各行其是;要求依法治国必须处理好过程与目标的对应关系——推进依法治国,目标是建设法治国家;推进依宪治国,目标是建立宪制秩序;推进依法执政,目标是建设法治政党;推进依法行政,目标是建设法治政府;推进司法改革,目标是实现司法公正;推进全民守法,目标是建设法治社会;推进依法治军,目标是建设法治军队;推进依法治理,目标是建设法治省(市)。

其四,准确把握全面推进依法治国的工作格局和工作重点,着力推进科学立法、严格执法、公正司法、全民守法。习近平总书记在首都各界纪念现行宪法公布施行三十周年大会上的讲话中,明确要求"落实依法治国基本方略,加快建设社会主义法治国家,必须全面推进科学立法、严格执法、公正司法、全民守法进程"[1]。在关于起草《中共中央关于全面推进依法治国若干重大问题的决定》(以下简称党的十八届四中全会《决定》)要突出考虑的五个方面内容中,第三个方面就是要"反映目前法治工作基本格局,从立法、执法、司法、守法四个方面作出工作部

---

[1] 习近平:《在首都各界纪念现行宪法公布施行三十周年大会上的讲话》(2012年12月4日),载中共中央文献研究室编《十八大以来重要文献选编(上)》,中央文献出版社2014年版,第89页。

署"。在对党的十八届四中全会《决定》框架结构的说明中,习近平总书记解释说:党的十八届四中全会《决定》的"第二部分至第五部分构成第二板块,从目前法治工作基本格局出发,对科学立法、严格执法、公正司法、全民守法进行论述和部署"。[①] 其中,科学立法是全面推进依法治国的前提条件,严格执法是全面推进依法治国的关键环节,公正司法是全面推进依法治国的重要任务,全民守法是全面推进依法治国的基础工程,四者前后衔接、环环相扣、相互依存、彼此支撑,共同推进依法治国基本方略的全面落实。

其五,坚持依宪执政和依法执政,切实做到党领导立法、保证执法、支持司法、带头守法。应当在宪法框架下和法治轨道上,统筹党领导立法与人大民主科学立法,统筹党保证执法与政府严格执法,统筹党支持司法与法院检察院独立公正司法,统筹党带头守法与人民群众自觉守法,努力发挥党在法治建设中的领导和带头作用。

其六,坚持依法治国和以德治国相结合。习近平总书记在主持中央政治局第三十七次集体学习时指出:"改革开放以来,我们深刻总结我国社会主义法治建设的成功经验和深刻教训,把依法治国确定为党领导人民治理国家的基本方略,把依法执政确定为党治国理政的基本方式,走

---

① 习近平:《关于〈中共中央关于全面推进依法治国若干重大问题的决定〉的说明》(2014年10月20日),载中共中央文献研究室编《十八大以来重要文献选编(中)》,中央文献出版社2016年版,第144—145页。

第一章 习近平总书记关于法治的重要论述的理论逻辑

出了一条中国特色社会主义法治道路。这条道路的一个鲜明特点，就是坚持依法治国和以德治国相结合。"① 法治和德治两手抓、两手都要硬，这既是历史经验的总结，也是对治国理政规律的深刻把握。法治与德治就如车之两轮、鸟之双翼，不可偏废，国家和社会治理需要法律和道德协同发力，需要法治和德治两手抓。习近平总书记说："必须坚持依法治国和以德治国相结合。法律是成文的道德，道德是内心的法律，法律和道德都具有规范社会行为、维护社会秩序的作用。治理国家、治理社会必须一手抓法治、一手抓德治，既重视发挥法律的规范作用，又重视发挥道德的教化作用，实现法律和道德相辅相成、法治和德治相得益彰。"② 党的十八届四中全会把"坚持依法治国和以德治国相结合"，作为全面推进依法治国的一项重要原则，强调"以法治体现道德理念、强化法律对道德建设的促进作用，以道德滋养法治精神、强化道德对法治文化的支撑作用"，实现"法安天下，德润民心"的良法善治。

其七，实施全面推进依法治国的系统工程，还应当高度重视并着力处理好法治与改革、法治中国建设与平安中国建设、依法治国与依规治党、国内法治与国际法治、制定法律与实施法律、维稳与维权等重要关系，统

---

① 习近平：《习近平谈治国理政》第 2 卷，外文出版社 2017 年版，第 133—134 页。
② 习近平：《加快建设社会主义法治国家》，《求是》2015 年第 1 期。

筹自由平等、民主人权、公平正义、安全秩序、尊严幸福等基本价值，统筹中央与地方、地方与地方、政府与社会、国家与个人、稳定与发展、公平与效率、民主与集中等重要关系，积极稳妥、循序渐进、全面协调地推进依法治国。

九　党法关系论：党和法治的关系是法治建设的核心问题

习近平总书记在党的十九大报告中指出：历史已经并将继续证明，没有中国共产党的领导，民族复兴必然是空想。党政军民学，东西南北中，党是领导一切的。[1] 坚持对一切工作的领导，推进全面依法治国，必须处理好党法关系。党法关系是依法治国的核心问题、根本问题。习近平总书记要求全党要正确认识和深刻把握党与法的关系。他说："党和法治的关系是法治建设的核心问题。""党和法的关系是一个根本问题，处理得好，则法治兴、党兴、国家兴；处理得不好，则法治衰、党衰、国家衰。"[2] 在正确认识和深刻把握新时代的党法关系上，习近平总书记提

---

[1]　习近平：《决胜全面建成小康社会　夺取新时代中国特色社会主义伟大胜利——在中国共产党第十九次全国代表大会上的报告》，人民出版社2017年版，第16、20页。

[2]　习近平：《在省部级主要领导干部学习贯彻党的十八届四中全会精神全面推进依法治国专题研讨班上的讲话》（2015年2月2日），载中共中央文献研究室编《习近平关于全面依法治国论述摘编》，中央文献出版社2015年版，第33页。

第一章　习近平总书记关于法治的重要论述的理论逻辑

出了如下一些重要理念和新观点。

第一，坚持三者有机统一最根本的是坚持党的领导。习近平总书记说："我们强调坚持党的领导、人民当家作主、依法治国有机统一，最根本的是坚持党的领导。坚持党的领导，就是要支持人民当家作主，实施好依法治国这个党领导人民治理国家的基本方略。党的领导与社会主义法治是一致的，只有坚持党的领导，人民当家作主才能充分实现，国家和社会生活制度化、法治化才能有序推进。不能把坚持党的领导同人民当家作主、依法治国对立起来，更不能用人民当家作主、依法治国来动摇和否定党的领导。那样做在思想上是错误的，在政治上是十分危险的。"[①] 在党的十九大报告中，习近平总书记指出："坚持党的领导、人民当家作主、依法治国有机统一是社会主义政治发展的必然要求。"[②] 党的领导是人民当家作主和依法治国的根本保证，人民当家作主是社会主义民主政治的本质特征，依法治国是党领导人民治理国家的基本方式，三者统一于我国社会主义民主政治伟大实践。在我国政治生活中，党是居于领导地位的，加强党的集中统一领导，支持人大、政府、政协和法院、检察院依法依章程履行职能、开展工作、发挥作用，这两个方面是

[①] 习近平：《在中央政法工作会议上的讲话》（2014年1月7日），载中共中央文献研究室编《习近平关于全面依法治国论述摘编》，中央文献出版社2015年版，第19页。

[②] 习近平：《决胜全面建成小康社会　夺取新时代中国特色社会主义伟大胜利——在中国共产党第十九次全国代表大会上的报告》，人民出版社2017年版，第22页。

统一的。①

第二，坚持党的领导，是社会主义法治的根本要求，是党和国家的根本所在、命脉所在，是全国各族人民的利益所系、幸福所系，是全面推进依法治国的题中应有之义。党的领导是中国特色社会主义最本质的特征，是社会主义法治最根本的保证。坚持中国特色社会主义法治道路，最根本的是坚持中国共产党的领导。习近平总书记告诫我们："必须牢记，党的领导是中国特色社会主义法治之魂，是我们的法治同西方资本主义国家的法治最大的区别。离开了中国共产党的领导，中国特色社会主义法治体系、社会主义法治国家就建不起来。我们全面推进依法治国，绝不是要虚化、弱化甚至动摇、否定党的领导，而是为了进一步巩固党的执政地位、改善党的执政方式、提高党的执政能力，保证党和国家长治久安。"②

第三，党和法的关系是政治和法治关系的集中反映。习近平总书记深刻指出："法治当中有政治，没有脱离政治的法治……每一种法治形态背后都有一套政治理论，每一种法治模式当中都有一种政治逻辑，每一条法治道路底

---

① 习近平：《决胜全面建成小康社会 夺取新时代中国特色社会主义伟大胜利——在中国共产党第十九次全国代表大会上的报告》，人民出版社2017年版，第36—37页。

② 习近平：《在省部级主要领导干部学习贯彻党的十八届四中全会精神全面推进依法治国专题研讨班上的讲话》（2015年2月2日），载中共中央文献研究室编《习近平关于全面依法治国论述摘编》，中央文献出版社2015年版，第35—36页。

下都有一种政治立场。"① 曾任最高人民法院院长的谢觉哉同志针对司法工作中政治与法治的关系问题说过："我们的法律是服从于政治的，没有离开政治而独立的法律。我们的司法工作者一定要懂政治，不懂政治决不会懂得法律。司法工作者若不懂政治，有法也不会司。人民法院最重要的工作是审判。审判不仅具有高度的专业性，而且具有极强的政治性。""'审'是把案件的事实审查清楚，'判'是在搞清事实的基础上，做出裁判。'审'是客观事实，是什么就是什么，不是凭审判员的脑子想怎样就怎样。'判'是根据党的方针、政策，在一定的法律范围内考虑量刑幅度。客观事实是判的对象，搞清事实是第一步工作；在搞清事实的基础上，依靠党的政策和法律来判是第二步。"②

第四，党的领导和社会主义法治是一致的，是高度统一的。社会主义法治必须坚持党的领导，党的领导必须依靠社会主义法治，而"党大还是法大"是一个政治陷阱，是一个伪命题。因为不论我们怎么回答"党大还是法大"的问题，都会陷入两难困境。我们回答说"党大"，人家就会攻击说你们主张"把党凌驾于法之上、以党代法、以党治国"；我们如果回答说"法大"，人家又会说既然如

---

① 习近平：《在省部级主要领导干部学习贯彻党的十八届四中全会精神全面推进依法治国专题研讨班上的讲话》（2015年2月2日），载中共中央文献研究室编《习近平关于全面依法治国论述摘编》，中央文献出版社2015年版，第34页。

② 谢觉哉：《论审判》，《谢觉哉论民主与法制》，法律出版社1996年版，第156、159、223页。

此，那还要党的领导干什么？① 从理论逻辑上说"党大还是法大"的确是一个伪命题，但从人民群众观察和感受到的法治建设还存在种种弊端和不足的角度看，从人民群众热切期待实现良法善治的角度看，"党大还是法大"以及"党与法"关系的问题，又不仅仅是一个理论认识问题，更是一个实践问题。习近平总书记指出："我们说不存在'党大还是法大'的问题，是把党作为一个执政整体而言的，是指党的执政地位和领导地位而言的，具体到每个党政组织、每个领导干部，就必须服从和遵守宪法法律，就不能以党自居，就不能把党的领导作为个人以言代法、以权压法、徇私枉法的挡箭牌。"② 换言之，如果我们不能在法治建设实践中切实解决一些地方和部门、某些领导干部中依然存在的权大于法、以权压法、以言废法、有法不依、执法不严、违法不究、司法不公、贪赃枉法等问题，不能有效解决关乎人民群众切身利益的执法司法问题，那么，这些地方、部门和个人违反法治的言行就会被归责于国家政治体制、共产党的领导和社会主义法治，"党大还是法大"的问题就很难从现实生活中淡出。因此，在从理论上回答了"党大还是法大"问题的前提下，还要在制度和实践中下大力解决好依法治权、依法治官、切实把权力

---

① 李志昌：《"党大还是法大"暗藏思维陷阱》，《中国社会科学报》2015年4月13日第725期。

② 习近平：《在省部级主要领导干部学习贯彻党的十八届四中全会精神全面推进依法治国专题研讨班上的讲话》（2015年2月2日），载中共中央文献研究室编《习近平关于全面依法治国论述摘编》，中央文献出版社2015年版，第37页。

关进法律和制度笼子里等重大问题。

第五，坚持党与法的统一性，绝不是要实行"党与法不分""以党代法""以党代政"甚至"以党治国"。邓小平同志早在1941年就指出，必须"保证党对政权的领导"。但是，"党的领导责任是放在政治原则上，而不是包办，不是遇事干涉，不是党权高于一切。这是与'以党治国'完全相反的政策"。因为"'以党治国'的国民党遗毒，是麻痹党、腐化党、破坏党、使党脱离群众的最有效的办法"。而这种遗毒在有的领导同志身上也存在着，表现为"这些同志误解了党的领导，把党的领导解释为'党权高于一切'，遇事干涉政府工作，随便改变上级政府法令；不经过行政手续，随便调动在政权中工作的干部；有些地方没有党的通知，政府法令行不通……甚有把'党权高于一切'发展成为'党员高于一切'者，党员可以为非作歹，党员犯法可以宽恕"。"结果群众认为政府是不中用的，一切要决定于共产党……政府一切错误都是共产党的错误，政府没有威信，党也脱离了群众。这实在是最大的蠢笨！"①"以党代法""以党代政"或"以党治国"，实质上是否定国家法治和人民民主，是与坚持党与法统一性原则的完全背离。

第六，党的政策和国家法律是一致的。习近平总书记说："坚持党的事业至上、人民利益至上、宪法法律至上，

---

① 《邓小平文选》第1卷，人民出版社1994年版，第16、12、10—11页。

永葆忠于党、忠于国家、忠于人民、忠于法律的政治本色。"① 党的政策是国家法律的先导和指引，是立法的依据和执法司法的重要指导。党的政策成为国家法律后，实施法律就是贯彻党的意志，依法办事就是执行党的政策。

第七，加强和改进党对法治工作的领导。党的十九大报告明确要求，坚持全面依法治国，必须把党的领导贯彻落实到依法治国全过程和各方面；成立中央全面依法治国领导小组，加强对法治中国建设的统一领导。② 把坚持党的领导落实在党领导立法、保证执法、支持司法、带头守法上。党既要坚持依法治国、依法执政，自觉在宪法法律范围内活动，又要发挥好党组织和党员干部在依法治国中的政治核心作用和先锋模范作用。党的十九大报告进一步要求，我们党要增强依法执政本领，增强政治领导本领，坚持战略思维、创新思维、辩证思维、法治思维、底线思维，科学制定和坚决执行党的路线方针政策，把党总揽全局、协调各方落到实处。③

第八，坚持党的领导，要做到党的十八届四中全会提出的"三统一"：把依法治国基本方略同依法执政基本方式统一起来，把党总揽全局、协调各方同人大、政府、政协、审判机关、检察机关依法依章程履行职能、开展工作

---

① 习近平：《习近平谈治国理政》第1卷，外文出版社2014年版，第149页。

② 习近平：《决胜全面建成小康社会　夺取新时代中国特色社会主义伟大胜利——在中国共产党第十九次全国代表大会上的报告》，人民出版社2017年版，第22、38页。

③ 同上书，第68页。

统一起来，把党领导人民制定和实施宪法法律同党坚持在宪法法律范围内活动统一起来；实现"四善于"：善于使党的主张通过法定程序成为国家意志，善于使党组织推荐的人选通过法定程序成为国家政权机关的领导人员，善于通过国家政权机关实施党对国家和社会的领导，善于运用民主集中制原则维护中央权威、维护全党全国团结统一。

总之，"依法治国是我们党提出来的，把依法治国上升为党领导人民治理国家的基本方略也是我们党提出来的，而且党一直带领人民在实践中推进依法治国。全面推进依法治国，要有利于加强和改善党的领导，有利于巩固党的执政地位、完成党的执政使命，决不是要削弱党的领导"[①]。

---

① 习近平：《加快建设社会主义法治国家》，《求是》2015年第1期。

第二章

习近平总书记关于法治的重要论述的战略设计

习近平总书记关于法治的重要论述，不仅是内在逻辑严谨的理论体系，也是全面指导法治中国建设的战略设计。在法治战略理论上，习近平总书记把全面推进依法治国定性为具有政治体制改革性质的国家治理领域的一场深刻革命，是"四个全面"战略布局的重要组成部分和协调推进"四个全面"的法治保障，是一场以法律法规立、改、废、释、授权为主要特征的"法律的革命"；在法治战略安排上，习近平总书记强调全面推进依法治国必须坚持中国特色社会主义法治道路、法治理论、法治体系"三位一体"，坚持党领导立法、保证执法、支持司法、带头守法全面落实，坚持科学立法、严格执法、公正司法、全民守法协调发展，坚持依法治国、依法执政、依法行政共同推进，坚持法治国家、法治政府、法治社会一体建设，坚持依法治国与依规治党有机统一。

一　全面依法治国是国家治理领域的一场深刻革命

（一）全面依法治国是中国特色社会主义的本质要求和重要保障

习近平总书记在党的十九大报告中强调指出："全面依法治国是中国特色社会主义的本质要求和重要保障。"① 民主是推动人类文明发展的重要动力，法治是保障人类文明进步的重要标志，民主和法治相辅相成，共同引领和促进政治文明的发展进步。没有民主就没有中国特色社会主义，没有法治就没有中国特色社会主义现代化国家。党的十八届四中全会提出："依法治国，是坚持和发展中国特色社会主义的本质要求和重要保障，是实现国家治理体系和治理能力现代化的必然要求，事关我们党执政兴国，事关人民幸福安康，事关党和国家长治久安。"全面建成小康社会进入决定性阶段，改革进入攻坚期和深水区。我们党面对的改革发展稳定任务之重前所未有、矛盾风险挑战之多前所未有，依法治国在党和国家工作全局中的地位更加突出、作用更加重大。全面建成小康社会、实现中华民族伟大复兴的中国梦，全面深化改革、完善和发展中国特色社会主义制度，提高党的执政能力和执政水平，必须全面推进依法治国。

---

① 习近平：《决胜全面建成小康社会　夺取新时代中国特色社会主义伟大胜利——在中国共产党第十九次全国代表大会上的报告》，人民出版社2017年版，第22页。

>> **全面依法治国 建设法治中国**

习近平总书记从坚持和发展中国特色社会主义的战略高度，把全面推进依法治国与中国特色社会主义建设紧密联系起来，多次强调"全面依法治国是中国特色社会主义的本质要求和重要保障"。2014年10月20日，在党的十八届四中全会第一次全体会议上关于中央政治局工作的报告中，他说：依法治国是坚持和发展中国特色社会主义的本质要求和重要保障，是实现国家治理体系和治理能力现代化的必然要求。我们要实现经济发展、政治清明、文化昌盛、社会公正、生态良好，必须更好发挥法治引领和规范作用。2014年10月23日，习近平总书记在党的十八届四中全会第二次全体会议上进一步强调指出："全面推进依法治国，是我们党从坚持和发展中国特色社会主义出发、为更好治国理政提出的重大战略任务，也是事关我们党执政兴国的一个全局性问题。落实好这项重大战略任务，对推动经济持续健康发展、维护社会和谐稳定、实现社会公平正义，对全面建成小康社会、实现中华民族伟大复兴，都具有十分重大的意义。"2017年5月3日，习近平总书记在中国政法大学考察时再次强调：全面依法治国是坚持和发展中国特色社会主义的本质要求和重要保障，事关我们党执政兴国，事关人民幸福安康，事关党和国家事业发展。随着中国特色社会主义事业不断发展，法治建设将承载更多使命、发挥更为重要的作用。全面推进依法治国既要着眼长远、打好基础、建好制度，又要立足当前、突出重点、扎实工作。①

---

① 《习近平在中国政法大学考察》，2017年5月3日，中国共产党新闻网。

第二章 习近平总书记关于法治的重要论述的战略设计

习近平总书记提出明确要求：我们必须把依法治国摆在更加突出的位置，把党和国家工作纳入法治化轨道，坚持在法治轨道上统筹社会力量、平衡社会利益、调节社会关系、规范社会行为，依靠法治解决各种社会矛盾和问题，确保我国社会在深刻变革中既生机勃勃又井然有序。[①] 当前，我国改革发展稳定形势总体是好的，但发展中不平衡、不协调、不可持续问题依然突出，人民内部矛盾和其他社会矛盾凸显，党风政风也存在一些不容忽视的问题，其中大量矛盾和问题与有法不依、执法不严、违法不究相关。市场经济应该是法治经济，和谐社会应该是法治社会。解决制约持续健康发展的种种问题，克服部门保护主义和地方保护主义、维护市场秩序、保护知识产权、化解产能过剩、打击假冒伪劣产品、保护生态环境，保障人民民主、维护社会主义法制权威和尊严、克服执法不严和司法不公，解决人民最关心的教育、就业、收入分配、社会保障、医药卫生、住房等方面的突出问题，解决促进社会公平正义、完善互联网管理、加强安全生产、保障食品药品安全、改革信访工作制度、创新社会治理体制、维护社会和谐稳定等方面的难题，克服公器私用、以权谋私、贪赃枉法等现象，克服形式主义、官僚主义、享乐主义和奢靡之风，反对特权现象、惩治消极腐败现象等，都需要

---

① 习近平：《在中共十八届四中全会第二次全体会议上的讲话》（2014年10月23日），载中共中央文献研究室编《习近平关于全面依法治国论述摘编》，中央文献出版社2015年版，第11页。

密织法律之网、强化法治之力。① 习近平总书记强调：治理一个国家、一个社会，关键是要立规矩、讲规矩、守规矩。法律是治国理政最大最重要的规矩。他说：我国是一个有十三亿多人口的大国，地域辽阔，民族众多，国情复杂。我们党在这样一个大国执政，要保证国家统一、法制统一、政令统一、市场统一，要实现经济发展、政治清明、文化昌盛、社会公正、生态良好，都需要秉持法律这个准绳、用好法治这个方式。②

（二）全面依法治国本质上是政治体制改革

习近平总书记在党的十八届四中全会《决定》说明中指出："全面推进依法治国是一个系统工程，是国家治理领域一场广泛而深刻的革命。"③ 习近平总书记在党的十九大报告中从新时代新思想新矛盾的历史方位再次重申："全面依法治国是国家治理的一场深刻革命。"④ 一般来讲，

---

① 习近平：《在中共十八届四中全会第二次全体会议上的讲话》（2014年10月23日），载中共中央文献研究室编《习近平关于全面依法治国论述摘编》，中央文献出版社2015年版，第10—11页。

② 同上书，第9页。

③ 习近平：《关于〈中共中央关于全面推进依法治国若干重大问题的决定〉的说明》（2014年10月20日），载中共中央文献研究室编《十八大以来重要文献选编（中）》，中央文献出版社2016年版，第154页。

④ 习近平：《决胜全面建成小康社会 夺取新时代中国特色社会主义伟大胜利——在中国共产党第十九次全国代表大会上的报告》，人民出版社2017年版，第38页。

革命就是推动事物发生根本变革，引起事物从旧质到新质的飞跃。全面推进依法治国作为国家治理领域的一场深刻革命，意味着我们党治国理政的基本理念、基本方略、基本方式的根本转变，意味着中国共产党作为执政党在宪法框架下和法治轨道上，通过法律上层建筑的立、改、废、释、授权等途径，有组织、有领导、积极稳妥、循序渐进地推进中国的政治体制改革。

邓小平同志于1986年9月3日在会见日本公明党委员长竹入义胜时的谈话中曾经指出，我们提出改革时，就包括政治体制改革。现在经济体制改革每前进一步，都深深感到政治体制改革的必要性。不改革政治体制，就不能保障经济体制改革的成果，不能使经济体制改革继续前进，就会阻碍生产力的发展，阻碍四个现代化的实现。而我们"进行政治体制改革的目的，总的来讲是要消除官僚主义，发展社会主义民主，调动人民和基层单位的积极性。要通过改革，处理好法治和人治的关系，处理好党和政府的关系"。① 由此可见，不仅政治体制改革是全面深化改革的题中应有之义，而且处理好法治与人治的关系，是关涉国家政治体制和政治发展道路、国家治理体系和治理能力的重大问题。

政治体制改革是全面深化改革的题中应有之义。党的十八届三中全会在作出全面深化改革战略部署时，明确指出要"紧紧围绕坚持党的领导、人民当家作主、依法治国

---

① 《邓小平文选》第3卷，人民出版社1993年版，第176、177页。

有机统一深化政治体制改革，加快推进社会主义民主政治制度化、规范化、程序化，建设社会主义法治国家，发展更加广泛、更加充分、更加健全的人民民主"。在全面深化改革覆盖的经济、政治、文化、社会、生态文明、党的建设"六个紧紧围绕"的改革领域中，依法治国是与政治体制改革紧密联系在一起的，本质上属于政治体制改革的范畴。换言之，在中央全面深化改革的战略决策中，依法治国方面的体制改革不同于经济体制改革、社会体制改革、文化体制改革、生态文明体制改革，全面推进依法治国作为国家治理领域的法制改革，属于国家政治体制改革的性质和范畴。

2014年1月，在中央政法工作会议的讲话中，习近平总书记明确指出："司法体制改革是政治体制改革的重要组成部分，对推进国家治理体系和治理能力现代化具有十分重要的意义。要加强领导、协力推动、务求实效，加快建设公正高效权威的社会主义司法制度，更好坚持党的领导、更好发挥我国司法制度的特色、更好促进社会公平正义。"[①] 既然司法体制改革属于我国政治体制改革的重要组成部分，那么，立法体制改革、行政执法体制改革、法律监督体制改革、全民守法体制改革、党领导法治建设的体制改革等，当然应属于政治体制改革。

党的十九大进一步强调：积极稳妥推进政治体制改革，推进社会主义民主政治制度化、规范化、程序化，保

---

① 习近平：《习近平谈治国理政》第1卷，外文出版社2014年版，第150页。

证人民依法通过各种途径和形式管理国家事务,管理经济文化事业,管理社会事务,巩固和发展生动活泼、安定团结的政治局面。① 党的十五大对"依法治国"的界定是:"依法治国,就是广大人民群众在党的领导下,依照宪法和法律规定,通过各种途径和形式管理国家事务,管理经济文化事业,管理社会事务,保证国家各项工作都依法进行,逐步实现社会主义民主的制度化、法律化。"可见,从一定意义上讲,积极稳妥的政治体制改革与全面依法治国是一件事情的两个方面,两者表述不同,但殊途同归。

全面推进依法治国,需要政治、经济、文化、社会等多方面资源协调配合,需要教育、行政、经济、道德、纪律、习俗等多种手段协同辅助,但从国家治理体系的制度层面来看,变法就是改革,是政治体制改革。全面推进依法治国,从一定意义上讲实质就是中国政治体制的深化改革和自我完善。把全面推进依法治国定性为中国的政治体制改革,是中国政治体制在新形势下主动适应经济社会发展和全面深化改革的需要,在宪法框架下和法治轨道上实现政治体制机制的自我完善和优化发展。把全面推进依法治国定性为政治体制改革,是我们党和国家经过60多年探索,特别是改革开放以来40年不断实践,终于找到的一条有组织、有领导、积极稳妥、循序渐进推进政治体制改革的可靠路径,是符合中国国情的中国特色社会主义民

---

① 习近平:《决胜全面建成小康社会 夺取新时代中国特色社会主义伟大胜利——在中国共产党第十九次全国代表大会上的报告》,人民出版社2017年版,第36页。

主政治不断发展和自我完善的必由之路。

(三) 全面依法治国是国家治理的重要方面

全面推进依法治国的深刻革命，主要发生并存在于国家治理领域。国家治理，① 就是人民当家作主，通过全国人民代表大会和地方各级人民代表大会，执掌国家政权、行使国家权力、管理国家事务的制度安排和活动过程；是在党的领导下，全国各族人民、一切国家机关和武装力量、各政党和各社会团体、各企业事业组织等社会主体，依照宪法、法律和其他规范、制度和程序，共同参与国家的政治生活、经济生活和社会生活，共同管理国家和社会事务、管理经济和文化事业，共同推动政治、经济、社

---

① 目前国内理论界对于"国家治理"的概念尚无统一认识，大家见仁见智，各有界定。《求是》杂志刊文认为："国家治理，就是党领导人民依照法律规定，通过各种途径和形式，管理国家事务，管理经济和文化事业，管理社会事务。"（秋石：《国家治理现代化将摆脱人治走向法治》，《求是》2014年第1期）北京大学王浦劬教授认为："'国家治理'，实际上是在政权属于人民的前提下，中国共产党代表和领导人民执掌政权、运行治权的体系和过程；是指在坚持、巩固和完善我国政治经济根本制度和基本制度的前提下，科学民主依法有效地进行国家和社会管理；是指坚持中国共产党总揽全局、统筹各方的格局下的治国理政。"（王浦劬：《科学把握"国家治理"的含义》，《光明日报》2013年12月29日第7版）笔者认为，在我国的话语体系下，描述和界定"国家治理"这个概念，应当紧紧围绕"坚持党的领导、人民当家作主、依法治国"三者有机统一展开，这既是中国特色社会主义民主政治的本质特征，也是理解和把握"国家治理"的关键。

会、文化和生态文明建设全面发展的制度安排和活动过程；是我们党坚持依宪执政和依法执政，总揽全局，协调各方，支持各个国家机关依法独立履行职权，领导并支持各种社会主体对国家和社会实施系统治理、依法治理、综合治理、源头治理的治国理政。

国家治理可以分为动态与静态两个方面。从动态来看，国家治理是执政党和国家机关（包括立法、行政、审判、检察、军事等机关）为了实现国家和社会建设发展目标，通过一整套制度设施和体制机制运行，带领或者协同经济组织、政治组织、社会团体和公民等法律关系主体，平等参与国家的政治生活、经济生活和社会生活，共同管理国家和社会公共事务，共同推动经济社会和其他领域发展的过程。从静态来看，国家治理是各种法律关系主体基于平等地位，共同管理国家和社会事务、管理经济和文化事业、调整社会关系、协调不同利益、处理社会冲突的一系列制度、体制、规则、程序和方式的总和。

依法治国与国家治理相比较，两者具有如下共同点：两者都坚持中国特色社会主义制度，坚持中国共产党的领导，坚持依宪执政和依法执政，在国家宪法框架内并通过主权国家来推进和实行；两者都坚持主权在民和人民当家作主，人民是国家的主人，人民群众是国家治理和依法治国的主体，而不是被治理、控制、统治的客体；两者都强调国家制度的重要性、稳定性和权威性，要求形成健全完备、成熟定型的国家制度体系，其中主要是体现为国家意志的以宪法为核心的法律制度体系；两者都采取"管理"与"治理"的方式治国理政，在工具理性的意义上,"管理"与"治理"并无实质区别;两者管理与治理的对象大同小异,都是各领域和各方面的国家和社会事务、经济和文化事业;两者都强调有良好完备的国家制度体系,强调国家制度体系的全面贯彻和有效实施,以期实现良法善治;两者的根本目的都是全面建成小康社会,实现国家富强、人民幸福、中华民族伟大复兴的中国梦,把我国建设成为民主、富强、文明、幸福的现代化强国。

依法治国不仅是国家治理体系和治理能力现代化的主要内容,而且是推进国家治理体系和治理能力现代化的重要途径和基本方式,对实现国家治理体系和治理能力现代化具有引领、规范、推动和保障等重要作用。在新的历史起点上推进国家治理体系和治理能力现代化,必须全面推进依法治国,加快建设社会主义法治国家。

依法治国是党领导人民治国理政的基本方略,法治是治国理政的基本方式。从发展民主政治的角度讲,依法治国就是人民当家作主,依照宪法和法律管理国家和社会事务,管理经济和文化事业;从加强和完善党的领导和执政的角度讲,依法治国就是党在宪法和法律范围内活动,依照和运用宪法和法律治国理政,依宪执政,依法执政;从法治的内在功能和价值讲,依法治国就是要依法治权、依法治官,尊重和保障人权,实现国家各项工作的法治化;从推进国家治理体系和治理能力现代化的角度讲,依法治国就是要不断完善国家的法律体系和法律制度,同时使这些法律和制度得到良好有效运行,实现良法善治。

（四）全面依法治国是一场"法律的革命"

习近平总书记站在党和国家战略布局的高度，从多个角度对全面推进依法治国的性质及其重大意义，作出了精辟论述。在党的十八届四中全会第一次全体会议上关于中央政治局工作的报告中，习近平总书记深刻指出："依法治国是坚持和发展中国特色社会主义的本质要求和重要保障，是实现国家治理体系和治理能力现代化的必然要求。我们要实现经济发展、政治清明、文化昌盛、社会公正、生态良好，必须更好发挥法治引领和规范作用。"① 在关于党的十八届四中全会《决定》的说明中，习近平总书记进一步阐明：全面推进依法治国，"是关系我们党执政兴国、关系人民幸福安康、关系党和国家长治久安的重大战略问题，是完善和发展中国特色社会主义制度、推进国家治理体系和治理能力现代化的重要方面"②，"是解决党和国家事业发展面临的一系列重大问题，解放和增强社会活力、促进社会公平正义、维护社会和谐稳定、确保党和国家

---

① 习近平：《在中共十八届四中全会第一次全体会议上关于中央政治局工作的报告》（2014年10月20日），载中共中央文献研究室编《习近平关于全面依法治国论述摘编》，中央文献出版社2015年版，第4—5页。

② 习近平：《关于〈中共中央关于全面推进依法治国若干重大问题的决定〉的说明》（2014年10月20日），载中共中央文献研究室编《十八大以来重要文献选编（中）》，中央文献出版社2016年版，第142页。

长治久安的根本要求"①。

在我国，全面依法治国归根结底是法律上层建筑的重大变法或者变革，是一场"法律的革命"，具有十分明显的政治体制改革的特征和性质。发生在当代中国的这场具有政治体制改革性质的"法律革命"，在指导思想、基本原则、领导方式、改革举措等许多方面，是不同于以往中国发生的经济体制改革、社会体制改革、教育体制改革、卫生体制改革的。全面推进依法治国，必须坚持党的领导、人民当家作主和依法治国有机统一，坚持科学立法、严格执法、公正司法和全民守法的全面加强，坚持依法治国、依法执政、依法行政共同推进，坚持法治国家、法治政府、法治社会一体建设。全面推进依法治国、建设法治中国的所有这些要求，贯彻落实到国家治理体系现代化的体制机制上，必然触及或者引发政治体制改革和完善的问题。对此，我们必须有清醒的认识和充分的准备。

习近平总书记指出："坚定不移推进法治领域改革，坚决破除束缚全面推进依法治国的体制机制障碍。解决法治领域的突出问题，根本途径在于改革。如果完全停留在旧的体制机制框架内，用老办法应对新情况新问题，或者用零敲碎打的方式来修修补补，是解决不了大问题的……如果做了一个不痛不痒的决定，那还不如不做。全会决定

---

① 习近平：《关于〈中共中央关于全面推进依法治国若干重大问题的决定〉的说明》（2014年10月20日），载中共中央文献研究室编《十八大以来重要文献选编（中）》，中央文献出版社2016年版，第141页。

必须直面问题、聚焦问题,针对法治领域广大干部群众反映强烈的问题,回应社会各方面关切……全面推进依法治国……不可避免涉及改革发展稳定、内政外交国防、治党治国治军等各个领域,涉及面、覆盖面都不小。这次全会提出了180多项重要改革举措,许多都是涉及利益关系和权力格局调整的'硬骨头'。凡是这次写进决定的改革举措,都是我们看准了的事情,都是必须改的。这就需要我们拿出自我革新的勇气,一个一个问题解决,一项一项抓好落实。"[1] 毫无疑问,推进依法治国的各项改革举措,落实依法治国基本方略的各种改革设计和建议,都不可避免地直接或者间接关涉党的领导体制和人民代表大会制度,关涉中国的政治体制。推进科学立法,不仅涉及如何完善立法体制、立法程序、立法技术、立法质量、立法实效、法律体系等的体制机制问题,而且涉及如何进一步提高人大代表的素质、落实人大宪法权力、加强人大监督、发展人大民主等深层次的体制机制问题。推进严格执法,不仅涉及如何改革完善行政执法体制、机制、方式,加强对行政执法自由裁量权的规制约束等问题,而且涉及如何深化行政体制改革、转变政府职能、推进依法行政、建设法治政府等一系列深层次的体制机制问题。推进公正司法,必然要求全面深化司法体制改革,甚至要把司法体制改革作为政治体制改革的突破口。推进依法执政,从制度体制上贯彻落实党领导立法、保证执法、支持司法、带头守法的

---

[1] 习近平:《加快建设社会主义法治国家》,《求是》2015年第1期。

原则，本身就是一场从革命党向执政党全面转变的深刻革命，是执政党运用法治思维和法治方式自我革命的最为深刻的政治体制改革。尤其是，"法治领域改革涉及的主要是公检法司等国家政权机关和强力部门，社会关注度高，改革难度大，更需要自我革新的胸襟。如果心中只有自己的'一亩三分地'，拘泥于部门权限和利益，甚至在一些具体问题上讨价还价，必然是磕磕绊绊、难有作为。改革哪有不触动现有职能、权限、利益的？需要触动的就要敢于触动，各方面都要服从大局。各部门各方面一定要增强大局意识，自觉在大局下思考、在大局下行动，跳出部门框框，做到相互支持、相互配合。要把解决了多少实际问题、人民群众对问题解决的满意度作为评价改革成效的标准。只要有利于提高党的执政能力、巩固党的执政地位，有利于维护宪法和法律的权威，有利于维护人民权益、维护公平正义、维护国家安全稳定，不管遇到什么阻力和干扰，都要坚定不移向前推进，决不能避重就轻、拣易怕难、互相推诿、久拖不决"①。

全面推进依法治国实质是政治体制改革，因此我们绝不能掉以轻心，而要高度重视，加强领导，防止国内外敌对势力、敌对分子利用推进法制改革，特别是深化司法体制改革之机，宣传和兜售西方的宪政价值和司法模式，渗透中国法制改革。同时也要加强对国内理论界、传媒界有关理论研究和舆论宣传的正面引导，关注人民群众对政治

---

① 习近平：《加快建设社会主义法治国家》，《求是》2015年第1期。

体制改革的利益诉求，防止某些别有用心的人利用全面推进依法治国的法制改革，策动街头政治、大规模群体性事件等违反法治的活动。

二 全面推进依法治国是"四个全面"战略布局的重要组成部分和法治保障

从2014年12月到2015年2月，习近平总书记先后11次阐述了党的十八大以来新一届中央领导集体提出并形成的"四个全面"的战略布局问题。他强调，"要全面贯彻党的十八大和十八届三中、四中全会精神"，"协调推进全面建成小康社会、全面深化改革、全面依法治国、全面从严治党"。[①] 在2015年2月2日，习近平总书记在省部级主要领导干部学习贯彻党的十八届四中全会精神全面推进依法治国专题研讨班开班式上的讲话中指出："党的十八大以来，党中央从坚持和发展中国特色社会主义全局出发，提出并形成了全面建成小康社会、全面深化改革、全面依法治国、全面从严治党的战略布局。这个战略布局，既有战略目标，也有战略举措，每一个'全面'都具有重大战略意义。全面建成小康社会是我们的战略目标……全面深化改革、全面依法治国、全面从严治党是三大战略举措，对实现全面建成小康社会战略目标一个都不能缺。不

---

① 习近平：《协调推进"四个全面"战略布局》（2014年12月—2015年9月），载中共中央文献研究室编《十八大以来重要文献选编（中）》，中央文献出版社2016年版，第247页。

全面深化改革，发展就缺少动力，社会就没有活力。不全面依法治国，国家生活和社会生活就不能有序运行，就难以实现社会和谐稳定。不全面从严治党，党就做不到'打铁还需自身硬'，也就难以发挥好领导核心作用。"①

"党的十八大提出了全面建成小康社会的奋斗目标，党的十八届三中全会对全面深化改革作出了顶层设计，实现这个奋斗目标，落实这个顶层设计，需要从法治上提供可靠保障。"② 我们要实现党的十八大和十八届三中全会作出的一系列战略部署，全面建成小康社会、实现中华民族伟大复兴的中国梦，全面深化改革、完善和发展中国特色社会主义制度，就必须在全面推进依法治国上作出总体部署、采取切实措施、迈出坚实步伐。

2014年11月，习近平总书记在澳大利亚联邦议会的演讲中指出："当前，中国人民正在为实现中华民族伟大复兴的中国梦而不懈奋斗。中国梦就是要实现国家富强、民族振兴、人民幸福。我们的发展目标是，到2020年国内生产总值和城乡居民人均收入比2010年翻一番、全面建成小康社会，到本世纪中叶建成富强民主文明和谐的社

---

① 习近平：《在省部级主要领导干部学习贯彻十八届四中全会精神全面推进依法治国专题研讨班开班式上的讲话》（2015年2月2日），载中共中央文献研究室编《习近平关于全面依法治国论述摘编》，中央文献出版社2015年版，第14—15页。

② 习近平：《关于〈中共中央关于全面推进依法治国若干重大问题的决定〉的说明》（2014年10月20日），载中共中央文献研究室编《十八大以来重要文献选编（中）》，中央文献出版社2016年版，第140页。

会主义现代化国家。为了实现中国梦,我们将全面深化改革开放、全面推进依法治国,不断推进现代化建设,不断提高人民生活水平。"①

2015年2月,习近平总书记进一步明确指出:"要把全面依法治国放在'四个全面'的战略布局中来把握,深刻认识全面依法治国同其他三个'全面'的关系,努力做到'四个全面'相辅相成、相互促进、相得益彰。"② 全面依法治国不仅是"四个全面"战略布局的重要组成部分,而且是协调推进"四个全面"的重要制度基础和法治保障。

(一) 全面推进依法治国是全面建成小康社会的法治保障

党的十九大报告指出:"从现在到二〇二〇年,是全面建成小康社会决胜期。要按照十六大、十七大、十八大提出的全面建成小康社会各项要求,紧扣我国社会主要矛盾变化,统筹推进经济建设、政治建设、文化建设、社会建设、生态文明建设,坚定实施科教兴国战略、人才强国战略、创新驱动发展战略、乡村振兴战略、区域协调发展战略、可持续发展战略、军民融合发展战略,突出抓重

---

① 《习近平在澳大利亚联邦议会发表重要演讲(全文)》,2014年11月17日,人民网。

② 习近平:《在省部级主要领导干部学习贯彻十八届四中全会精神全面推进依法治国专题研讨班开班式上的讲话》(2015年2月2日),载中共中央文献研究室编《习近平关于全面依法治国论述摘编》,中央文献出版社2015年版,第15页。

点、补短板、强弱项，特别是要坚决打好防范化解重大风险、精准脱贫、污染防治的攻坚战，使全面建成小康社会得到人民认可、经得起历史检验。"①

全面建成小康社会、实现中华民族伟大复兴的中国梦，全面深化改革、完善和发展中国特色社会主义制度，提高党的执政能力和执政水平，必须全面推进依法治国。其中，全面建成小康社会是阶段性的奋斗目标，具有战略统领和目标牵引作用。全面深化改革是实现阶段性奋斗目标和推进依法治国的根本路径、关键一招、强大动力。全面推进依法治国是实现阶段性奋斗目标的基本方式和可靠保障，是引领、促进和保障全面深化改革的路径依赖。中国共产党是中华民族伟大复兴的领导核心，是全面深化改革和全面推进依法治国最根本的保证。只有通过全面从严治党，不断提高我们党依宪执政和依法执政的执政能力、执政水平和执政效能，才能使党在全面建成小康社会、全面深化改革、全面依法治国进程中发挥领导核心和根本保证作用。

党的十八大报告明确指出，要确保到2020年全面建成小康社会，必须以更大的政治勇气和智慧，不失时机深化重要领域改革，坚决破除一切妨碍科学发展的思想观念和体制机制弊端，构建系统完备、科学规范、运行有效的制度体系，使各方面制度更加成熟、更加定型；必须加快

---

① 习近平：《决胜全面建成小康社会 夺取新时代中国特色社会主义伟大胜利——在中国共产党第十九次全国代表大会上的报告》，人民出版社2017年版，第27页。

推进社会主义民主政治制度化、规范化、程序化,从各层次各领域扩大公民有序政治参与,实现国家各项工作法治化。2012年11月17日,习近平同志担任中共中央总书记不久即指出:"党的十八大报告勾画了在新的历史条件下全面建成小康社会、加快推进社会主义现代化、夺取中国特色社会主义新胜利的宏伟蓝图,是我们党团结带领全国各族人民沿着中国特色社会主义道路继续前进、为全面建成小康社会而奋斗的政治宣言和行动纲领,为我们这一届中央领导集体的工作指明了方向。"① 全面建成小康社会,应当包括到2020年初步建成法治中国的"法治小康"战略目标。法治小康,既是全面小康社会的有机组成部分,也是顺利建成全面小康社会的重要法治保障。法治小康,在价值层面追求的是自由平等、民主法治、公平正义、幸福博爱、和谐有序,充分实现人权与人的尊严;在制度层面追求的是人民主权、宪法法律至上、依宪治国、依法执政、依法行政、公正司法、依法治权,努力建成法治中国;在目标层面追求的是要实现"依法治国基本方略全面落实,法治政府基本建成,司法公信力不断提高,人权得到切实尊重和保障……国家各项工作法治化";在实践层面追求的是有法必依、执法必严、违法必究和依法办事,推进科学立法、严格执法、公正司法和全民守法,努力实

---

① 习近平:《紧紧围绕坚持和发展中国特色社会主义学习宣传贯彻党的十八大精神》(2012年11月17日),载中共中央文献研究室编《十八大以来重要文献选编(上)》,中央文献出版社2014年版,第72页。

现良法善治。与此同时，法治小康又通过依法治国特有的制度安排、规范手段、教育强制功能等，为全面建成小康社会提供良好的法治环境和有效的法治保障。

（二）全面依法治国与全面深化改革相辅相成

全面依法治国与全面深化改革犹如车之两轮、鸟之两翼，两者相辅相成、相互作用。习近平总书记在党的十八届四中全会第二次全体会议上的讲话中指出："党的十八届三中、四中全会分别把全面深化改革、全面推进依法治国作为主题并做出决定，有其紧密的内在逻辑，可以说是一个总体战略部署在时间轴上的顺序展开。全面建成小康社会、全面深化改革都离不开全面推进依法治国。党的十八届四中全会《决定》是党的十八届三中全会决定的姊妹篇，我们要切实抓好落实，让全面深化改革、全面依法治国像两个轮子，共同推动全面建成小康社会的事业滚滚向前。"[①] 习近平总书记在关于党的十八届四中全会《决定》的说明中指出："建设中国特色社会主义法治体系、建设社会主义法治国家是实现国家治理体系和治理能力现代化的必然要求，也是全面深化改革的必然要求。"[②]

[①] 习近平：《在中共十八届四中全会第二次全体会议上的讲话》（2014年10月23日），载中共中央文献研究室编《习近平关于全面依法治国论述摘编》，中央文献出版社2015年版，第13页。

[②] 习近平：《关于〈中共中央关于全面推进依法治国若干重大问题的决定〉的说明》（2014年10月20日），载中共中央文献研究室编《十八大以来重要文献选编（中）》，中央文献出版社2016年版，第148页。

习近平总书记在十八届中央纪委五次会议上的讲话中说："党的十八届三中全会作出全面深化改革重大部署，党的十八届四中全会对全面推进依法治国作出战略部署……体现了'破'和'立'的辩证统一。"[①] 用中国特色社会主义法制改革理论来解读，可以这样认为：《中共中央关于全面深化改革若干重大问题的决定》（以下简称党的十八届三中全会《决定》）提出的全面深化改革，其重点是深化经济体制改革，即"经济体制改革是全面深化改革的重点，核心问题是处理好政府和市场的关系，使市场在资源配置中起决定性作用和更好发挥政府作用"；党的十八届四中全会《决定》提出的全面依法治国，其实质是在宪法框架下和法治轨道上，有组织有领导、循序渐进、积极稳妥推进政治体制改革，核心问题是坚持党与法的高度统一，把党的领导贯彻到依法治国的全过程、各方面。由此可见，全面依法治国与全面深化改革两者的关系，实质上是政治体制改革与经济体制改革相辅相成的关系，是两手抓、两手都要硬的顶层设计安排。全面依法治国是引领、促进和保障全面深化改革的基本方式和路径依赖，全面深化改革是推动全面依法治国的内在动力。要用法治思维正确处理法治与改革的关系，坚持改革决策与立法决策相统一，充分发挥立法的引领、推动、规范和保障

[①] 习近平：《在第十八届中央纪律检查委员会第五次全体会议上的讲话》（2015年1月13日），载中共中央文献研究室编《习近平关于全面依法治国论述摘编》，中央文献出版社2015年版，第13页。

作用。

(三) 全面依法治国必须坚持党的领导、全面从严治党

全面推进依法治国，必须坚持党的领导，处理好党的领导与法治的关系，把党的领导贯彻到全面依法治国的全过程、各方面。与此同时，全面从严治党必须坚持依法治国这个党领导人民治理国家和社会的基本方略和法治这个党治国理政的基本方式，坚持依宪执政、依法执政，在宪法和法律范围内活动，领导立法、保证执法、支持司法、带头守法。坚持把党的领导贯彻到科学立法、严格执法、公正司法、全民守法的全过程，落实到依法治国、依法执政、依法行政以及建设法治国家、法治政府、法治社会的各方面。在党坚持依法执政的实践过程中，要处理好党领导立法与立法机关科学立法的关系，党保证执法与行政机关严格执法的关系，党支持司法与司法机关公正司法的关系，党带头守法与全民守法的关系，执政党既要坚持依宪执政、依法执政和依法办事，又要防止以党治国、越俎代庖。全面从严治党，关键是要依法规治党、依制度治党，把权力关进法律和制度的笼子里。党的十八届四中全会提出建设中国特色社会主义法治体系，要"形成完备的法律规范体系、高效的法治实施体系、严密的法治监督体系、有力的法治保障体系，形成完善的党内法规体系"。这表明，"党内法规体系"既是国家法治体系的重要组成部分，是全面依法治国的制度安排和举措规范，也是从国家法治角度从严治党的依据和规范，是执政党治国理政必须遵循的圭臬。

(四)"四个全面"战略布局对于全面依法治国的重大意义

党的十九大报告重申并"明确中国特色社会主义总体布局是'五位一体'、战略布局是'四个全面',强调道路自信、理论自信、制度自信、文化自信",明确全面推进依法治国的总目标,并第一次把二者纳入习近平新时代中国特色社会主义思想。① 习近平总书记指出,从"四个全面"战略布局看,"做好全面依法治国各项工作意义十分重大。没有全面依法治国,我们就治不好国、理不好政,我们的战略布局就会落空。要把全面依法治国放在'四个全面'的战略布局中来把握,深刻认识全面依法治国同其他三个'全面'的关系"②。立足于"四个全面"的战略布局和战略思想,不仅要认识到全面依法治国是全面建成小康社会、全面深化改革和全面从严治党的制度基础和法治保障,还应当从以下几个角度,进一步深化对全面依法治国重大意义的理解。

其一,从依法治国的价值功能看,全面依法治国,事关我们党执政兴国、事关人民幸福安康、事关党和国家长

---

① 习近平:《决胜全面建成小康社会 夺取新时代中国特色社会主义伟大胜利——在中国共产党第十九次全国代表大会上的报告》,人民出版社2017年版,第19页。
② 习近平:《在省部级主要领导干部学习贯彻十八届四中全会精神全面推进依法治国专题研讨班开班式上的讲话》(2015年2月2日),载中共中央文献研究室编《习近平关于全面依法治国论述摘编》,中央文献出版社2015年版,第15页。

治久安，是坚持和发展中国特色社会主义的本质要求和重要保障，是实现国家治理现代化的必然要求。正因为如此，"我们党高度重视法治建设……把依法治国确定为党领导人民治理国家的基本方略，把依法执政确定为党治国理政的基本方式"①。

其二，从依法治国的问题导向看，全面依法治国，是解决党和国家事业发展面临的一系列重大问题，解放和增强社会活力、促进社会公平正义、规范制约公权力、保障人权充分实现、维护社会和谐稳定、确保党和国家长治久安的根本要求和必由之路。习近平总书记深刻指出："全面建成小康社会进入决定性阶段，改革进入攻坚期和深水区……我们面对的改革发展稳定任务之重前所未有、矛盾风险挑战之多前所未有，人民群众对法治的要求也越来越高，依法治国在党和国家工作全局中的地位更加突出、作用更加重大。"② 法治是国家治理体系和治理能力的重要依托。全面推进依法治国，是解放和增强社会活力、促进社会公平正义、维护社会和谐稳定、确保党和国家长治久安的根本要求。

其三，从"四个全面"的内在关系看，全面依法治

---

① 《中共中央关于全面推进依法治国若干重大问题的决定》（2014年10月23日），载中共中央文献研究室编《十八大以来重要文献选编（中）》，中央文献出版社2016年版，第156页。

② 习近平：《在中共第十八届四中全会第二次全体会议上的讲话》（2014年10月23日），载中共中央文献研究室编《习近平关于全面依法治国论述摘编》，中央文献出版社2015年版，第9—10页。

国，是全面建成小康社会、实现中华民族伟大复兴的中国梦，全面深化改革、完善和发展中国特色社会主义制度，全面从严治党、提高党的执政能力和执政水平的必然要求和重要法治保障。

其四，从党和国家面临的新形势新任务看，全面依法治国，有利于更好统筹国内国际两个大局，有利于更好维护和运用我国发展的重要战略机遇期，有利于更好统筹社会力量、平衡社会利益、调节社会关系、规范社会行为，有利于使我国社会在深刻变革中既生机勃勃又井然有序，实现经济发展、政治清明、文化昌盛、社会公正、生态良好，实现我国和平发展的战略目标。

三 中国特色社会主义法治道路、法治理论、法治体系"三位一体"

历史表明，社会大变革的时代，一定是哲学社会科学大发展的时代。当代中国正经历着我国历史上最为广泛而深刻的社会变革，也正在进行着人类历史上最为宏大而独特的实践创新。这种前无古人的伟大实践，必将给理论创造、学术繁荣提供强大动力和广阔空间。这是一个需要理论而且一定能够产生理论的时代，这是一个需要思想而且一定能够产生思想的时代。① 习近平总书记关于法治的重要论述中最精彩的内容之一，是明确提出了中国特色社会

---

① 习近平：《在哲学社会科学工作座谈会上的讲话》（2016年5月17日），人民出版社2016年版，第8页。

主义法治道路、法治理论和法治体系"三位一体"的理论。习近平总书记指出：世界上从来没有脱离政治的法治。我们要坚持的法治道路，本质上是中国特色社会主义道路在法治领域的具体体现；我们要发展的法治理论，本质上是中国特色社会主义理论体系在法治问题上的理论成果；我们要建设的法治体系，本质上是中国特色社会主义制度的法律表现形式。① 因此，只有把中国特色社会主义法治道路、法治理论和法治体系整合起来，形成"三位一体"，才能深刻把握其科学内涵、理解其本质特征。

（一）中国特色社会主义法治道路

习近平总书记高度重视道路问题。他指出，道路问题是最根本的问题，道路决定命运，道路决定前途。习近平总书记在党的十九大报告中无比豪迈地指出："中国特色社会主义道路是实现社会主义现代化、创造人民美好生活的必由之路……我们走中国特色社会主义道路，具有无比广阔的时代舞台，具有无比深厚的历史底蕴，具有无比强大的前进定力。"② 中国特色社会主义道路是科学社会主义基本原则与中国实际和时代特征相结合的产物，是党和人

---

① 习近平：《在省部级主要领导干部学习贯彻党的十八届四中全会精神全面推进依法治国专题研讨班上的讲话》（2015年2月2日），载中共中央文献研究室编《习近平关于全面依法治国论述摘编》，中央文献出版社2015年版，第34—35页。

② 习近平：《决胜全面建成小康社会 夺取新时代中国特色社会主义伟大胜利——在中国共产党第十九次全国代表大会上的报告》，人民出版社2017年版，第16、70页。

民长期实践取得的根本成就,是根植于中国大地、反映中国人民意愿、适应中国和时代发展进步要求的正确道路。中国特色社会主义道路,就是在中国共产党领导下,立足基本国情,以经济建设为中心,坚持四项基本原则,坚持改革开放,解放和发展社会生产力,建设社会主义市场经济、社会主义民主政治、社会主义先进文化、社会主义和谐社会、社会主义生态文明,促进人的全面发展,逐步实现全体人民共同富裕,建设富强、民主、文明、和谐、美丽的社会主义现代化强国。中国特色社会主义政治发展道路,是近代以来中国人民长期奋斗历史逻辑、理论逻辑、实践逻辑的必然结果,是坚持党的本质属性、践行党的根本宗旨的必然要求。①

全面依法治国必须解决好道路问题。习近平总书记特别强调指出:"全面推进依法治国,必须走对路。如果路走错了,南辕北辙了,那再提什么要求和举措也都没有意义了。全会决定有一条贯穿全篇的红线,这就是坚持和拓展中国特色社会主义法治道路。中国特色社会主义法治道路是一个管总的东西。具体讲我国法治建设的成就,大大小小可以列举出十几条、几十条,但归结起来就是开辟了中国特色社会主义法治道路这一条。"②"中国特色社会主义法治道路,是社会主义法治建设成就和经验的集中体

---

① 习近平:《决胜全面建成小康社会 夺取新时代中国特色社会主义伟大胜利——在中国共产党第十九次全国代表大会上的报告》,人民出版社2017年版,第36页。

② 习近平:《加快建设社会主义法治国家》,《求是》2015年第1期。

现，是建设社会主义法治国家的唯一正确道路。"[①] 党的十八届四中全会《决定》开宗明义、旗帜鲜明提出了坚持走中国特色社会主义法治道路、建设中国特色社会主义法治体系、建设社会主义法治国家的重要论断，为全面推进依法治国明确了内涵、规定了性质、确定了道路、指明了方向。

中国特色社会主义法治道路，是中国特色社会主义道路不可或缺的重要组成部分，是全面推进依法治国、建设社会主义法治国家的根本依循。中国特色社会主义法治道路，是历史的选择、人民的选择和中国社会发展的必然要求。我国是一个具有五千多年文明史的古国，中华法系源远流长，成为世界独树一帜的法系，古老的中国为人类法制文明作出了重要贡献。1840年鸦片战争后，中国逐渐沦为半殖民地半封建社会。为了改变国家和民族的苦难命运，一些仁人志士试图将近代西方国家的政治制度和法治模式移植到中国，以实现变法图强的梦想。在庆祝全国人民代表大会成立六十周年大会上的重要讲话中，习近平总书记深刻指出，辛亥革命之后，中国尝试过君主立宪制、帝制复辟、议会制、多党制、总统制等各种形式，各种政治势力及其代表人物纷纷登场，都没能找到正确答案，中国依然是山河破碎、积贫积弱，列强依然在中国横行霸

---

① 习近平：《关于〈中共中央关于全面推进依法治国若干重大问题的决定〉的说明》（2014年10月20日），载中共中央文献研究室编《十八大以来重要文献选编（中）》，中央文献出版社2016年版，第147页。

道、攫取利益，中国人民依然生活在苦难和屈辱之中。事实证明……资产阶级革命派领导的民主主义革命，照搬西方政治制度模式的各种方案，都不能完成中华民族救亡图存和反帝反封建的历史任务，都不能让中国的政局和社会稳定下来，也都谈不上为中国实现国家富强、人民幸福提供制度保障。① 在中国共产党的领导下，中国人民推翻了三座大山，争得了民主，掌握了国家政权，成了国家主人，经过革命、建设、改革和发展，逐步走上了发展社会主义民主、建设社会主义法治国家的道路。

中国特色社会主义法治道路，是中华人民共和国成立以来在我们党领导人民努力推进社会主义民主法治建设的长期实践基础上，尤其是党的十五大以来通过全面落实依法治国基本方略、加快建设社会主义法治国家的理论研究、实践探索和制度创新，不断深化和发展对中国特色社会主义的认识，不断深化对中国特色社会主义民主政治的认识，不断深化对全面推进依法治国、建设社会主义法治国家的认识，从而认定的法治发展道路；是我们党立足国情和实际，着眼于全面建成小康社会、实现中华民族伟大复兴中国梦的战略目标，总结我国社会主义法治建设的实践经验，学习借鉴各国法治文明的有益成果，吸收中华民族传统法律文化的精华养分，从而确定的正确道路；是长期以来，特别是党的十一届三中全会以来，我们党深刻总

---

① 习近平：《在庆祝全国人民代表大会成立六十周年大会上的讲话》（2014年9月5日），载中共中央文献研究室编《十八大以来重要文献选编（中）》，中央文献出版社2016年版，第52页。

结我国社会主义法治建设的成功经验和深刻教训,提出为了保障人民民主,必须加强法治,必须使民主制度化、法律化,把依法治国确定为党领导人民治理国家的基本方略,把依法执政确定为党治国理政的基本方式,积极建设社会主义法治,取得的历史性成就。习近平总书记在关于党的十八届四中全会《决定》的说明中指出:"全面推进依法治国这件大事能不能办好,最关键的是方向是不是正确、政治保证是不是坚强有力,具体讲就是要坚持党的领导,坚持中国特色社会主义制度,贯彻中国特色社会主义法治理论。党的领导是中国特色社会主义最本质的特征,是社会主义法治最根本的保证。中国特色社会主义制度是中国特色社会主义法治体系的根本制度基础,是全面推进依法治国的根本制度保障。中国特色社会主义法治理论是中国特色社会主义法治体系的理论指导和学理支撑,是全面推进依法治国的行动指南。这三个方面实质上是中国特色社会主义法治道路的核心要义,规定和确保了中国特色社会主义法治体系的制度属性和前进方向。"[1]

中国特色社会主义法治道路,是历史与现实相统一、理论与实践相结合的产物。在历史方位的四个坐标上,中国特色社会主义法治道路有自己的时空定位和时代特色。

---

[1] 习近平:《关于〈中共中央关于全面推进依法治国若干重大问题的决定〉的说明》(2014年10月20日),载中共中央文献研究室编《十八大以来重要文献选编(中)》,中央文献出版社2016年版,第146页。

一是相对于英国、法国、德国、美国等资本主义国家的法治模式和法治道路而言，我们所走的是社会主义法治道路，在本质和定性问题上，我们的法治姓"社"，它们的法治姓"资"。这是两种性质根本不同的法治道路和法治模式，决不能混为一谈，决不能照搬照抄西方资本主义的法治模式。

二是相对于苏联、东欧等原社会主义国家和现在越南、古巴等社会主义国家的法治模式和法治道路而言，我们所走的是"中国特色"的社会主义法治道路。中华民族的历史基因和历史沿革，中国的历史文化传统、现实国情和社会条件等综合因素，决定了我们的法治只能走自己的具有中国特色的社会主义法治道路，只能学习借鉴而决不能复制苏联、越南等社会主义国家的法治模式和法治道路。

三是相对于马克思主义经典作家关于理想社会主义社会及其国家与法的论述和描绘，我们现在是处于并将长期处于社会主义初级阶段的社会，我国的法治是社会主义初级阶段的法治和依法治国，因此"同党和国家事业发展要求相比，同人民群众期待相比，同推进国家治理体系和治理能力现代化目标相比，法治建设还存在许多不适应、不符合的问题"[1]。

四是相对于我国历史上中华法系的法文化和法制度的

---

[1] 《中共中央关于全面推进依法治国若干重大问题的决定》（2014年10月23日），载中共中央文献研究室编《十八大以来重要文献选编（中）》，中央文献出版社2016年版，第156页。

模式，我们今天所走的是一条现代化的法治发展道路，是在我国历史传承、文化传统、经济社会发展基础上长期发展、渐进改进、内生性演化结果的土壤和基础上，秉持开放包容、学科创新精神，代表先进生产力、先进生产关系和先进文化的法治类型，是面向世界、面向全球、学习借鉴人类法治文明有益成果的现代化产物。

无论如何，"在坚持和拓展中国特色社会主义法治道路这个根本问题上，我们要树立自信、保持定力。走中国特色社会主义法治道路是一个重大课题，有许多东西需要深入探索，但基本的东西必须长期坚持"[①]。

(二) 中国特色社会主义法治理论

中国特色社会主义理论体系是指导党和人民实现中华民族伟大复兴的正确理论。[②] 中国特色社会主义法治理论是中国特色社会主义理论体系的重要组成部分，是中国共产党人根据马克思主义国家与法的基本原理，在借鉴吸收古今中外人类法治文明有益成果的基础上，从当代中国国情、现代化建设和依法治国的实践出发，深刻总结我国社会主义法治建设的成功经验和惨痛教训，逐步形成的具有中国特色的社会主义法治理论体系。中国特色社会主义法治理论是对马克思主义法律观的继承、创新和重大发展，

---

① 习近平：《加快建设社会主义法治国家》，《求是》2015年第1期。

② 习近平：《决胜全面建成小康社会 夺取新时代中国特色社会主义伟大胜利——在中国共产党第十九次全国代表大会上的报告》，人民出版社2017年版，第16—17页。

是推进马克思主义法学思想中国化的最新成果,是全面推进依法治国、加快建设社会主义法治国家的重要理论指导、思想基础和学理支撑。

习近平总书记曾经指出:社会主义法治理念,是我们党从社会主义现代化事业全局出发,坚持以马克思主义法学理论为指导,在总结我国社会主义民主法治建设的实践经验,吸收世界上其他社会主义国家兴衰成败的经验教训,借鉴世界法治文明成果的基础上形成的科学理念。这是对马克思主义法学理论的继承、发展和创新,是推进社会主义法治国家建设必须长期坚持的重要指针。① 中国特色社会主义法治理论是以中国特色社会主义法治道路、中国特色社会主义法治体系和全面推进依法治国的实践为基础的科学理论体系,由以下四个主要部分构成。

其一,中国特色社会主义法治的思想价值理论,涉及政治哲学、法哲学和中国特色社会主义理论体系的有关价值、核心概念、基本范畴和重要内容,主要包括马克思主义国家与法的学说,马克思主义的国家观、政党观、民主观、法律观、法治观、人权观、平等观、正义观和权力观,马克思主义法学思想及其中国化的创新和发展等;社会主义法治精神、社会主义法治意识、社会主义法治观念、社会主义法治价值、社会主义宪制和法治原则、社会

---

① 习近平:《牢固树立社会主义法治理念》,载《干在实处 走在前列——推进浙江新发展的思考与实践》,中共中央党校出版社2006年版,第356页。

主义法治思想、社会主义法治理念、社会主义法治文化、社会主义法治学说，等等。

其二，中国特色社会主义法治的制度规范理论，涉及法治的基本制度、法律规范、法律体系、法治体系、法治程序、法治结构等范畴和内容，主要有关于中国特色社会主义法治体系的理论，关于中国特色社会主义法治政府、依法行政和行政执法制度的理论，司法权、司法体制、司法程序、法律监督体制、公正司法制度、司法体制改革的理论，依宪执政、依法执政和依规治党的体制和理论，等等。

其三，中国特色社会主义法治的实践运行理论，涉及法治原理原则的应用、法治行为、法治实践、宪法法律实施、法律制度运行等范畴和内容，主要包括科学立法、严格执法、公正司法、全民守法等法治建设各个环节的理论，等等。

其四，中国特色社会主义法治的相关关系理论，涉及法治存在和运行发展的外部关系，涉及法治与若干外部因素的相互作用、彼此影响、共同存在等现象及其内容，主要有中国特色社会主义法治与中国特色社会主义、中国特色社会主义道路、中国特色社会主义理论、中国特色社会主义制度、全面深化改革、全面从严治党、全面建成小康社会、实现中华民族伟大复兴中国梦的关系，等等。

（三）中国特色社会主义法治体系

中国特色社会主义制度是当代中国发展进步的根本制

度保障。① 中国特色社会主义法治体系属于政治文明范畴，本质上是中国特色社会主义制度有机组成部分。党的十八届四中全会鲜明提出坚持走中国特色社会主义法治道路、建设中国特色社会主义法治体系的重大论断。全面推进依法治国，总目标是"建设中国特色社会主义法治体系，建设社会主义法治国家"。这个总目标的提出，特别是建设中国特色社会主义法治体系的提出，不仅在中国共产党历史上是第一次，在世界范围内也具有独创性，是党治国理政思想的重大创新，标志着我们党对法治文明发展规律、社会主义建设规律和共产党执政规律的认识达到了一个新的高度。

建设中国特色社会主义法治体系，就是要在中国共产党的领导下，坚持中国特色社会主义制度，贯彻中国特色社会主义法治理论，形成完备的法律规范体系、高效的法治实施体系、严密的法治监督体系、有力的法治保障体系，形成完善的党内法规体系，促进国家治理体系和治理能力现代化。习近平总书记在关于党的十八届四中全会《决定》的说明中指出，这个总目标"既明确了全面推进依法治国的性质和方向，又突出了全面推进依法治国的工作重点和总抓手"②，对全面推进依法治国具有纲举目张

---

① 习近平：《决胜全面建成小康社会 夺取新时代中国特色社会主义伟大胜利——在中国共产党第十九次全国代表大会上的报告》，人民出版社 2017 年版，第 17 页。

② 习近平：《关于〈中共中央关于全面推进依法治国若干重大问题的决定〉的说明》（2014 年 10 月 20 日），载中共中央文献研究室编《十八大以来重要文献选编（中）》，中央文献出版社 2016 年版，第 147 页。

的意义。"全面推进依法治国涉及很多方面,在实际工作中必须有一个总揽全局、牵引各方的总抓手,这个总抓手就是建设中国特色社会主义法治体系。依法治国各项工作都要围绕这个总抓手来谋划、来推进。"①法治体系作为全面依法治国的核心内容,作为国家法治机器构成和运行的系统化形态,是党治国理政不可或缺的制度平台和运行机制,是党领导人民管理国家、治理社会、管理经济和文化事业的总抓手和法治保障。从党治国理政的战略高度来看,建设中国特色社会主义法治体系,必须坚持法治建设的社会主义性质和正确方向,坚持党的领导和人民主体地位,走中国特色社会主义法治道路,围绕全面推进依法治国的总目标、总任务,尽快形成更加系统完备、更加成熟定型、更加高效权威的法治体系,为实现我们党"两个一百年"的奋斗目标提供根本法治保障。

全面推进依法治国,建设中国特色社会主义法治体系,是完善和发展中国特色社会主义制度、推进国家治理体系和治理能力现代化的重要方面,是国家治理体系的骨干工程。习近平总书记指出:"我们要建设的中国特色社会主义法治体系,本质上是中国特色社会主义制度的法律

---

① 习近平:《关于〈中共中央关于全面推进依法治国若干重大问题的决定〉的说明》(2014年10月20日),载中共中央文献研究室编《十八大以来重要文献选编(中)》,中央文献出版社2016年版,第147—148页。

表现形式。"① 因此，推进国家治理体系现代化，形成一整套系统完备、科学规范、运行有效、成熟定型的国家制度体系，就是要坚持宪法和党章，建设更加科学完善的法治体系；推进国家治理体系和治理能力现代化，提高运用国家制度体系管理国家、治理社会、治党治国治军的能力，就是要切实遵守实施宪法和党章，不断提高党和国家完善、实施、监督和保障法治体系的能力和水平。

"十三五"规划纲要明确提出，"必须坚定不移走中国特色社会主义法治道路，加快建设中国特色社会主义法治体系"。在新形势下加快推进中国特色社会主义法治体系建设，应当努力做到以下几点：一是把法治体系的建设和实施全面融入治国理政的实践进程，既要充分发挥法治体系对治国理政的规范、促进和保障作用，实现依法治国、依规治党，保证治国理政的有序进行；也要在治国理政的具体实践中检验法治体系建设的成效，用实践的标准评价法治体系建设的质量，用实践的力量推动法治体系不断完善、更加成熟。二是坚持走中国特色社会主义法治道路。这是社会主义法治建设成就和经验的集中体现，是建设中国特色社会主义法治体系和社会主义法治国家的唯一正确道路。习近平总书记指出，"在走什么样的法治道路问题上，必须向全社会释放正确而明确的信号，指明全面推进

---

① 习近平：《在省部级主要领导干部学习贯彻十八届四中全会精神全面推进依法治国专题研讨班开班式上的讲话》（2015年2月2日），载中共中央文献研究室编《习近平关于全面依法治国论述摘编》，中央文献出版社2015年版，第35页。

依法治国的正确方向，统一全党全国各族人民认识和行动"①。三是完整理解全面推进依法治国的总目标，把建设法治体系与建设法治国家紧密结合起来、有机统一起来。全面推进依法治国的总目标是两句话，即"建设中国特色社会主义法治体系，建设社会主义法治国家"。社会主义法治国家为全面依法治国描绘了宏伟蓝图，指明了前进方向；中国特色社会主义法治体系则为建成法治中国绘制出路线图，指明了具体路径，两者紧密结合，共为一体。只有加快建设中国特色社会主义法治体系，才能为建设社会主义法治国家提供基础和前提条件。四是把建设法治体系作为全面推进依法治国的总抓手。全面依法治国的工作千头万绪，但各项工作都要围绕法治体系这个总抓手来谋划、来推进；法治体系建设涉及方方面面，但各个方面、各个环节都要合理纳入全面依法治国的顶层设计来实施、来展开，充分发挥法治体系建设对全面推进依法治国纲举目张的辐射带动作用。五是根据法治体系建构和运行的基本规律，运用系统论等科学方法，把法律规范体系、法治实施体系、法治监督体系、法治保障体系、党内法规体系这五个子系统有机整合起来，形成彼此衔接、相互作用、结构严整、运转协调的法治系统，构建科学合理、有序运行、高效权威的法治秩序。六是在建设法治体系的过程

---

① 习近平：《关于〈中共中央关于全面推进依法治国若干重大问题的决定〉的说明》（2014年10月20日），载中共中央文献研究室编《十八大以来重要文献选编（中）》，中央文献出版社2016年版，第147页。

中，准确把握全面推进依法治国的整体系统结构和总体工作布局，坚持依法治国、依法执政、依法行政共同推进，坚持法治国家、法治政府、法治社会一体建设，促进科学立法、严格执法、公正司法、全民守法、有效护法协调发展，科学系统组合法治的各个要素，全面畅通法治的各个环节，综合发挥法治的各项功能，努力形成法治体系的合理格局，不断开创中国特色社会主义治国理政和依法治国的新局面。

（四）中国特色社会主义法治道路、法治理论、法治体系"三位一体"

习近平总书记在省部级主要领导干部学习贯彻党的十八届四中全会精神全面推进依法治国专题研讨班开班式上的讲话中阐释说："我们要坚持的中国特色社会主义法治道路，本质上是中国特色社会主义道路在法治领域的具体体现；我们要发展的中国特色社会主义法治理论，本质上是中国特色社会主义理论体系在法治问题上的理论成果；我们要建设的中国特色社会主义法治体系，本质上是中国特色社会主义制度的法律表现形式。"[①] 习近平总书记这段理论判断性的论述表明，一方面，中国特色社会主义法治道路、法治理论、法治体系与中国特色社会主义理论、道路和制度的关系，前者从属于后者，本质上是后者在法学

---

① 习近平：《领导干部要做尊法学法守法用法的模范 带动全党全国共同全面推进依法治国》，《人民日报》2015年2月3日第1版。

和法治领域的具体体现和反映；另一方面，与中国特色社会主义道路自信、理论自信和制度自信的内在统一相一致，中国特色社会主义法治道路、法治理论、法治体系三者也是相辅相成、相互依存、三位一体的。

中国特色社会主义法治道路、中国特色社会主义法治理论、中国特色社会主义法治体系"三位一体"，它们共同构成了全面推进依法治国、加快建设社会主义法治国家的道路指引、理论支撑和制度保障，充分体现了中国特色社会主义法治的道路自信、理论自信和制度自信。全面推进依法治国，必须自觉坚持中国特色社会主义法治道路、法治理论、法治体系"三位一体"，共同引领并保证依法治国事业沿着中国特色社会主义的正确方向和道路前进。

四 党领导立法、保证执法、支持司法、带头守法全面落实

由我们党对全面依法治国的领导地位和领导作用所决定，依法治国各项事业的成败关键在党。实现依宪治国，关键是落实依宪执政；推进依法治国，关键是保证依法执政。"坚持党的领导，不是一句空的口号，必须具体体现在党领导立法、保证执法、支持司法、带头守法上。"[1] 坚持依宪执政和依法执政，是全面推进依法治国的必然要求，是我们党领导和执政的基本方式。习近平总书记指

---

[1] 习近平：《加快建设社会主义法治国家》，《求是》2015年第1期。

出:"依法治国,首先是依宪治国;依法执政,关键是依宪执政。新形势下,我们党要履行好执政兴国的重大职责,必须依据党章从严治党、依据宪法治国理政。党领导人民制定宪法和法律,党领导人民执行宪法和法律,党自身必须在宪法和法律范围内活动,真正做到党领导立法、保证执法、带头守法。"[1] 这就把法治与我们党和国家的现代化建设和深化改革事业更加紧密地联系起来提到了一个前所未有的战略地位和政治高度,表明我们党不仅从思想上和政治上实现从革命党向执政党的根本转变,而且从治国方略和执政方式上,全面推进从过去革命党主要依靠运动和行政手段管理国家和社会,向现在执政党更多依靠宪法法律规范和法治方式治国理政转变,向更加自觉地坚持民主执政、科学执政和依法执政、依宪执政转变,向更加主动地推进国家治理体系和治理能力现代化(主要是法治化、民主化、科学化和信息化)转变,从而用依法治国基本方略和法治基本方式进一步巩固我们党的执政地位,夯实我们党的执政基础,提升我们党的执政权威。党的十八届四中全会明确指出,依法执政,必须坚持党领导立法、保证执法、支持司法、带头守法。党要用法治思维和法治方式推进依宪执政和依法执政,切实做到领导立法,保证执法,支持司法,带头守法。全面推进依法治国,绝不是要削弱,而是要加强、巩固和改进党的领导。依法执政,

---

[1] 习近平:《在首都各界纪念现行宪法公布施行三十周年大会上的讲话》(2012年12月4日),载中共中央文献研究室编《十八大以来重要文献选编(上)》,中央文献出版社2014年版,第91页。

既要求党依据宪法和法律治国理政,也要求党依据党内法规管党治党。因此,全面落实依法执政,必须贯彻落实"三统一""四善于"。

在加强党对立法工作领导方面,应当进一步完善党对立法工作中重大问题决策的程序,切实做到凡立法涉及重大体制和重大政策调整的,必须报党中央讨论决定。党中央向全国人大提出宪法修改建议,依照宪法规定的程序进行宪法修改。法律制定和修改的重大问题由全国人大常委会党组向党中央报告。

在加强党对执法工作保证方面,应当在深化行政体制改革和推进法治政府建设进程中,切实做到各级政府必须坚持在党的领导下、在法治轨道上开展工作,创新执法体制,完善执法程序,推进综合执法,严格执法责任,建立权责统一、权威高效的依法行政体制,加快建设职能科学、权责法定、执法严明、公开公正、廉洁高效、守法诚信的法治政府。

在加强党对司法工作支持方面,各级党政机关和领导干部应当支持法院、检察院依法独立公正行使职权。从制度上支持司法机关依法独立行使职权,应当建立领导干部干预司法活动、插手具体案件处理的记录、通报和责任追究制度。任何党政机关和领导干部都不得让司法机关做违反法定职责、有碍司法公正的事情,任何司法机关都不得执行党政机关和领导干部违法干预司法活动的要求。对干预司法机关办案的,给予党纪政纪处分;造成冤假错案或者其他严重后果的,依法追究刑事责任。

在落实带头守法方面,各级党组织和领导干部要深刻认识到，维护宪法法律权威就是维护党和人民共同意志的权威，捍卫宪法法律尊严就是捍卫党和人民共同意志的尊严，保证宪法法律实施就是保证党和人民共同意志的实现。各级领导干部要对法律怀有敬畏之心，牢记法律红线不可逾越、法律底线不可触碰，带头遵守法律，带头依法办事，不得违法行使权力，更不能以言代法、以权压法、徇私枉法。① 各级人大、政府、政协、审判机关、检察机关的党组织要领导和监督本单位模范遵守宪法法律，坚决查处执法犯法、违法用权等行为。

五　科学立法、严格执法、公正司法、全民守法协调发展

党的十一届三中全会把"有法可依、有法必依、执法必严、违法必究"明确规定为新时期社会主义法制建设基本方针。经过40年法治建设的理论创新和实践发展，党的十八大进一步提出了"科学立法、严格执法、公正司法、全民守法"新的十六字方针，把我国社会主义法治建设推向了新阶段。2013年2月23日，习近平总书记在中共中央政治局第四次集体学习中强调，要"全面推进科学立法、严格执法、公正司法、全民守法"。习近平总书记在《关于〈中共中央关于全面推进依法治国若干重大问

---

① 习近平：《在十八届中央政治局第四次集体学习时的讲话》（2013年2月23日），载中共中央文献研究室编《习近平关于全面依法治国论述摘编》，中央文献出版社2015年版，第110—111页。

题的决定〉的说明》中解释说，党的十八届四中全会《决定》起草突出了 5 个方面的考虑，其中第 3 个方面就是"反映目前法治工作基本格局，从立法、执法、司法、守法 4 个方面做出工作部署"。① 党的十八届四中全会《决定》把法治建设的 4 个基本环节统筹起来考虑和作出顶层设计，充分体现了"全面推进"而不是"分别实施"依法治国的战略意图，有利于法治建设事业的整体协调发展。习近平总书记强调指出，必须"准确把握全面推进依法治国重点任务，着力推进科学立法、严格执法、公正司法、全民守法。全面推进依法治国，必须从目前法治工作基本格局出发，突出重点任务，扎实有序推进"②。

（一）科学立法是全面推进依法治国、完善法律体系的前提条件

习近平总书记在关于党的十八届四中全会《决定》的说明中指出：应当大力推进民主立法、科学立法。"推进科学立法，关键是完善立法体制，深入推进科学立法、民主立法，抓住提高立法质量这个关键。"③ "科学立法的核心在于尊重和体现客观规律，民主立法的核心在于为了人

---

① 习近平：《关于〈中共中央关于全面推进依法治国若干重大问题的决定〉的说明》（2014 年 10 月 20 日），载中共中央文献研究室编《十八大以来重要文献选编（中）》，中央文献出版社 2016 年版，第 144 页。

② 习近平：《加快建设社会主义法治国家》，《求是》2015 年第 1 期。

③ 同上。

民、依靠人民。要完善科学立法、民主立法机制，创新公众参与立法方式，广泛听取各方面意见和建议。全会决定提出，明确立法权力边界，从体制机制和工作程序上有效防止部门利益和地方保护主义法律化。"①

我们应当按照党的十八届四中全会的要求，着力落实好推进科学立法方面的各项改革部署：健全有立法权的人大主导立法工作的体制机制，发挥人大及其常委会在立法工作中的主导作用；加强和改进政府立法制度建设，完善行政法规、规章制定程序，完善公众参与政府立法机制；明确立法权力边界，从体制机制和工作程序上有效防止部门利益和地方保护主义法律化；加强法律解释工作，及时明确法律规定含义和适用法律依据；明确地方立法权限和范围，依法赋予设区的市地方立法权；加强人大对立法工作的组织协调，健全立法起草、论证、协调、审议机制，健全向下级人大征询立法意见机制，建立基层立法联系点制度，推进立法精细化；健全立法机关和社会公众沟通机制，开展立法协商，广泛凝聚社会共识；完善法律草案表决程序，对重要条款可以单独表决；加强重点领域立法。依法保障公民权利，加快完善体现权利公平、机会公平、规则公平的法律制度，保障公民人身权、财产权、基本政治权利等各项权利不受侵犯，保障公民经济、文化、社会

---

① 习近平：《关于〈中共中央关于全面推进依法治国若干重大问题的决定〉的说明》（2014年10月20日），载中共中央文献研究室编《十八大以来重要文献选编（中）》，中央文献出版社2016年版，第149页。

等各方面权利得到落实，实现公民权利保障法治化。增强全社会尊重和保障人权意识，健全公民权利救济渠道和方式。

（二）严格执法是全面推进依法治国、建设法治政府的关键环节

习近平总书记指出："政府是执法主体，对执法领域存在的有法不依、执法不严、违法不究甚至以权压法、权钱交易、徇私枉法等突出问题，老百姓深恶痛绝，必须下大力气解决。"[①] 当前，我国依法行政方面存在的主要问题是法律执行效果差。我国制定的大部分法律，实践中难以执行已经成为普遍现象，纸面上的法律与现实生活中的法律严重脱节，"潜规则"无处不在，法律权威难以确立。习近平总书记指出："推进严格执法，重点是解决执法不规范、不严格、不透明、不文明以及不作为、乱作为等突出问题。要以建设法治政府为目标，建立行政机关内部重大决策合法性审查机制，积极推行政府法律顾问制度，推进机构、职能、权限、程序、责任法定化，推进各级政府事权规范化、法律化。要全面推进政务公开，强化对行政权力的制约和监督，建立权责统一、权威高效的依法行政体制。要严格执法资质、完善执法程序，建立健全行政裁

[①] 习近平：《关于〈中共中央关于全面推进依法治国若干重大问题的决定〉的说明》（2014年10月20日），载中共中央文献研究室编《十八大以来重要文献选编（中）》，中央文献出版社2016年版，第150页。

量权基准制度,确保法律公正、有效实施。"① 行政机关是实施法律法规的重要主体,要带头严格执法,维护公共利益、人民权益和社会秩序。执法者必须忠实于法律。各级领导机关和领导干部要提高运用法治思维和法治方式的能力,努力以法治凝聚改革共识、规范发展行为、促进矛盾化解、保障社会和谐。要加强对执法活动的监督,坚决排除对执法活动的非法干预,坚决防止和克服地方保护主义和部门保护主义,坚决惩治腐败现象,做到有权必有责、用权受监督、违法必追究。

(三)公正司法是全面推进依法治国、建设公正高效权威社会主义司法制度的重要任务

公正是法治的生命线,司法公正对社会公正具有重要引领作用,司法不公对社会公正具有致命破坏作用。实现司法公正是全面推进依法治国的重要任务。然而,当前我国"司法领域存在的主要问题是,司法不公、司法公信力不高问题十分突出,一些司法人员作风不正、办案不廉,办金钱案、关系案、人情案,'吃了原告吃被告',等等。司法不公的深层次原因在于司法体制不完善、司法职权配置和权力运行机制不科学、人权司法保障制度不健全"②。

---

① 习近平:《加快建设社会主义法治国家》,《求是》2015年第1期。
② 习近平:《关于〈中共中央关于全面推进依法治国若干重大问题的决定〉的说明》(2014年10月20日),载中共中央文献研究室编《十八大以来重要文献选编(中)》,中央文献出版社2016年版,第151页。

习近平总书记指出:"我们提出要努力让人民群众在每一个司法案件中都感受到公平正义,所有司法机关都要紧紧围绕这个目标来改进工作,重点解决影响司法公正和制约司法能力的深层次问题。要坚持司法为民,改进司法工作作风,通过热情服务,切实解决好老百姓打官司难问题,特别是要加大对困难群众维护合法权益的法律援助。司法工作者要密切联系群众,规范司法行为,加大司法公开力度,回应人民群众对司法公正公开的关注和期待。要确保审判机关、检察机关依法独立公正行使审判权、检察权。"① 必须完善司法管理体制和司法权力运行机制,规范司法行为,加强对司法活动的监督,努力让人民群众在每一个司法案件中感受到公平正义。"推进公正司法,要以优化司法职权配置为重点,健全司法权力分工负责、相互配合、相互制约的制度安排。各级党组织和领导干部都要旗帜鲜明支持司法机关依法独立行使职权,绝不容许利用职权干预司法。'举直错诸枉,则民服;举枉错诸直,则民不服。'司法人员要刚正不阿,勇于担当,敢于依法排除来自司法机关内部和外部的干扰,坚守公正司法的底线。要坚持以公开促公正、树公信,构建开放、动态、透明、便民的阳光司法机制,杜绝暗箱操作,坚决遏制司法腐败。"② 党的十八届四中全会提出,要从以下方面推进

---

① 习近平:《在十八届中央政治局第四次集体学习时的讲话》(2013年2月23日),载中共中央文献研究室编《习近平关于全面依法治国论述摘编》,中央文献出版社2015年版,第67—68页。

② 习近平:《加快建设社会主义法治国家》,《求是》2015年第1期。

公正司法，提升司法公信力：进一步完善确保依法独立公正行使审判权和检察权的制度；不断优化司法职权配置，健全公安机关、检察机关、审判机关、司法行政机关各司其职，侦查权、检察权、审判权、执行权相互配合、相互制约的体制机制；推进严格司法，坚持以事实为根据、以法律为准绳，健全事实认定符合客观真相、办案结果符合实体公正、办案过程符合程序公正的法律制度，完善人民陪审员制度，保障公民陪审权利，推进审判公开、检务公开、警务公开、狱务公开；加强人权司法保障，强化诉讼过程中当事人和其他诉讼参与人的知情权、陈述权、辩护辩论权、申请权、申诉权的制度保障，健全落实罪刑法定、疑罪从无、非法证据排除等法律原则的法律制度，加强对刑讯逼供和非法取证的源头预防，切实解决执行难，制定强制执行法，规范查封、扣押、冻结、处理涉案财物的司法程序；加强对司法活动的监督。

（四）全民守法是全面推进依法治国、建设法治社会的基础工程

党的十八届四中全会指出，当前在我国社会中，"部分社会成员尊法信法守法用法、依法维权意识不强，一些国家工作人员特别是领导干部依法办事观念不强、能力不足，知法犯法、以言代法、以权压法、徇私枉法现象依然存在"[①]。

[①] 《中共中央关于全面推进依法治国若干重大问题的决定》（2014年10月23日），载中共中央文献研究室编《十八大以来重要文献选编（中）》，中央文献出版社2016年版，第156—157页。

改革开放以来，尽管中央与地方各级政府花了很大功夫开展法律宣传教育工作，但全民自觉守法的格局并未形成，法律权威被漠视，普遍违法、公然违法、暴力抗法等事件层出不穷。

习近平总书记指出："推进全民守法，必须着力增强全民法治观念。要坚持把全民普法和守法作为依法治国的长期基础性工作，采取有力措施加强法制宣传教育。要坚持法治教育从娃娃抓起，把法治教育纳入国民教育体系和精神文明创建内容，由易到难、循序渐进不断增强青少年的规则意识。要健全公民和组织守法信用记录，完善守法诚信褒奖机制和违法失信行为惩戒机制，形成守法光荣、违法可耻的社会氛围，使尊法守法成为全体人民共同追求和自觉行动。"① 党的十八届四中全会提出："法律的权威源自人民的内心拥护和真诚信仰。人民权益要靠法律保障，法律权威要靠人民维护。必须弘扬社会主义法治精神，建设社会主义法治文化，增强全社会厉行法治的积极性和主动性，形成守法光荣、违法可耻的社会氛围，使全体人民都成为社会主义法治的忠实崇尚者、自觉遵守者、坚定捍卫者。"② 推进全民守法，要求任何组织或者个人都必须在宪法和法律范围内活动，任何公民、社会组织和国家机关都要以宪法和法律为行为准则，依照宪法和法律行

---

① 习近平：《加快建设社会主义法治国家》，《求是》2015年第1期。

② 《中共中央关于全面推进依法治国若干重大问题的决定》（2014年10月23日），载中共中央文献研究室编《十八大以来重要文献选编（中）》，中央文献出版社2016年版，第172页。

使权利或权力、履行义务或职责。要深入开展法制宣传教育，在全社会弘扬社会主义法治精神，引导全体人民遵守法律、有问题依靠法律来解决，形成守法光荣的良好氛围。要坚持法制教育与法治实践相结合，广泛开展依法治理活动，提高社会管理法治化水平。各级领导干部要带头依法办事，带头遵守法律。各级组织部门要把能不能依法办事、遵守法律作为考察识别干部的重要条件。推进全民守法，应当推进多层次多领域依法治理，坚持系统治理、依法治理、综合治理、源头治理，提高社会治理法治化水平，发挥市民公约、乡规民约、行业规章、团体章程等社会规范在社会治理中的积极作用，发挥人民团体和社会组织在法治社会建设中的积极作用；建设完备的法律服务体系，完善法律援助制度，健全司法救助体系，健全统一司法鉴定管理体制；健全依法维权和化解纠纷机制，构建对维护群众利益具有重大作用的制度体系，建立健全社会矛盾预警机制、利益表达机制、协商沟通机制、救济救助机制，畅通群众利益协调、权益保障法律渠道，把信访纳入法治化轨道，健全社会矛盾纠纷预防化解机制，深入推进社会治安综合治理，健全落实领导责任制，等等。

六 依法治国、依法执政、依法行政共同推进，法治国家、法治政府、法治社会一体建设

2013年2月23日，习近平总书记在第十八届中央政治局第四次集体学习时的讲话中指出，我们要坚持依法治国、依法执政、依法行政共同推进，坚持法治国家、法治

政府、法治社会一体建设，不断开创依法治国新局面。①2015 年 1 月，习近平总书记在《加快建设社会主义法治国家》一文中指出，必须"准确把握全面推进依法治国工作布局，坚持依法治国、依法执政、依法行政共同推进，坚持法治国家、法治政府、法治社会一体建设。全面推进依法治国是一项庞大的系统工程，必须统筹兼顾、把握重点、整体谋划，在共同推进上着力，在一体建设上用劲"②。建设法治中国，要坚持国家一切权力属于人民的宪法理念，最广泛地动员和组织人民依照宪法和法律规定，通过各级人民代表大会行使国家权力，通过各种途径和形式管理国家和社会事务、管理经济和文化事业，共同建设，共同享有，共同发展。要按照宪法确立的民主集中制原则、国家政权体制和活动准则，实行人民代表大会统一行使国家权力，实行决策权、执行权、监督权既有合理分工又有相互协调，保证国家机关依照法定权限和程序行使职权、履行职责，保证国家机关统一有效组织各项事业。要根据宪法确立的体制和原则，正确处理中央和地方关系，正确处理民族关系，正确处理各方面利益关系，调动一切积极因素，巩固和发展民主团结、生动活泼、安定和谐的政治局面。建设法治中国，政府应该率先垂范，切实推进依法行政。各级人民政府及其工作人员应该忠实履行

---

① 习近平：《在十八届中央政治局第四次集体学习时的讲话》（2013 年 2 月 23 日），载中共中央文献研究室编《习近平关于全面依法治国论述摘编》，中央文献出版社 2015 年版，第 3 页。

② 习近平：《加快建设社会主义法治国家》，《求是》2015 年第 1 期。

第二章 习近平总书记关于法治的重要论述的战略设计

宪法和法律赋予的职责，保护公民、法人和其他组织的合法权益，提高行政管理效能，降低管理成本，创新管理方式，增强管理透明度，推进社会主义物质文明、政治文明和精神文明协调发展，全面建设小康社会。

在全面推进依法治国、加快建设社会主义法治国家的战略部署下，法治国家、法治政府和法治社会三位一体，它们相互区别、相互联系、相辅相成，是一个统一体，三者统一于法治中国建设的伟大实践之中，共同构成了中国特色社会主义法治体系的主要内容。在建设法治中国这个战略布局中，全面推进依法治国，目标是建设社会主义法治国家；全面推进依法行政，目标是加快建成法治政府；建成法治国家与法治政府的同时，形成法治社会。

法治国家是法治中国建设的长远目标，必须全面推进科学立法、严格执法、公正司法、全民守法进程。法治政府是法治中国建设的重点，核心是规范与制约政府权力，提高运用法治思维和法治方式化解社会矛盾的能力，使市场在资源配置中发挥决定性作用，实现政企分开、政事分开、政资分开、政社分开。法治社会是法治中国建设的重要组成部分，核心是弘扬社会主义核心价值观，倡导富强、民主、文明、和谐，倡导自由、平等、公正、法治，倡导爱国、敬业、诚信、友善，形成全社会所有成员自觉信仰法律、敬畏法律、遵守法律、运用法律、维护法律的法治思维、法治意识与法治文化。法治国家、法治政府、法治社会一体建设，构成一体两翼的驱动格局，既相互补充，又相互促进，共同构成法治中国建设的重要内容。

七　依法治国与依规治党有机统一

习近平总书记在党的十九大报告中指出：深化依法治国实践，必须坚持和推进"依法治国和依规治党有机统一"。[1] 依规治党，是中国共产党依照党章和其他党内法规管党治党建党的基本方略。二十年来，我们党高度重视制度在管党治党建党中的重要作用。江泽民同志指出："切实管好六千多万党员，这是当前党的建设面临的一个很突出的重大问题。"[2] "一个执政党，如果管不住、治理不好领导班子和领导干部，后果不堪设想。"[3] 胡锦涛同志指出："在新的历史条件下提高党的建设科学化水平，必须坚持用制度管权管事管人，健全民主集中制，不断推进党的建设制度化、规范化、程序化。"[4]

党的十八届四中全会《中共中央关于全面推进依法治国若干重大问题的决定》首次提出了建设中国特色社会主

---

[1] 习近平：《决胜全面建成小康社会　夺取新时代中国特色社会主义伟大胜利——在中国共产党第十九次全国代表大会上的报告》，人民出版社2017年版，第22页。

[2] 《江泽民在中央纪委第四次全体会议上发表重要讲话强调：治国必先治党治党务必从严》，《人民日报》2000年1月15日第1版。

[3] 江泽民：《努力建设高素质的干部队伍》（1996年6月21日），载中共中央文献研究室编《十四大以来重要文献选编（下）》，人民出版社1999年版，第1967页。

[4] 《胡锦涛文选》第3卷，人民出版社2016年版，第533—534页。

义法治体系的概念，并将其作为全面推进依法治国的总目标。作为中国特色社会主义法治体系的重要组成部分，形成完善的党内法规体系建设中国特色社会主义法治体系的一项重要任务。作为与国家法律规范体系相对应的党内法规体系，其主要制度功能就是要"管党治党"。《中共中央关于全面推进依法治国若干重大问题的决定》明确提出："依法执政，既要求党依据宪法法律治国理政，也要求党依据党内法规管党治党。"很显然，中国共产党作为执政党，必须要抓好两个方面的行为规范体系的建设。一是要建设完善的法律规范体系，依靠以宪法为核心的中国特色社会主义法律体系，实现执政党治国理政的目标；二是对于执政党自身建设来说，要按照党内法规来实现全面从严治党。党内法规主要是针对执政党党组织和党员而言的，其行为规范的要求及严厉性要高于国家宪法法律，执政党只有依据党内法规"管党治党"，才能培养和造就一支人民信任和拥护、代表了最广大人民利益的先锋队组织。党的十八届六中全会公报首次明确提出了"依规治党"的要求，强调"尊崇党章，依规治党，坚持党内监督和人民群众监督相结合，增强党在长期执政条件下自我净化、自我完善、自我革新、自我提高能力"。

党的十九大报告首次明确提出了"依法治国和依规治党有机统一"的要求，这是以习近平同志为核心的党中央治国理政和全面从严治党的重要原则，深刻地揭示了在新时代执政党依法执政的内涵，为国家治理现代化和党的建设指明了前进的方向。习近平总书记就依法治国和依规治党有机统一的重要意义着重强调指出："我们党要履行好执政兴国的重大历史使命、赢得具有许多新的历史特点的伟大斗争胜利、实现党和国家的长治久安，必须坚持依法治国与制度治党、依规治党统筹推进、一体建设。"①"依规治党"重在"有规可依"和"有规必依"。因此，要加强"依规治党"在管党治党中的作用，首先要加强党内法规制度体系建设，要切实保证"依规治党"建立在科学、严格和规范的党内法规制度体系基础之上。习近平总书记指出："要以改革创新精神推进党内法规制度建设，在解决突出问题、补齐法规制度短板上下功夫，提高党内法规制度质量。要抓好党内法规制度的落实，发挥领导干部带头示范作用，加强监督检查和追责问责，注重以良好的党内政治文化提升法规制度的执行力影响力。中央各部门和地方各级党委要强化政治责任和领导责任，把党内法规制度建设纳入党的建设总体安排，与党建其他工作一同部署、抓好落实，为党内法规制度建设提供有力保证。"②

在加强依规治党的过程中，必须要尊重宪法和法律的权威。党必须在宪法和法律的范围内活动。党的组织和党员干部既要服从党内法规的要求，也要带头自觉遵守国家宪法和法律的规定，对于国家宪法法律和党内法规之间不一致的地方，要建立联动审查机制，保证依法治国和依规治党之间价值目标的一致性和行动方案上的协调性，充分发挥国家宪法法律和党内法规在国家治理和管党治党中的合力。

---

① 习近平：《坚持依法治国与制度治党、依规治党统筹推进、一体建设》，《人民日报》2016年12月26日第1版。

② 同上。

第二章 习近平总书记关于法治的重要论述的战略设计

党的十八大以来,我们党着眼于全面从严治党的战略布局,先后对制度建党、制度治党、依规治党等重大事项作出部署。党的十八届三中全会提出,要紧紧围绕提高科学执政、民主执政、依法执政水平深化党的建设制度改革。党的十八届四中全会把形成完善的党内法规体系规定为建设中国特色社会主义法治体系的重要部分和全面推进依法治国总目标的重要内容。党的十八届五中全会提出,必须坚持依法执政,全面提高党依据宪法法律治国理政、依据党内法规管党治党的能力和水平,把依规治党的重要性提高到了确保"制度治党"的前所未有的高度。党的十八届六中全会开启了全面从严治党、制度治党、依规治党的新征程。

党内法规既是管党治党的重要依据,也是建设社会主义法治国家的有力保障。党章是最根本的党内法规,全党必须一体严格遵行。完善党内法规制定体制机制,加大党内法规备案审查和解释力度,形成配套完备的党内法规制度体系。注重党内法规同国家法律的衔接和协调,提高党内法规执行力,运用党内法规把党要管党、从严治党落到实处,促进党员、干部带头遵守国家法律法规。

2016年12月25日,习近平总书记就加强党内法规制度建设作出重要指示。他指出:党的十八大以来,党中央高度重视党内法规制度建设,推动这项工作取得重要进展和成效。加强党内法规制度建设是全面从严治党的长远之策、根本之策。我们党要履行好执政兴国的重大历史使命、赢得具有许多新的历史特点的伟大斗争胜利、实现党和国家的长治久安,必须坚持依法治国与制度治党、依规治党统筹推进、一体建设。要按照党的十八大和十八届三中、四中、五中、六中全会部署，认真贯彻落实《中共中央关于加强党内法规制度建设的意见》，以改革创新精神加快补齐党建方面的法规制度短板，力争到建党一百周年时形成比较完善的党内法规制度体系，为提高党的执政能力和领导水平、推进国家治理体系和治理能力现代化、实现中华民族伟大复兴的中国梦提供有力的制度保障。党的十九大报告在关于"全面增强执政本领"的目标下，要求全党要"增强依法执政本领，加快形成覆盖党的领导和党的建设各方面的党内法规制度体系，加强和改善对国家政权机关的领导"[①]。要完善党内法规制定体制机制，注重党内法规同国家法律的衔接和协调，构建以党章为根本、若干配套党内法规为支撑的党内法规制度体系，提高党内法规执行力。党章等党规对党员的要求比法律要求更高，党员不仅要严格遵守法律法规，而且要严格遵守党章等党规，对自己提出更高要求。

坚持依法治国与依规治党有机统一，推进依规治党、制度治党，应当以党章为根本依据，切实体现党的意志主张，体现全面从严治党要求，强化"四个意识"特别是核心意识、看齐意识，坚持依法治国与制度治党、依规治党统筹推进、一体建设，推动党的制度优势更好转化为治国理政的实际效能；应当坚持目标导向和问题导

[①] 习近平：《决胜全面建成小康社会　夺取新时代中国特色社会主义伟大胜利——在中国共产党第十九次全国代表大会上的报告》，人民出版社2017年版，第68—69页。

向相统一，抓紧建立和完善主干性、支撑性党内法规制度，健全相关配套法规制度，统筹推进立改废释工作，加快形成内容科学、程序严密、配套完备、运行有效的党内法规制度体系；应当以改革创新精神推进党内法规制度建设，在解决突出问题、补齐法规制度短板上下功夫，提高党内法规制度质量；应当抓好党内法规制度的落实，发挥领导干部带头示范作用，加强监督检查和追责问责，注重以良好的党内政治文化提升法规制度的执行力、影响力。

新时代在推进全面依法治国和全面从严治党进程中坚持依法治国与依规治党有机统一，应当做到"四个有机统一"和"四个紧密结合"。"四个有机统一"：一是把依法治国与依规治党、制度治党有机统一起来，形成治国理政的现代化治理体制。二是把国家法律体系与党内法规体系有机统一起来，努力构建治党治国治军科学有效系统的制度规范体系。三是把国家法律与党的政策有机统一起来。2014年1月7日，习近平总书记在中央政法工作会议上的讲话中明确要求：要正确处理党的政策和国家法律的关系。我们党的政策和国家法律都是人民根本意志的反映，在本质上是一致的。党的政策是国家法律的先导和指引，是立法的依据和执法司法的重要指导。要善于通过法定程序使党的主张成为国家意志、形成法律，通过法律保障党的政策有效实施，确保党发挥统揽全局、协调各方的领导核心作用。党的政策成为国家法律后，实施法律就是贯彻党的意志，依法办事就是执行党的政策。党既领导人民制定宪法法律，也领导人民执行宪法法律，做到党领导立法、保证执法、带头守法。① 四是把法律法规体系、法治实施体系、法治监督体系、法治保障体系与党内法规体系有机统一起来，建设中国特色社会主义法治体系。应当在法治运行过程中实现"四个紧密结合"：一是把党领导立法与立法机关民主立法科学立法紧密结合起来；二是把党保证执法与行政机关严格执法、依法行政紧密结合起来；三是把党支持司法与司法机关公正独立司法紧密结合起来；四是把党带头守法与全民自觉守法紧密结合起来。

---

① 习近平：《在中央政法工作会议上的讲话》（2014年1月7日），载中共中央文献研究室编《习近平关于全面依法治国论述摘编》，中央文献出版社2015年版，第19页。

第三章

以习近平新时代中国特色社会主义思想引领法治中国建设新征程

党的十九大报告站在历史与未来、中国与世界的新高度，着眼于实现"两个一百年"的奋斗目标，作出了中国特色社会主义进入新时代、我国社会主要矛盾已经转化等重大战略判断，确立了习近平新时代中国特色社会主义思想的历史地位，明确提出了新时代坚持和发展中国特色社会主义的基本方略，深刻回答了新时代坚持和发展中国特色社会主义的一系列重大理论和实践问题，作出了社会主义现代化建设"两个阶段"的重大战略安排，绘就了高举中国特色社会主义伟大旗帜、决胜全面建成小康社会、夺取新时代中国特色社会主义伟大胜利的新蓝图，开启了迈向社会主义现代化强国的新征程。

习近平总书记在党的十九大报告中明确指出："经过长期努力，中国特色社会主义进入了新时代，这是我国发展新的历史方位。中国特色社会主义进入新时代，意味着近代以来久经磨难的中华民族迎来了从站起来、富起来到强起来的伟大飞跃"①，实现了从新纪元、新时期到新时代的历史巨变。1949年中国共产党领导人民推翻了帝国主义、封建主义、官僚资本主义这"三座大山"，取得了新民主主义革命胜利，建立了中华人民共和国，中国人民从此站起来了，中国的历史从此进入一个新纪元；1978年党的十一届三中全会，重新确立了解放思想、实事求是的思想路线，作出了把党和国家工作重点转移到社会主义现代化建设上来和实行改革开放的战略决策，实现了全党工作重点从"以阶级斗争为纲"到"以经济建设为中心"的战略转移，中国进入改革开放的历史新时期。如果说，进入"新纪元"的基本标志是建立中华人民共和国，根本目标是使中华民族站起来；进入"新时期"的基本标志是实行改革开放，根本目标是使中华民族富起来，那么，进入"新时代"的基本标志就是开启全面建设社会主义现代化国家新征程，根本目标是使中华民族强起来。从新纪元到新时期，再到新时代，镌刻了中华民族从站起来、富起来到强起来的"三大历史坐标"，践行了马克思主义从政治民主、经济民主到社会民主的"三大民主构想"，标识了从人的政治解放、经济解放到社会解放进而实现人的全面自由发展的"三大解放轨迹"。习近平总书记在党的十九大报告中指出，中国特色社会主义新时代，就是在新的历史

---

① 习近平：《决胜全面建成小康社会 夺取新时代中国特色社会主义伟大胜利——在中国共产党第十九次全国代表大会上的报告》，人民出版社2017年版，第10页。

第三章　以习近平新时代中国特色社会主义思想引领法治中国建设新征程

条件下继续夺取中国特色社会主义伟大胜利的时代，是决胜全面建成小康社会、进而全面建设社会主义现代化强国的时代，是全国各族人民团结奋斗、不断创造美好生活、逐步实现全体人民共同富裕的时代，是全体中华儿女勠力同心、奋力实现中华民族伟大复兴中国梦的时代，是我国日益走近世界舞台中央、不断为人类作出更大贡献的时代。[①]

中国特色社会主义现代化建设进入新时代的重大战略判断，表明我国仍处于并将长期处于社会主义初级阶段的基本国情没有变，我国是世界最大发展中国家的国际地位没有变；但是，我国社会主要矛盾已经从党的十一届六中全会提出的"人民日益增长的物质文化需要同落后的社会生产之间的矛盾"，转化为人民日益增长的美好生活需要和不平衡不充分的发展之间的矛盾。人民的美好生活需要，不仅对物质文化生活提出了更高要求，而且在民主、法治、公平、正义、安全、环境等方面的要求日益增长。新生活矛盾的变化，集中体现在"两个变化"上：一是从需求方来看，人民日益增长的"物质文化需要"已经转化为"美好生活需要"，而以"民主、法治、公平、正义、安全、环境"为主要内容的人民对美好生活的新需要，都直接或间接关涉法治及其涵盖的民主自由、公平正义、安全环保等政治文明的内容，基

---

① 习近平：《决胜全面建成小康社会　夺取新时代中国特色社会主义伟大胜利——在中国共产党第十九次全国代表大会上的报告》，人民出版社2017年版，第10—11页。

本上都是广义的法律调整和法治运行需要面对的重大问题，是推进科学立法、严格执法、公正司法和全民守法应当高度重视和积极回应的现实问题，是建设法治国家、法治政府、法治社会、法治经济、法治文化、生态法治和深化依法治国实践亟待解决的根本问题；二是从供给方来看，"落后的社会生产"已经转化为"发展的不平衡不充分"，这里的发展包括了政治发展、法治发展、社会发展、文化发展以及新发展理念要求的"五大发展"，尤其是执政党引领法治发展的决策供给，国家权力机关立法体系的规则供给，国家行政机关执法运行的服务供给，国家司法机关居中裁判的正义供给，全体民众自觉守法的秩序供给等，基本上都既存在法治供给不充分、不到位、不及时的问题，也存在法治供给和法治资源配置不平衡、不协调、不合理的问题。

中国特色社会主义现代化建设进入新时代的重大战略判断，不仅确立了我国社会主义现代化建设和改革发展新的历史方位，而且进一步确立了全面推进依法治国、建设法治中国新的历史方位；不仅为法治中国建设提供了新时代中国特色社会主义思想的理论指引，而且对深化依法治国实践提出了一系列新任务新要求，指明了全面依法治国的战略发展方向和实践发展方略，开启了中国特色社会主义法治新征程。

总体来看，党的十九大报告从历史与逻辑两个大的维度，对建设法治中国作出了战略安排和基本规定：一是历史维度——党的十八大以来的五年，我们党领导人民推进全面依法治国，中国特色社会主义民主法治建设迈出重大步伐,在八个方面取得显著成就;全面依法治国是"四个全面"战略布局的重要组成部分,未来要坚定不移推进全面依法治国,加快建设社会主义法治国家。二是逻辑维度——建设社会主义现代化强国,必须坚持全面依法治国,加快建设中国特色社会主义法治体系、建设社会主义法治国家,必须把党的领导贯彻落实到依法治国全过程和各方面,坚定不移走中国特色社会主义法治道路,发展中国特色社会主义法治理论,从八个方面深化依法治国实践。我们必须深刻领会党的十九大报告的逻辑体系和精神要义,立足新时代、坚持新思想、把握新矛盾、瞄准新目标,努力开启法治中国建设新征程。

一　习近平新时代中国特色社会主义思想是法治中国建设的指导思想

开启法治中国建设新征程,必须坚持以习近平新时代中国特色社会主义思想为指导思想和行动指南,从理论和实践结合上系统回答新时代坚持和发展什么样的中国特色社会主义法治、怎样全面推进依法治国、建成法治中国等重大理论、制度和实践问题。我们党紧密结合新的时代条件和实践要求,以全新的视野深化对共产党执政规律、社会主义建设规律、人类社会发展规律的认识,进行艰辛理论探索,取得重大理论创新成果,形成了新时代中国特色社会主义思想。党的十九大报告对习近平新时代中国特色社会主义思想,提出了"八个明确"。其中,"明确全面推进依法治国总目标是建设中国特色社会主义法治体系、建设社会主义法治国家"①,进一步坚持和重申了我们党全面推进依法治国的总目标。这表明,开启法治中国建设新征程,并不是要改弦更张、另起炉灶,而是要求我们必须一如既往地坚持中国特色社会主义法治道路,贯彻中国特色社会主义法治理论,在习近平总书记关于法治的重要论述指导下,深入贯彻落实党的十八大以来以习近平同志为核心的党中央在全面依法治国方面作出的一系列战略决策、顶层设计和改革部署,把全面依法治国这项长期战略任务和系统工程持之以恒地深入推行下去,不达成建成中国特色社会主义法治体系、建成社会主义法治中国的目标绝不罢休。

习近平新时代中国特色社会主义思想提出的其他"七个明确",也都从不同角度不同方面对推进全面依法治国具有指导和引领作用,开启新时代中国特色社会主义法治新征程,应当全面系统深刻地理解和坚持。例如,"明确坚持和发展中国特色社会主义,总任务是实现社会主义现代化和中华民族伟大复兴,在全面建成小康社会的基础上,分两步走在本世纪中叶建成富强民主文明和谐美丽的社会主义现代化强国"②。这就要求法治建设必须紧紧围绕党的十九大提出的这个"总任务"和"两步走"的战略目标来设计和展开,进一步明确法治建设领域的总任务,确

---

① 习近平:《决胜全面建成小康社会 夺取新时代中国特色社会主义伟大胜利——在中国共产党第十九次全国代表大会上的报告》,人民出版社2017年版,第19页。

② 同上。

立法治中国建设"两步走"的法治战略。又如,"明确全面深化改革总目标是完善和发展中国特色社会主义制度、推进国家治理体系和治理能力现代化"[1]。这就需要根据党的十九大的新思想新要求,把全面依法治国与全面深化改革更加有机统一地结合起来,与时俱进地处理好改革与法治的关系,重大改革不仅要于法有据,而且更要于宪有据;处理好国家治理体系和治理能力现代化与法治化的关系,以法治化确认、引领和保障现代化的实现;处理好完善和发展中国特色社会主义制度与通过全面依法治国推进政治体制改革的关系,在宪法框架下和法治轨道上实现有组织、有领导、积极稳妥、循序渐进地深化政治体制改革,实现中国特色社会主义制度的自我完善、自我发展、自我更新。再如,"明确中国特色社会主义最本质的特征是中国共产党领导,中国特色社会主义制度的最大优势是中国共产党领导,党是最高政治领导力量,提出新时代党的建设总要求,突出政治建设在党的建设中的重要地位"[2]。这就要求根据党的十九大的新概括、新表述进一步提高对社会主义法治建设坚持党的领导的认识,从"三个最"——"最本质的特征""最大优势"和"最高政治领导力量"来深化和拓展党领导全面依法治国的新理论内涵和新时代意义,把全面依法治国与党的政治建设紧密结合

---

[1] 习近平:《决胜全面建成小康社会 夺取新时代中国特色社会主义伟大胜利——在中国共产党第十九次全国代表大会上的报告》,人民出版社2017年版,第19页。

[2] 同上书,第20页。

起来，把依法治国与依规治党有机统一起来，在"四个全面"战略布局中充分发挥全面依法治国对新时代中国特色社会主义现代化建设的引领、促进和保障作用。我们要处理好"一个明确"与"七个明确"的关系，绝不能把"八个明确"割裂开来或者分别孤立起来理解。"八个明确"是一个逻辑清晰、目标明确、主线突出、相互依存、不可分割的有机整体。坚持习近平新时代中国特色社会主义思想对全面依法治国的指导地位，必须完整统一地理解"八个明确"的深刻内涵，全面准确地贯彻落实"八个明确"的核心要义。

开启法治中国建设新征程，自觉坚持习近平新时代中国特色社会主义思想对法治的指导，必须深刻领会新时代中国特色社会主义思想的精神实质和丰富内涵，在各项工作中全面准确贯彻落实坚持和发展中国特色社会主义的"十四个坚持"基本方略。我们要正确理解和深刻把握习近平新时代中国特色社会主义思想中"八个明确"与"十四个坚持"的关系。"八个明确"主要是从理论层面来讲，是习近平新时代中国特色社会主义思想的基本内涵、四梁八柱、核心要义；"十四个坚持"主要是回答怎样坚持和发展中国特色社会主义，它告诉我们坚持和发展中国特色社会主义的目标、路径、方略、步骤等。"八个明确"和"十四个坚持"两者之间是相辅相成的关系，一个是从理论上回答"是什么"的问题，即我们要坚持和发展的是什么样的社会主义；一个是从实践层面回答"怎么办"的问题，即在新的历史方位中怎样坚持和发展中国特色社会主义，是讲方略、办法、路径的问题。① 习近平新时代中国特色社会主义思想，不仅是建设社会主义现代化强国的指导思想，而且也是新时代全面深入推进依法治国、加快建设中国特色社会主义法治体系、建设社会主义法治国家、开启法治中国建设新征程的根本指导思想。

二 把全面依法治国与新时代党的历史使命紧密结合起来

马克思认为："社会不是以法律为基础的。那是法学家们的幻想。相反地，法律应该以社会为基础。法律应该是社会共同的、由一定物质生产方式所产生的利益和需要的表现，而不是单个的个人恣意横行。"② 恩格斯在阐述唯物史观的基本原理时亦说过："政治、法、哲学、宗教、文学、艺术等等的发展是以经济发展为基础的。但是，它们又都互相作用并对经济基础发生作用。"③ 按照马克思主义的基本观点，经济社会物质生活是法律上层建筑赖以生存和发展的基础和条件，法律的完善发展又作用于（服务于）经济社会的发展进步。中国特色社会主义法治不是孤立的社会存在，不是不食人间烟火的

---

① 《"八个明确"和"十四个坚持"是什么关系？新思想有哪些重大意义？权威专家解读》，2017年10月28日，央视网。

② 《马克思恩格斯全集》第6卷，人民出版社1961年版，第291—292页。

③ 《马克思恩格斯选集》第4卷，人民出版社1995年版，第732页。

世外桃源，而是深深植根于我国经济社会文化土壤的法律上层建筑，是党和国家事业不可或缺的重要组成部分，是社会主义现代化建设休戚与共的有机组成部分。全面推进依法治国，建设中国特色社会主义法治，必须融入我们党进行伟大斗争、建设伟大工程、推进伟大事业、实现伟大梦想的历史洪流，成为实现中华民族站起来、富起来和强起来的法治守护神，成为统筹推进"五位一体"总体布局、协调推进"四个全面"战略布局的法治助推器，成为决胜全面建成小康社会、开启全面建设社会主义现代化国家新征程的法治定盘星。全面推进依法治国，"是关系我们党执政兴国、关系人民幸福安康、关系党和国家长治久安的重大战略问题，是完善和发展中国特色社会主义制度、推进国家治理体系和治理能力现代化的重要方面"[①]。

中国特色社会主义法治的使命与新时代党的历史使命休戚与共，与新征程国家的兴衰强弱命运相连，与新矛盾人民的幸福安康唇齿相依。开启法治中国建设新征程，全面建成小康社会、实现中华民族伟大复兴的中国梦，全面深化改革、完善和发展中国特色社会主义制度，提高党的执政能力和执政水平，必须全面推进依法治国。正如习近平总书记深刻指出的那样，推进全面依法治国，既是立足

---

① 习近平：《关于〈中共中央关于全面推进依法治国若干重大问题的决定〉的说明》（2014年10月20日），载中共中央文献研究室编《十八大以来重要文献选编（中）》，中央文献出版社2016年版，第142页。

解决我国改革发展稳定中的矛盾和问题的现实考量，也是着眼于长远的战略谋划，①必须为实现"两个一百年"奋斗目标、实现中华民族伟大复兴的中国梦提供有力法治保障。把法治建设与新时代党的崇高历史使命紧密结合起来、深度融合起来，就要坚定不移推进全面依法治国，用法治思维和法治方式（包括宪法方式）确认党的十九大形成的习近平新时代中国特色社会主义思想和一系列新理论、新制度、新方略、新目标等重大成果，通过立法把党的十九大提出的许多新决策、新任务、新要求转变为国家意志，纳入国家法律体系，表现为国家法律形式，获得全国各族人民、一切国家机关和武装力量、各政党和各社会团体、各企业事业组织共同遵守、一体遵循的规范性、普遍性和强制力。

三　把依法治国基本方式与新时代基本方略有机统一起来

习近平总书记指出："依法治国是我们党提出来的，把依法治国上升为党领导人民治理国家的基本方略也是我们党提出来的，而且党一直带领人民在实践中推进依法治国。"②党的十八大以来，我们党更加重视发挥依法治国在

---

① 习近平：《在中共十八届四中全会第二次全体会议上的讲话》（2014年10月23日），载中共中央文献研究室编《习近平关于全面依法治国论述摘编》，中央文献出版社2015年版，第11页。

② 习近平：《加快建设社会主义法治国家》，《求是》2015年第1期。

>> 全面依法治国　建设法治中国

治国理政中的重要作用，更加重视通过全面依法治国为党和国家事业发展提供根本性、全局性、长期性的制度保障，专门作出全面推进依法治国若干重大问题的决定，提出并形成"四个全面"战略布局，把党领导人民治理国家的依法治国基本方略提到了"四个全面"战略布局的新高度。我们必须坚持把依法治国作为党领导人民治理国家的基本方略、把法治作为治国理政的基本方式，不断把法治中国建设推向前进。① 在首都各界纪念现行宪法公布施行三十周年大会上的讲话中，习近平总书记明确要求："落实依法治国基本方略……必须全面推进科学立法、严格执法、公正司法、全民守法进程。"②

习近平总书记在党的十九大报告中明确指出，新时代坚持和发展中国特色社会主义，必须坚持党对一切工作的领导，坚持以人民为中心，坚持全面深化改革，坚持新发展理念，坚持党的领导、人民当家作主、依法治国有机统一，坚持全面依法治国，坚持社会主义核心价值体系，坚持在发展中保障和改善民生，坚持人与自然和谐共生，坚持总体国家安全观，坚持党对人民军队的绝对领导，坚持"一国两制"和推进祖国统一，坚持推动构建人类命运共同体，坚持全面从严治党。这"十四条，构成新时代坚持

---

① 习近平：《在庆祝全国人民代表大会成立六十周年大会上的讲话》（2014年9月5日），载中共中央文献研究室编《十八大以来重要文献选编（中）》，中央文献出版社2016年版，第55页。

② 习近平：《在首都各界纪念现行宪法公布施行三十周年大会上的讲话》（2012年12月4日），载中共中央文献研究室编《十八大以来重要文献选编（上）》，中央文献出版社2014年版，第89页。

和发展中国特色社会主义的基本方略。全党同志必须全面贯彻党的基本理论、基本路线、基本方略，更好引领党和人民事业发展"①。党的十九大报告在"坚持党的领导、人民当家作主、依法治国有机统一"部分，把依法治国基本方略明确改为"依法治国是党领导人民治理国家的基本方式"②，即"依法治国基本方式"。

那么，"十四个基本方略"与党的十九大以前坚持的"依法治国基本方略"是什么关系？我们认为，依法治国是我们党领导人民当家作主、管理国家、治理社会、治国理政的基本方略，是坚持和发展中国特色社会主义若干方面中一个方面的基本方略，是中国特色社会主义现代化建设采用诸种基本方略中的一种基本方略。依法治国基本方略是党领导人民治国理政的基本方略，同时也是新时代坚持和发展中国特色社会主义十四个基本方略的一个重要组成部分。依法治国基本方略与"十四个基本方略"，两者的内涵外延不尽相同。前者是小概念，后者是大概念；前者是子概念，后者是母概念；前者是后者的有机组成部分、存在于后者之中、从属于后者、服从于后者，后者包括前者、统辖前者、规定前者；前者是一个基本方略，后者是十四个基本方略。任何时候都不能用依法治国基本方略取代或者否定新时代坚持和发展中国特色社会主义的基

---

① 习近平：《决胜全面建成小康社会 夺取新时代中国特色社会主义伟大胜利——在中国共产党第十九次全国代表大会上的报告》，人民出版社2017年版，第26页。

② 同上书，第36页。

本方略，任何时候都应将依法治国基本方略统一于"十四个基本方略"之中来定位、理解和把握。

鉴于习近平总书记在党的十九大报告中已经明确提出"全党同志必须全面贯彻党的基本理论、基本路线、基本方略，更好引领党和人民事业发展"，从而把"基本方略"这个概念上升到我们党"三个基本"的新的战略和全局高度；而且习近平新时代中国特色社会主义思想的"十四个基本方略"中，已经明确包含了依法治国基本方略，为了表述和使用"基本方略"这个概念的方便，一般情况下应当通用"依法治国基本方式"，特定语境和情况下（如对党的十九大以前依法治国的表述）也可以使用"依法治国基本方略"的提法，以显示前后概念的变化区别和内在统一。

"十四个基本方略"明确宣告，全面依法治国是中国特色社会主义的本质要求和重要保障，建设中国特色社会主义现代化国家，必须"坚持全面依法治国"。党的十八大以来民主法治建设迈出重大步伐、全面依法治国取得显著成就的实践充分证明，以习近平同志为核心的党中央作出全面推进依法治国若干重大问题的决定，把全面依法治国纳入"四个全面"战略布局，坚定不移地推进全面依法治国，解决了法治领域许多长期想解决而没有解决的难题，办成了法治建设许多过去想办而没有办成的大事，推动党和国家治国理政事业发生历史性变革。2017年7月10日，习近平总书记在对司法体制改革重要指示中强调指出："党的十八大以来，政法战线坚持正确改革方向，敢于啃硬骨头、涉险滩、闯难关，做成了想了很多年、讲了很多年但没有做成的改革，司法公信力不断提升，对维护社会公平正义发挥了重要作用。"① 习近平总书记在党的十九大报告中明确提出：中国特色社会主义进入新时代，不仅意味着近代以来久经磨难的中华民族迎来了从站起来、富起来到强起来的伟大飞跃，意味着科学社会主义在二十一世纪的中国焕发出强大生机活力，意味着中国特色社会主义道路、理论、制度、文化不断发展，而且意味着中国特色社会主义法治建设和全面依法治国进入新时代，"必须把党的领导贯彻落实到依法治国全过程和各方面，坚定不移走中国特色社会主义法治道路，完善以宪法为核心的中国特色社会主义法律体系，建设中国特色社会主义法治体系，建设社会主义法治国家，发展中国特色社会主义法治理论，坚持依法治国、依法执政、依法行政共同推进，坚持法治国家、法治政府、法治社会一体建设，坚持依法治国和以德治国相结合，依法治国和依规治党有机统一，深化司法体制改革，提高全民族法治素养和道德素质"②。

除了"坚持全面依法治国"这一个基本方略，其他十三个基本方略对于推进全面依法治国、开启新时代中国特色社会主义法治新征程，同样具有十分重要的指导意义和统领作用。

---

① 习近平：《坚定不移推进司法体制改革 坚定不移走中国特色社会主义法治道路》，《人民日报》2017年7月11日第1版。

② 习近平：《决胜全面建成小康社会 夺取新时代中国特色社会主义伟大胜利——在中国共产党第十九次全国代表大会上的报告》，人民出版社2017年版，第22—23页。

例如，第一个基本方略明确要求，必须"坚持党对一切工作的领导"，强调党政军民学，东西南北中，党是领导一切的。必须完善坚持党的领导的体制机制，坚持稳中求进工作总基调，统筹推进"五位一体"总体布局，协调推进"四个全面"战略布局，确保党始终总揽全局、协调各方。这不仅是对全党和各项工作提出的新要求，也是对全面依法治国提出的新的更高的要求。党的领导是中国特色社会主义最本质的特征，是社会主义法治最根本的保证。要把党的领导贯彻到全面推进依法治国的全过程各方面，落实到法治建设的全方位各环节，用依法治国基本方略的全面落实、法治体系的加快建设、良法善治的实际成效，巩固和维护中国共产党的领导地位和执政权威，保障和促进新时代党的基本理论、基本路线、基本方略得到全面贯彻落实。

又如，第二个基本方略明确要求，必须"坚持以人民为中心"，强调必须坚持人民主体地位，把人民对美好生活的向往作为奋斗目标，依靠人民创造历史伟业。我国宪法明确规定：人民是国家的主人，国家的一切权力属于人民。《中国共产党章程》规定："党除了工人阶级和最广大人民群众的利益，没有自己特殊的利益。党在任何时候都把群众利益放在第一位，同群众同甘共苦，保持最密切的联系，坚持权为民所用、情为民所系、利为民所谋，不允许任何党员脱离群众，凌驾于群众之上。"[①] 人民是国家主

---

① 《中国共产党章程》，人民出版社2017年版，第19—20页。

人的政治定性和宪法定位，决定了人民必然是依法治国的主体而不是客体，必然是决定党和国家前途命运的根本力量，决定了一切国家权力和国家机构的人民性，国家法治必须以保障人民幸福安康为己任，切实保障和充分实现人权。人民对美好生活的向往，是党治国理政的奋斗目标，也是依法治国要达成的目标，两者殊途同归。党的十八届四中全会把"坚持人民主体地位"明确规定为全面推进依法治国必须坚持的一项基本原则，集中反映了我国法治的人民性。党的十八届五中全会从"五大发展理念"出发，再次确认了"坚持人民主体地位"的基本原则，指出："人民是推动发展的根本力量，实现好、维护好、发展好最广大人民根本利益是发展的根本目的。"坚持人民主体地位，必须坚持人民至上原则，保证人民在政治生活、经济生活和社会生活中的主体地位，实现人民当家作主的幸福生活。这是党的宗旨和国家性质的集中体现，是全面依法治国的必然要求。习近平总书记指出："我国社会主义制度保证了人民当家作主的主体地位，也保证了人民在全面推进依法治国中的主体地位。这是我们的制度优势，也是中国特色社会主义法治区别于资本主义法治的根本所在。"[①]

再如，第五个基本方略明确要求，必须"坚持人民当家作主"，强调坚持党的领导、人民当家作主、依法治国有机统一是社会主义政治发展的必然要求。习近平总书记说：

---

① 习近平：《加快建设社会主义法治国家》，《求是》2015年第1期。

>> 全面依法治国　建设法治中国

"我们强调坚持党的领导、人民当家作主、依法治国有机统一，最根本的是坚持党的领导。坚持党的领导，就是要支持人民当家作主，实施好依法治国这个党领导人民治理国家的基本方略。党的领导与社会主义法治是一致的……不能把坚持党的领导同人民当家作主、依法治国对立起来，更不能用人民当家作主、依法治国来动摇和否定党的领导。那样做在思想上是错误的，在政治上是十分危险的。"[①] 没有人民民主，就没有社会主义法治，就没有中国特色社会主义，就没有社会主义现代化强国。坚持人民当家作主，必须把中国特色社会主义法治建设与发展人民民主紧密结合起来，健全民主制度，丰富民主形式，拓宽民主渠道，保证人民当家作主落实到国家政治生活和社会生活之中；扩大人民有序政治参与，保证人民依法实行民主选举、民主协商、民主决策、民主管理、民主监督；加强人权法治保障，保证人民依法享有广泛权利和自由；完善基层民主制度，保障人民知情权、参与权、表达权、监督权。

总之，"十四个基本方略"紧紧围绕新时代怎样坚持和发展中国特色社会主义这一重大时代课题，就治党治国治军、改革发展稳定、内政外交国防等各方面作出深刻的理论分析和具体的政策指导，是新时代夺取中国特色社会主义伟大胜利的任务表和路线图，是一个有机统一的整体。坚持全面依法治国基本方略，必须与新时代坚持和发

[①] 习近平：《在中央政法工作会议上的讲话》（2014年1月7日），载中共中央文献研究室编《习近平关于全面依法治国论述摘编》，中央文献出版社2015年版，第19页。

展中国特色社会主义的基本方略有机结合起来、完整统一起来,必须在"十四个基本方略"的理论指引下和整体格局中,重新认识和把握依法治国基本方略的现实定位和科学内涵。

四 确立建设法治中国"两步走"的发展战略

新思想领航新时代,新时代开启新征程,新征程呼唤新实践。习近平总书记在党的十九大报告中指出:改革开放之后,我们党对我国社会主义现代化建设作出战略安排,提出"三步走"战略目标。解决人民温饱问题、人民生活总体上达到小康水平这两个目标已提前实现。在这个基础上,我们党提出,到建党一百年时建成经济更加发展、民主更加健全、科教更加进步、文化更加繁荣、社会更加和谐、人民生活更加殷实的小康社会,然后再奋斗三十年,到新中国成立一百年时,基本实现现代化,把我国建成社会主义现代化国家。① 道路决定方向、决定命运,目标决定实践、决定前途。在全面建成小康社会的基础上,把建设社会主义现代化强国分为"两步走",即从2020年全面建成小康社会,到2035年基本实现现代化,再到2050年左右全面建成社会主义现代化强国,是新时代坚持和发展中国特色社会主义的总体战略安排和时间表

---

① 习近平:《决胜全面建成小康社会 夺取新时代中国特色社会主义伟大胜利——在中国共产党第十九次全国代表大会上的报告》,人民出版社2017年版,第27页。

路线图，同时也是新时代全面推进依法治国、努力建设法治中国、到2050年左右实现法治强国的根本战略引领和时间表、路线图。

建设法治中国，实现法治强国，是实现"两个一百年"奋斗目标和"两个阶段"发展战略的必由之路和题中应有之义。2013年习近平总书记首次提出了"建设法治中国"的宏伟目标。党的十八届三中全会明确提出了"推进法治中国建设"的战略任务。党的十八届四中全会把"向着建设法治中国不断前进"和"为建设法治中国而奋斗"作为法治建设的长期战略目标和治国理政的重大号召。建设法治中国，既是全面推进依法治国、建设社会主义法治国家的目标内涵，也是全面建成小康社会、实现中华民族伟大复兴中国梦的有机组成部分和重要法治保障，是完善市场经济、发展民主政治、建设先进文化、构建和谐社会、实现生态文明、加强执政党建设的内在要求，是维护国家统一与民族团结、维护社会秩序与公平正义、维护人的权利自由与尊严幸福、推进全面深化改革与创新发展、巩固党的执政地位与执政基础的根本法治基础。

推进国家治理体系和治理能力现代化，实现"两个一百年"奋斗目标和现代化建设"两步走"战略，到2050年把我国建设成为民主富强文明和谐美丽的社会主义现代化强国，必须加强和推进法治中国建设，全面实施法治强国战略。法治兴则国家兴，法治强则国家强。"法治强国战略"的基本含义是：一方面，坚定不移走法治强国之路，通过全面推进依法治国、加快建设中国特色社会主义法治体系和法治国家，不仅使中华民族富起来，而且要使中华民族和中华人民共和国强（强盛、强大、富强）起来；另一方面，把包括法治硬实力、软实力和"巧实力"在内的法治实力建设，作为建设社会主义现代化强国的一项十分重要的内容，作为国家治理体系和治理能力现代化的一个不可或缺的重要指标，纳入现代化建设的评价指标体系，成为现代化强国建成与否的重要衡量标准。通过全面依法治国和中国特色社会主义法治的目标指引、规范促进、过程实施和根本保障，落实法治强国战略，实现法治强国梦想。

根据党的十九大报告要求和"两个一百年"国家发展总战略、中华民族伟大复兴中国梦的总目标，在中国特色社会主义法治建设取得显著成就和成功经验、依法治国事业迈出新步伐的时代背景下，全面推进依法治国，努力建设法治中国，不断推进国家治理现代化和法治化，应当确立建设法治中国"两步走"的发展战略，开启新时代中国特色社会主义法治建设新征程。

从党的十九大到二十大，是"两个一百年"奋斗目标的历史交汇期。我们既要全面建成小康社会、实现第一个百年奋斗目标，又要乘势而上开启全面建设社会主义现代化国家新征程，向第二个百年奋斗目标进军。在这个历史交汇期，我们推进法治中国建设，到2020年全面建成小康社会时，应当首先实现"法治小康"。建设"法治小康"的基本目标是：科学立法、严格执法、公正司法、全民守法的基本要求得到贯彻落实，依法治国、依法执政、依法行政共同推进的国家治理体系得以初步建立，法治国家、法治政府、法治社会一体建设的主要指标基

>> 全面依法治国　建设法治中国

本达到，依法治国基本方略得到全面落实，中国特色法律体系更加完善，法治政府基本建成，司法公信力不断提高，人权得到切实尊重和保障，国家各项工作实现法治化。在实现"法治小康"的基础上，再用三十年的时间，全面推进依法治国，加快实施建设法治中国"两步走"的发展战略。

建设法治中国第一步，从2020年全面建成小康社会到2035年，在基本实现社会主义现代化的同时，基本建成法治中国。习近平总书记在党的十九大报告中指出，"第一个阶段，从二〇二〇年到二〇三五年，在全面建成小康社会的基础上，再奋斗十五年，基本实现社会主义现代化。到那时，我国经济实力、科技实力将大幅跃升，跻身创新型国家前列；人民平等参与、平等发展权利得到充分保障，法治国家、法治政府、法治社会基本建成，各方面制度更加完善，国家治理体系和治理能力现代化基本实现；社会文明程度达到新的高度，国家文化软实力显著增强，中华文化影响更加广泛深入；人民生活更为宽裕，中等收入群体比例明显提高，城乡区域发展差距和居民生活水平差距显著缩小，基本公共服务均等化基本实现，全体人民共同富裕迈出坚实步伐；现代社会治理格局基本形成，社会充满活力又和谐有序；生态环境根本好转，美丽中国目标基本实现"[①]。

[①] 习近平：《决胜全面建成小康社会　夺取新时代中国特色社会主义伟大胜利——在中国共产党第十九次全国代表大会上的报告》，人民出版社2017年版，第28—29页。

第三章 以习近平新时代中国特色社会主义思想引领法治中国建设新征程

第一步基本建成法治中国的战略目标是：到 2035 年，我们党和国家顶层设计提出的全面建设法治中国的各项战略任务和重大改革举措顺利完成，新时代中国特色社会主义的法治道路建设、法治理论建设、法治体系建设、法治文化建设和全面依法治国事业达成预定目标，一整套更加完善的制度体系基本形成，党和国家治理体系和治理能力现代化基本实现。把经济建设、政治建设、文化建设、社会建设、生态文明建设纳入法治轨道，用法治思维和法治方式推进全面深化改革、全面依法治国、全面从严治党、全面从严治军取得新成就，在基本实现社会主义现代化的同时，基本建成法治国家、法治政府、法治社会，基本建成法治中国。

第一步基本建成法治中国的总体要求是：在价值层面追求的是以人民为中心的自由平等、民主法治、公平正义、幸福博爱、和谐有序，充分实现人权与人的尊严；在制度层面追求的是人民主权、宪法法律至上、依宪治国、依法执政、依法行政、公正司法、依法治权，完善以宪法为核心的中国特色社会主义法律体系，建成中国特色社会主义法治体系，努力实现国家治理现代化和法治化；在实践层面追求的是有法必依、执法必严、违法必究和依法办事，把权力关到法律制度的笼子里，让人民群众对公平正义有更多的获得感，努力实现良法善治。与此同时，法治中国建设又通过厉行法治等制度安排、规范手段、教育强制功能，为基本实现社会主义现代化提供良好的法治环境和有效的法治保障。

建设法治中国第二步，从 2035 年到本世纪中叶中华

>> 全面依法治国　建设法治中国

人民共和国成立一百周年时，在把我国建成富强民主文明和谐美丽的社会主义现代化强国的同时，全面建成法治中国。习近平总书记在党的十九大报告中指出，"从二〇三五年到本世纪中叶，在基本实现现代化的基础上，再奋斗十五年，把我国建成富强民主文明和谐美丽的社会主义现代化强国。到那时，我国物质文明、政治文明、精神文明、社会文明、生态文明将全面提升，实现国家治理体系和治理能力现代化，成为综合国力和国际影响力领先的国家，全体人民共同富裕基本实现，我国人民将享有更加幸福安康的生活，中华民族将以更加昂扬的姿态屹立于世界民族之林"[①]。党的十九大报告在描述到本世纪中叶建成社会主义现代化强国时，虽然没有直接提到"全面建成法治中国"等法治建设方面的目标，甚至与2035年"法治国家、法治政府、法治社会基本建成"的提法不衔接、不匹配，但是我们认为"法治属于政治建设、属于政治文明"，建设法治国家与建设政治文明是既有一定区别又有高度重合的两个概念：政治文明是一个上位概念，政治文明建设包括法治国家建设；法治国家是一个下位概念，从属于政治文明范畴，是现代政治文明的重要内容。政治文明的核心是制度文明，法治国家则既是各种政治制度的载体，又是政治制度的集中表现。因此，建设社会主义法治国家，主要意味着建设制度文明，意味着法治国家建设是社会主

[①] 习近平：《决胜全面建成小康社会　夺取新时代中国特色社会主义伟大胜利——在中国共产党第十九次全国代表大会上的报告》，人民出版社2017年版，第29页。

义政治文明建设不可或缺的重要组成部分。① 党的十九大报告提出的"三个文明全面提升"当然包括法治文明和法治中国全面提升；由于法治现代化是国家治理体系和治理能力现代化的重要内容和基本标志，② 因此，党的十九大报告提出的到本世纪中叶"实现国家治理体系和治理能力现代化"，必然包括建成法治国家、法治政府和法治社会等内容在内的中国法治现代化，全面建成法治中国。

第二步全面建成法治中国的战略目标是：国家科学立法、严格执法、公正司法、全民守法、有效护法的各项制度得到全面贯彻，党领导立法、保证执法、支持司法、带头守法、监督护法的各项要求得到全面落实，依法治国、依法执政、依法行政、依法办事共同推进的现代化国家治理体系全

---

① 林尚立、李林：《坚持依法治国，建设社会主义政治文明》，2003年9月29日十六届中央政治局第八次集体学习讲稿。

② 在法治国家，国家治理体系中的绝大多数制度、体制和机制，已通过立法程序规定在国家法律体系中，表现为法律规范和法律制度。因此，发展和完善国家法律体系，构建完备科学的法律制度体系，实质上就是推进国家治理制度体系的法律化、规范化和定型化，形成系统完备、科学规范、运行有效的国家制度体系。在法治国家，国家治理能力主要是依法管理和治理的能力，包括依照宪法和法律、运用国家法律制度管理国家和社会事务、管理经济和文化事业的能力，科学立法、严格执法、公正司法和全民守法的能力，运用法治思维和法治方式深化改革、推动发展、化解矛盾、维护稳定的能力。推进国家治理能力的法治化，归根结底是要增强治理国家的权力（权利）能力和行为能力，强化宪法和法律的实施力、遵守力，提高国家制度体系的运行力、执行力。参见李林《依法治国与推进国家治理现代化》，《法学研究》2014年第5期。

面建成，法治国家、法治政府、法治社会、法治经济一体建设的各项指标全面达到，国家治理能力显著提高，治党治国治军的制度体系更加完善更加成熟、更加定型、更有效能，依法治国基本方略得到全面深入落实，法治体系、法治权威、法治秩序全面发展，法治文化、法治精神、法治思想深入人心，在把我国建成社会主义现代化强国的同时，全面建成富强民主文明和谐美丽幸福的法治中国。

五　全面推进依法治国，深化依法治国实践

（一）坚定不移全面推进依法治国

立足中国特色社会主义新时代，站在我国发展新的历史方位上，着力决胜全面小康社会实现第一个百年奋斗目标，着眼国家富强、人民幸福、民族复兴中国梦实现第二个百年奋斗目标，我们比任何时候都充满中国特色社会主义的道路自信、制度自信、理论自信和文化自信，我们比任何时候都更有决心、更有信心、更有能力在党的领导下坚定不移推进全面依法治国，加快建成法治中国。一要坚定不移走中国特色社会主义法治道路。习近平总书记在党的十九大报告中指出："我们党团结带领人民进行改革开放新的伟大革命，破除阻碍国家和民族发展的一切思想和体制障碍，开辟了中国特色社会主义道路，使中国大踏步赶上时代。"[①] 习近平总

[①] 习近平：《决胜全面建成小康社会　夺取新时代中国特色社会主义伟大胜利——在中国共产党第十九次全国代表大会上的报告》，人民出版社2017年版，第14—15页。

书记在省部级主要领导干部学习贯彻党的十八届四中全会精神全面推进依法治国专题研讨班开班式上的讲话中阐释说:"我们要坚持的中国特色社会主义法治道路,本质上是中国特色社会主义道路在法治领域的具体体现。"① 坚持全面依法治国,必须坚定不移走中国特色社会主义法治道路。"中国特色社会主义法治道路,是社会主义法治建设成就和经验的集中体现,是建设社会主义法治国家的唯一正确道路。"② 开启新时代法治中国建设新征程,建设社会主义现代化法治强国,必须坚定不移走中国特色社会主义法治道路,而绝不能走歪路、邪路,更不能走回头路。二要坚定不移坚持党对社会主义法治的领导。习近平总书记在党的十九大报告中明确指出,党政军民学,东西南北中,党是领导一切的,必须坚持党对一切工作的领导;必须把党的领导贯彻落实到依法治国全过程和各方面。③ 党的领导是中国特色社会主义最本质的特征,是社会主义法治最根本的保证。坚持中国特

---

① 习近平:《领导干部要做尊法学法守法用法的模范 带动全党全国共同全面推进依法治国》,《人民日报》2015年2月3日第1版。

② 习近平:《关于〈中共中央关于全面推进依法治国若干重大问题的决定〉的说明》(2014年10月20日),载中共中央文献研究室编《十八大以来重要文献选编(中)》,中央文献出版社2016年版,第147页。

③ 习近平:《决胜全面建成小康社会 夺取新时代中国特色社会主义伟大胜利——在中国共产党第十九次全国代表大会上的报告》,人民出版社2017年版,第20、22页。

>> 全面依法治国　建设法治中国

色社会主义法治道路，最根本的是坚持中国共产党的领导。① 只有在党的领导下依法治国、厉行法治，人民当家作主才能充分实现，国家和社会生活法治化才能有序推进。② 三要坚定不移从我国基本国情和实际出发。习近平总书记在省部级主要领导干部"学习习近平总书记重要讲话精神，迎接党的十九大"专题研讨班开班式上的重要讲话中指出，全党要牢牢把握社会主义初级阶段这个最大国情，牢牢立足社会主义初级阶段这个最大实际，更准确地把握我国社会主义初级阶段不断变化的特点。③ 党的十九大作出了"中国特色社会主义进入了新时代"的重大政治判断，我国社会主要矛盾已经转化为人民日益增长的美好生活需要和不平衡不充分的发展之间的矛盾；同时，"必须认识到，我国社会主要矛盾的变化，没有改变我们对我国社会主义所处历史阶段的判断，我国仍处于并将长期处于社会主义初级阶段的基本国情没有变，我国是世界最大发展中国家的国际地位没有变。全党要牢牢把握社会主义初级阶段这个基本国情，牢牢立足社会主义初级阶段这个最大实际，牢牢坚持党的基本路线这个党和国家的生命线、人民的幸福线，领导和团结全国各族人民，以经济建设为中心，坚持四项基本原则，坚持改革开放，自力更生，艰苦创业，为把我国建设成为富强民主文明和谐美丽

---

① 习近平：《加快建设社会主义法治国家》，《求是》2015年第1期。

② 同上。

③ 习近平：《习近平谈治国理政》第2卷，外文出版社2017年版，第61页。

的社会主义现代化强国而奋斗"。走什么样的法治道路、建设什么样的法治体系，是由一个国家的基本国情决定的。"全面推进依法治国，必须从我国实际出发，同推进国家治理体系和治理能力现代化相适应，既不能罔顾国情、超越阶段，也不能因循守旧、墨守成规。"① 要总结和运用党领导人民实行法治的成功经验，围绕法治建设重大理论和实践问题，不断丰富和发展符合中国实际、具有中国特色、体现社会发展规律的社会主义法治理论、法治体系，推进法治实践。全面推进依法治国，必须与时俱进、体现时代精神，借鉴国外法治有益经验。坚持从我国实际出发，不等于关起门来搞法治。我们要学习借鉴世界上优秀的法治文明成果，但绝不能搞"全盘西化"，不能搞"全面移植"，不能照搬照抄。② 四要坚定不移把法治放在党和国家工作大局中来考虑、谋划和推进。全面推进依法治国涉及改革发展稳定、治党治国治军、内政外交国防等各个领域，必须立足全局和长远来统筹谋划，必须着眼于中华民族伟大复兴中国梦、实现党和国家长治久安来长远考虑。必须进一步加强法治体系建设，加快推进国家治理体系和治理能力现代化，用不断完善的法律体系促进和保障党和国家治理体制更加成熟、更加定型，为党和国家事业发展、为人民幸福安康、为社会和谐稳定提供一整套更完备、更稳定、更管用的制度体系。五要坚定不移推进法

---

① 习近平：《加快建设社会主义法治国家》，《求是》2015 年第 1 期。

② 同上。

治领域改革，坚决破除束缚全面推进依法治国的体制机制障碍。全面推进依法治国是国家治理领域一场广泛而深刻的革命，必然涉及各方面的重大利益，甚至触动某些部门和个人的"奶酪"。解决法治领域的突出问题，根本途径在于改革。法治领域改革涉及的主要是公检法司等国家政权机关和强力部门，社会关注度高，改革难度大，更需要自我革新的胸襟。① 要把解决了多少实际问题、人民群众对问题解决的满意度作为评价法治改革成效的标准。② 不仅政法机关各部门要跳出自己的"一亩三分地"，而且全面依法治国关涉的其他各个领域、各系统、各部门、各地方、各单位，也要跳出"部门本位""地方本位""系统本位"等窠臼，在中央全面依法治国领导小组的集中统一领导下，从党和国家工作大局和全局出发，用法治思维和法治方式推进政治体制改革，破除一切束缚全面推进依法治国的体制机制障碍。

（二）坚定不移深化依法治国实践

党的十九大对现阶段法治建设提出的基本任务，是"深化依法治国实践"。这是对改革开放新时期法治建设基本方针的继承和发展，更是对党的十八大以来新时代坚定不移推进全面依法治国战略部署的坚持和深化，是法学研究和法治建设当前和今后一段时间的主要任务和主攻

---

① 习近平：《加快建设社会主义法治国家》，《求是》2015年第1期。

② 同上。

方向。

党的十八届四中全会《决定》指出：党的十一届三中全会以来，我们党和国家积极建设社会主义法治，取得了"中国特色社会主义法律体系已经形成，法治政府建设稳步推进，司法体制不断完善，全社会法治观念明显增强"的历史性成就。党的十八大以来的五年，"我们坚定不移全面推进依法治国，显著增强了我们党运用法律手段领导和治理国家的能力"①，民主法治建设迈出重大步伐，科学立法、严格执法、公正司法、全民守法深入推进，法治国家、法治政府、法治社会建设相互促进，中国特色社会主义法治体系日益完善，全社会法治观念明显增强；国家监察体制改革试点取得实效，行政体制改革、司法体制改革、权力运行制约和监督体系建设有效实施，②依法治国取得了前所未有的新成就。但是也应当看到，全面落实依法治国基本方略，深化依法治国实践，加快建设法治中国，还存在一些问题需要研究解决。一方面，全面推进依法治国原有的一些法治建设的问题尚未真正解决，即党的十八届四中全会指出的"同党和国家事业发展要求相比，同人民群众期待相比，同推进国家治理体系和治理能力现代化目标相比，法治建设还存在许多不适应、不符合

---

① 习近平：《习近平谈治国理政》第2卷，外文出版社2017年版，第60页。

② 习近平：《决胜全面建成小康社会　夺取新时代中国特色社会主义伟大胜利——在中国共产党第十九次全国代表大会上的报告》，人民出版社2017年版，第4页。

的问题"①，有的虽然得到一定程度解决，但离人民的期待和党中央的要求还存在许多不足，与建成法治中国的宏伟目标相比还有相当大的差距。另一方面，进入新时代以来在全面推进依法治国、加强法治建设方面又出现了一些新情况新问题。例如，我们党作出全面推进依法治国的各项战略部署和改革举措，在实践中还存在发展不平衡、推进不协调、改革不深入、实施不到位等新问题；充分发挥法治对于社会主义现代化建设的引领、促进和保障作用有待进一步加强，宪法权威和宪法实施监督保障有待进一步强化；立法质量不高、立法数量不足的老问题未根本解决，又出现了违法立法（违背上位法，与上位法相抵触，违背立法程序规范等）、立法不作为等新问题；法治政府建设相对滞后，到 2020 年难以如期达成基本建成法治政府的

---

① 主要表现为：有的法律法规未能全面反映客观规律和人民意愿，针对性、可操作性不强，立法工作中部门化倾向、争权诿责现象较为突出；有法不依、执法不严、违法不究现象比较严重，执法体制权责脱节、多头执法、选择性执法现象仍然存在，执法司法不规范、不严格、不透明、不文明现象较为突出，群众对执法司法不公和腐败问题反映强烈；部分社会成员尊法信法守法用法、依法维权意识不强，一些国家工作人员特别是领导干部依法办事观念不强、能力不足，知法犯法、以言代法、以权压法、徇私枉法现象依然存在——《中共中央关于全面推进依法治国若干重大问题的决定》（2014 年 10 月 23 日）。参见《〈中共中央关于全面推进依法治国若干重大问题的决定〉辅导读本》，人民出版社 2014 年版，第 3 页。

目标①；司法体制改革有待进一步巩固扩大成果、深入细致推进、深化综合配套改革；社会主义核心价值观融入法治建设刚刚起步，有待加快推进和拓展；法治文化建设进展缓慢，全民守法格局尚未形成，国家宪法和社会主义法治缺乏应有权威，等等。2017年10月26日，国务院法制办公室党组书记、副主任袁曙宏在回答记者提问时说："我们的法治建设还存在很多问题，相对于'四个全面'战略布局的其他三个全面——全面建成小康社会、全面深化改革、全面从严治党来说，全面依法治国相对比较薄弱。十九大报告当中有一句话：全面依法治国任务依然繁重，我认为这就留下了伏笔，要对全面依法治国更加重视。"② 相对于深化司法体制改革、完善法律体系、加快党内法规体系建设而言，建设法治政府的力度和深度还有待加强；相对于整个司法体制改革而言，司法行政体制改革相对比较薄弱；相对于法治经济和法治社会建设而言，法治文化建设还是短板弱项。

---

① 党的十八大报告、党的十八届五中全会报告、国家"十三五"规划纲要、国务院《法治政府建设实施纲要（2015—2020年）》，都明确要求（提出）到2020年全面建成小康社会时要"基本建成法治政府"。这一重要目标的实现在党的十九大报告中被表述为到2035年"法治国家、法治政府、法治社会基本建成"。2004年国务院颁布的《全面推进依法行政实施纲要》曾经明确提出"经过十年左右坚持不懈的努力，基本实现建设法治政府的目标"，然而这一承诺没有得到实现。

② 袁曙宏：《成立中央全面依法治国领导小组十分必要》，2017年10月26日，中国新闻网。

>> 全面依法治国　建设法治中国

习近平总书记在《关于〈中共中央关于全面推进依法治国若干重大问题的决定〉的说明》中指出：全面依法治国的顶层设计，要"坚持改革方向、问题导向……直面法治建设领域突出问题，回应人民群众期待，力争提出对依法治国具有重要意义的改革举措"，要"直面法治建设领域的突出问题……有针对性地回应了人民群众呼声和社会关切"。① 党的十九大报告在讲到"我们的工作还存在许多不足，也面临不少困难和挑战"时，对依法治国方面的不足和挑战表述为："社会矛盾和问题交织叠加，全面依法治国任务依然繁重，国家治理体系和治理能力有待加强。"虽然寥寥数语，但却对全面依法治国进入新时代、开启法治中国建设新征程提出了更高的要求，对推进全面依法治国、建设社会主义法治国家提出了八个方面的"深化依法治国实践"新要求新任务。

从我们党确立依法治国基本方略和推进依法治国进程20年的历史进程，可以更好理解党的十九大把"深化依法治国实践"作为法治建设领域新要求新任务的重大意义。党的十五大提出依法治国、建设社会主义法治国家，强调依法治国是党领导人民治理国家的基本方略。党的十六大提出，要把坚持党的领导、人民当家作主和依法治国有机统一起来。党的十七大提出，要全面落实依法治国基本方

---

① 习近平：《关于〈中共中央关于全面推进依法治国若干重大问题的决定〉的说明》（2014年10月20日），载中共中央文献研究室编《十八大以来重要文献选编（中）》，中央文献出版社2016年版，第143—144页。

略,加快建设社会主义法治国家。党的十八大强调,要全面推进依法治国,加快建设社会主义法治国家。党的十八届四中全会对全面推进依法治国若干重大问题作出史无前例的专门部署。党的十九大提出,坚定不移推进全面依法治国,深化依法治国实践。依法治国20年的历史,从1997年党的十五大确立依法治国基本方略,到2002年党的十六大提出"三者有机统一",2007年党的十七大提出全面落实依法治国基本方略,2012年党的十八大提出全面推进依法治国,再到2017年党的十九大提出深化依法治国实践,不仅表明了我们党坚定不移走中国特色社会主义法治道路及始终不渝坚持和推进全面依法治国的决心、勇气和能力,而且表明党的十九大以后全面依法治国的工作重点,既要提出新战略、作出新部署、设计新举措,更要全面深入具体扎实地贯彻落实党的十八大以来关于全面依法治国的各项决策部署,尤其要深入贯彻落实《中共中央关于全面推进依法治国若干重大问题的决定》。党的十八届四中全会《决定》明确了全面依法治国的指导思想、基本原则、总目标、总蓝图、路线图和施工图,按下了建设法治中国的"快进键",把全面依法治国的总蓝图付诸实践,把法治建设的施工图付诸实施,把我们党对人民的法治承诺变成现实,这就是党的十九大对全面依法治国的根本期待、基本要求和主要部署,也是深化依法治国实践的主要旨意。深化依法治国实践,最有新意的顶层制度安排,是成立中央全面依法治国领导小组。习近平总书记在党的十九大报告中提出:全面依法治国是国家治理的一场深刻革命,必须坚持厉行法治……成立中央全面依法治国

>> 全面依法治国 建设法治中国

领导小组,加强对法治中国建设的统一领导。[①] 成立中央全面依法治国领导小组,是以习近平同志为核心的党中央适应把党的领导贯彻到全面推进依法治国全过程各方面新形势作出的顶层制度设计和重大战略安排,是全面推进党和国家治理体系和治理能力现代化的又一大动作和大手笔,具有重大意义。

---

① 习近平:《决胜全面建成小康社会 夺取新时代中国特色社会主义伟大胜利——在中国共产党第十九次全国代表大会上的报告》,人民出版社2017年版,第38页。

第四章

全面推进依法治国的基本原则

全面推进依法治国,必须坚持以党的十九大精神为引领,以习近平新时代中国特色社会主义思想为指导思想和行动指南,坚持并贯彻落实全面推进依法治国的基本原则。党的十八届四中全会《决定》明确提出,全面推进依法治国、建设社会主义法治国家,必须坚持中国共产党的领导、坚持人民主体地位、坚持法律面前人人平等、坚持依法治国和以德治国相结合、坚持从实际出发五项基本原则。

全面推进依法治国的这五项基本原则,是建立在坚持三者有机统一根本原则基础上的。从根本上说,全面推进依法治国,必须始终坚持党的领导、人民当家作主、依法治国有机统一。这是对全面推进依法治国的总要求,是中国特色社会主义法治建设必须坚持的一个根本原则。"把坚持党的领导、人民当家作主、依法治国有机统一起来是我国社会主义法治建设的一条基本经验。"[①] 坚持党的领

[①] 习近平:《关于〈中共中央关于全面推进依法治国若干重大问题的决定〉的说明》(2014年10月20日),载中共中央文献研究室编《十八大以来重要文献选编(中)》,中央文献出版社2016年版,第147页。

导、人民当家作主、依法治国有机统一,是中国特色社会主义民主政治的本质特征,是全面推进依法治国的根本遵循。党的领导是人民当家作主和依法治国的根本保证,人民当家作主是社会主义民主政治的本质特征,依法治国是党领导人民治理国家的基本方式,三者统一于我国社会主义民主政治伟大实践,[①] 统一于建设社会主义现代化强国和实现中华民族伟大复兴的战略目标,统一于中国特色社会主义法治建设实践之中。坚持三者有机统一,应当以保证人民当家作主为根本,以增强党和国家活力、调动人民积极性为目标,以全面推进依法治国为保障,三者有机统一,形成合力,共同规定并促进中国特色社会主义民主政治的全面发展。

一 坚持中国共产党的领导

坚持党对一切工作的领导,[②] 是对我们党历史经验的深刻总结,也是我们党在新时代新征程中必须牢牢把握和始终坚持的第一条基本方略。坚持党的领导,也是全面推进依法治国的首要原则。"我国宪法以根本法的形式反映了党带领人民进行革命、建设、改革取得的成果,确立了在历史和人民选择中形成的中国共产党的领导地位。对这

---

① 习近平:《决胜全面建成小康社会 夺取新时代中国特色社会主义伟大胜利——在中国共产党第十九次全国代表大会上的报告》,人民出版社2017年版,第36页。

② 同上书,第20页。

一点，要理直气壮讲、大张旗鼓讲。要向干部群众讲清楚我国社会主义法治的本质特征，做到正本清源、以正视听。"① 习近平总书记指出："党的领导是中国特色社会主义最本质的特征，是社会主义法治最根本的保证。坚持中国特色社会主义法治道路，最根本的是坚持中国共产党的领导。依法治国是我们党提出来的，把依法治国上升为党领导人民治理国家的基本方略也是我们党提出来的，而且党一直带领人民在实践中推进依法治国。全面推进依法治国，要有利于加强和改善党的领导，有利于巩固党的执政地位、完成党的执政使命，决不是要削弱党的领导。"② 坚持党的领导，是社会主义法治的根本要求，是党和国家的根本所在、命脉所在，是全国各族人民的利益所系、幸福所系，是全面推进依法治国题中应有之义。只有在党的领导下依法治国、厉行法治，人民当家作主才能充分实现，国家和社会生活法治化才能有序推进。

"党的领导和社会主义法治是一致的，社会主义法治必须坚持党的领导，党的领导必须依靠社会主义法治。"③

---

① 习近平：《关于〈中共中央关于全面推进依法治国若干重大问题的决定〉的说明》（2014年10月20日），载中共中央文献研究室编《十八大以来重要文献选编（中）》，中央文献出版社2016年版，第147页。

② 习近平：《加快建设社会主义法治国家》，《求是》2015年第1期。

③ 习近平：《关于〈中共中央关于全面推进依法治国若干重大问题的决定〉的说明》（2014年10月20日），载中共中央文献研究室编《十八大以来重要文献选编（中）》，中央文献出版社2016年版，第146页。

在我国宪法和法律确认和保障的以生产资料社会主义公有制为基础的经济制度和人民当家作主的政治制度下，在党代表中国最广大人民根本利益而无任何私利的政治基础上，党与人民、党与国家、党与法不是矛盾对立的关系，而是和谐一致、高度统一的关系。①

从党的领导与社会主义法治的本质来看。我们党代表中国最广大人民的根本利益，党除了工人阶级和最广大人民的利益，没有自己特殊的利益。社会主义法治是为了人民、依靠人民、造福人民、保护人民的法治，它以人民为主体，以依法治权、依法治官为手段，以保障人民根本权益为出发点和落脚点，保证人民依法享有广泛的权利和自由、承担应尽的义务，维护社会公平正义，促进共同富裕。党的领导与社会主义法治归根结底都以人民利益为根本利益，高度统一于全心全意为人民服务的本质属性和内在要求上。

从《中华人民共和国宪法》来看。宪法作为国家的根本法，具有最高法律效力，是党领导人民治国安邦的总章程。我国宪法不仅以根本法的形式确定了党在带领人民进行革命、建设和改革进程中的领导地位和作用，确立了党是领导全国各族人民把我国建设成为富强、民主、文明的社会主义国家的领导核心，而且以根本法形式规定国家实行依法治国、维护社会主义法制统一和尊严的原则，要求包括中国共产党在内的各政党必须以宪法为根本的活动准

---

① 李林：《党的领导是中国特色社会主义法治之魂》，《人民日报》2015年4月2日第7版。

则，并且负有维护宪法尊严、保证宪法实施的职责；必须遵守宪法和法律，一切违反宪法和法律的行为必须予以追究；任何组织或者个人都不得有超越宪法和法律的特权。宪法的这些规定，以国家根本法的形式为党与法的高度统一提供了宪法依据。

从《中国共产党章程》来看。党章是党内制度和行为的最高规范，是从严治党、依规治党的根本规矩，是保证党与法高度统一的根本党内法规。党章在明确规定党是中国特色社会主义事业领导核心的同时，明确要求必须坚持党的领导、人民当家作主、依法治国有机统一，走中国特色社会主义政治发展道路，扩大社会主义民主，建设中国特色社会主义法治体系，建设社会主义法治国家，巩固人民民主专政，建设社会主义政治文明；① 必须完善中国特色社会主义法律体系，加强法律实施工作，实现国家各项工作法治化。党章专门规定，中国共产党的领导是中国特色社会主义最本质的特征，是中国特色社会主义制度的最大优势。党政军民学，东西南北中，党是领导一切的。党要适应改革开放和社会主义现代化建设的要求，坚持科学执政、民主执政、依法执政，加强和改善党的领导。党必须按照总揽全局、协调各方的原则，在同级各种组织中发挥领导核心作用……党必须在宪法和法律的范围内活动。党必须保证国家的立法、司法、行政、监察机关，经济、文化组织和人民团体积极主动地、独立负责地、协调一致

---

① 《中国共产党章程》，人民出版社2017年版，第11—12页。

地工作。① 除了法律和政策规定范围内的个人利益和工作职权以外，所有共产党员都不得谋求任何私利和特权，都必须模范遵守国家的法律法规。党章的这些规定，比宪法的有关规定更加具体、更加严格、更有针对性。

从党的路线方针政策法律化来看。在我国，宪法和法律是党的路线方针政策的定型化、条文化和法律化，这就从法律规范的渊源上最大限度地保证了我们党关于改革发展稳定的重大决策与国家立法的统一协调，使党和法的关系在国家法律制度体系中有机统一起来。一方面，用法律的方式把我们党成熟定型的路线方针政策制度化、法律化，用国家法律引领、推进和保障党的路线方针政策全面贯彻落实；另一方面，党的路线方针政策的成功实践，又为国家法律不断完善提供方向指引和发展动力，推动国家法律体系创新发展。②

从国家科学立法、民主立法的本质来看。在我国，立法实质上是党的主张和人民意志，通过立法程序转变为国家意志的产物。国家立法机关在充分发扬民主基础上，把反映人民整体意志和根本利益的党的主张，通过科学立法、

---

① 《中国共产党章程》，人民出版社2017年版，第21—23页。
② 2014年1月7日，习近平总书记在中央政法工作会议上强调指出："我们党的政策和国家法律都是人民根本意志的反映，在本质上是一致的。""党既领导人民制定宪法法律，也领导人民执行宪法法律……做到党领导立法、保证执法、带头守法。"参见习近平《在中央政法工作会议上的讲话》（2014年1月7日），载中共中央文献研究室编《习近平关于全面依法治国论述摘编》，中央文献出版社2015年版，第20页。

民主立法程序，及时转变为国家意志，并赋予这种意志以国家强制力，保障其实施。全体社会成员一体遵循这种立法，从而实现党的主张、人民意志到国家意志的转换提升，保证了党的领导与依法治国的有机统一。

从坚持党的领导和司法机关依法独立公正行使职权来看。在我国，坚持党的领导与法院、检察院依法独立公正行使司法权是相互统一、彼此一致的关系。首先，在宪法基础上，司法机关遵循法治原则，严格依法独立公正行使审判权和检察权，就是依照党的主张和人民意志履行司法职责，体现了坚持党的领导与依法独立公正行使司法权的统一。其次，我国社会主义法律体系已经形成，党的路线方针政策和党实行政治领导、组织领导的多数内容要求已经法治化，司法机关严格依法办事，切实独立公正行使司法权，就是坚持党的领导、执行党的意志、维护党的权威。再次，我们党支持和保障司法机关依法独立公正行使司法权，实质上就是巩固党领导和执政的法治基础，就是运用法治思维和法治方式切实有效地坚持和维护党的领导。

坚持党的领导，要把全面依法治国与全面从严治党紧密结合起来，把依宪治国与依宪执政紧密结合起来，把依法治国与依规治党紧密结合起来。"依法执政，既要求党依据宪法法律治国理政，也要求党依据党内法规管党治党。"[①] 坚持党对全面依法治国的领导，必须坚持党领导立法、

---

① 《中共中央关于全面推进依法治国若干重大问题的决定》（2014年10月23日），载中共中央文献研究室编《十八大以来重要文献选编（中）》，中央文献出版社2016年版，第158页。

保证执法、支持司法、带头守法，从制度上、程序上全面落实"三统一""四善于"。

坚持党的领导，不是一句空的口号，必须把党的领导贯彻到依法治国全过程和各方面，具体体现在党领导立法、保证执法、支持司法、带头守法上。① 一方面，要坚持党总揽全局、协调各方的领导核心作用，统筹依法治国各领域工作，确保党的主张贯彻到依法治国全过程和各方面。另一方面，要改善党对依法治国的领导，不断提高党领导依法治国的能力和水平。党既要坚持依法治国、依法执政，自觉在宪法法律范围内活动，又要发挥好各级党组织和广大党员、干部在依法治国中的政治核心作用和先锋模范作用。

二　坚持人民主体地位

党的十九大报告明确要求，必须"坚持以人民为中心。人民是历史的创造者，是决定党和国家前途命运的根本力量。必须坚持人民主体地位，坚持立党为公、执政为民，践行全心全意为人民服务的根本宗旨"②。党章明确规定，必须"坚持全心全意为人民服务。党除了工人阶级和最广大人民群众的利益，没有自己特殊的利益。党在任何

---

①　习近平：《加快建设社会主义法治国家》，《求是》2015年第1期。

②　习近平：《决胜全面建成小康社会　夺取新时代中国特色社会主义伟大胜利——在中国共产党第十九次全国代表大会上的报告》，人民出版社2017年版，第21页。

时候都把群众利益放在第一位,同群众同甘共苦,保持最密切的联系,坚持权为民所用、情为民所系、利为民所谋",要解决好人民最关心、最直接、最现实的利益问题,使发展成果更多更公平惠及全体人民,不断增强人民群众获得感,努力形成全体人民各尽其能、各得其所而又和谐相处的局面。[①] 党的十八届三中全会、四中全会、五中全会,分别从全面深化改革、全面依法治国、全面建成小康社会的不同角度,提出了必须坚持人民主体地位的基本原则。党的十八届三中全会强调,必须"坚持以人为本,尊重人民主体地位,发挥群众首创精神,紧紧依靠人民推动改革,促进人的全面发展;坚持正确处理改革发展稳定关系,胆子要大、步子要稳,加强顶层设计和摸着石头过河相结合,整体推进和重点突破相促进,提高改革决策科学性,广泛凝聚共识,形成改革合力"。党的十八届四中全会提出:"人民是依法治国的主体和力量源泉,人民代表大会制度是保证人民当家作主的根本政治制度。必须坚持法治建设为了人民、依靠人民、造福人民、保护人民,以保障人民根本权益为出发点和落脚点,保证人民依法享有广泛的权利和自由、承担应尽的义务,维护社会公平正义,促进共同富裕。"党的十八届五中全会提出:"人民是推动发展的根本力量,实现好、维护好、发展好最广大人民根本利益是发展的根本目的。必须坚持以人民为中心的发展思想,把增进人民福祉、促进人的全面发展作为发展的出发点和落脚点,发展人民民主,维护社会公平正义,保障人民平等参

[①] 《中国共产党章程》,人民出版社2017年版,第19—20页。

与、平等发展权利，充分调动人民积极性、主动性、创造性。"由此可见，坚持人民当家作主，坚持人民主体地位，坚持人民至上，坚持人民利益高于一切……所有这些都是我们党全心全意为人民服务宗旨的重要体现，是我们社会主义国家人民当家作主本质的必然要求。

坚持人民主体地位，是人民民主的本质要求，是中国共产党治国理政的重要特征。人民民主是社会主义的生命。"没有民主就没有社会主义，就没有社会主义的现代化，就没有中华民族伟大复兴。"[①] 习近平总书记说："民主不是装饰品，不是用来做摆设的，而是要用来解决人民要解决的问题的。中国共产党的一切执政活动，中华人民共和国的一切治理活动，都要尊重人民主体地位，尊重人民首创精神，拜人民为师。"[②] 党的十九大报告进一步明确了人民的主体地位，并把"坚持以人民为中心"作为坚持和发展中国特色社会主义的"十四项基本方略"之一。习近平总书记在党的十九大报告中指出："坚持以人民为中心。人民是历史的创造者，是决定党和国家前途命运的根本力量。必须坚持人民主体地位，坚持立党为公、执政为民，践行全心全意为人民服务的根本宗旨，把党的群众路线贯彻到治国理政全部活动之中，把人民对美好生活的向

---

① 习近平：《在庆祝全国人民代表大会成立六十周年大会上的讲话》（2014年9月5日），载中共中央文献研究室编《十八大以来重要文献选编（中）》，中央文献出版社2016年版，第55页。

② 习近平：《在庆祝中国人民政治协商会议成立六十五周年大会上的讲话》（2014年9月21日），载中共中央文献研究室编《十八大以来重要文献选编（中）》，中央文献出版社2016年版，第76页。

往作为奋斗目标,依靠人民创造历史伟业。"①

全面推进依法治国,必须坚持人民主体地位。这是由"坚持以人民为中心"基本方略的性质决定的。"我们必须坚持国家一切权力属于人民,坚持人民主体地位,支持和保证人民通过人民代表大会行使国家权力。"② 习近平总书记指出:"我国社会主义制度保证了人民当家作主的主体地位,也保证了人民在全面推进依法治国中的主体地位。这是我们的制度优势,也是中国特色社会主义法治区别于资本主义法治的根本所在。"③ 在我国,人民是依法治国的主体和力量源泉,人民代表大会制度是保证人民当家作主的根本政治制度。坚持人民主体地位,必须坚持人民民主专政的国体。人民民主专政是无产阶级专政在我国的一种实现形式,是对人民民主和对敌人专政的结合。由于中国特色社会主义民主和法治建设是在一定范围内还存在阶级斗争的条件下进行的,只有对极少数敌视和破坏社会主义的分子和势力依法予以制裁和惩罚,才能保障人民群众充分行使当家作主的权力,才能维护和巩固人民民主制度,因此,人民民主专政的国体是最大多数人民群众依法对极少数国内外敌对势力、民族分裂势力、民

---

① 《中国共产党第十九次全国代表大会文件汇编》,人民出版社 2017 年版,第 17 页。

② 习近平:《在庆祝全国人民代表大会成立六十周年大会上的讲话》(2014 年 9 月 5 日),载中共中央文献研究室编《十八大以来重要文献选编(中)》,中央文献出版社 2016 年版,第 55 页。

③ 习近平:《加快建设社会主义法治国家》,《求是》2015 年第 1 期。

族宗教极端分子和恐怖主义分子等的专政，是维护人民主体地位的必然要求。坚持人民主体地位，必须坚持人民代表大会制度。人民代表大会制度是我国的政体，是国家的根本政治制度，体现了我们国家的性质，符合我国国情。这种制度既能保障全体人民统一行使国家权力，充分调动人民群众当家作主的积极性和主动性，又有利于国家政权机关分工合作，协调一致地组织社会主义建设，维护国家统一和民族团结，实现了国体和政体的统一，是保证和实现人民主体地位的最好制度形式，具有强大的生命力和巨大的优越性。

人民权益要靠法律保障，法律权威要靠人民维护。坚持人民主体地位，必须坚持法治为了人民、依靠人民、造福人民、保护人民。要以保障人民根本权益为出发点和落脚点，保证人民依法享有广泛的权利和自由、承担应尽的义务，维护社会公平正义，促进共同富裕。保证人民在党的领导下，依照法律规定，通过各种途径和形式管理国家事务，管理经济和文化事业，管理社会事务。要把体现人民利益、反映人民愿望、维护人民权益、增进人民福祉落实到依法治国全过程，使法律及其实施充分体现人民意志。[①] 坚持人民主体地位，必须充分调动人民群众投身依法治国实践的积极性和主动性，使全体人民都成为社会主义法治的忠实崇尚者、自觉遵守者、坚定捍卫者，使尊法、信法、守法、用法、护法成为全

---

① 习近平：《加快建设社会主义法治国家》，《求是》2015年第1期。

体人民的共同追求；必须使人民认识到法律既是保障自身权利的有力武器，也是必须遵守的行为规范，增强全社会学法、尊法、守法、用法意识，使法律为人民所掌握、所遵守、所运用。

三 坚持法律面前人人平等

法律面前人人平等是一项重要的法治原则，是指法律确认和保护公民在享有权利和承担义务上处于平等的地位，不允许任何人有高踞于法律之上、超越于法律之外的特权。我国现行宪法明确规定了"中华人民共和国公民在法律面前一律平等"的宪法原则，这是社会主义国家和社会制度的必然要求。公民在法律面前人人平等的原则：一是指任何公民，不分民族、种族、性别、职业、家庭出身、教育程度、财产状况、居住期限，都一律平等地享有宪法和法律规定的各项权利，同时也都必须平等地履行宪法和法律所规定的各项义务；二是指在公民的一切合法权益都一律平等地受到保护的同时，任何人不论其地位多高、权力多大、身份多特殊，一旦违法犯罪都要毫无例外地受到法律的制裁，决不允许任何违法犯罪分子逍遥法外；三是指不允许任何公民享有法律以外的特权，任何人不得强迫任何公民承担法律以外的义务，不得使公民受到法律以外的惩罚。公民在法律面前人人平等，既要求做到法律的实体内容符合平等原则，也要求法律的执行程序和结果公平公正，是法律上形式平等与实质平等的统一。党的十九大报告明确要求，要贯彻"法律面前人人平等的法治理念",使"人民平等参与、平等发展权利得到充分保障"。①

习近平总书记指出:"必须坚持法律面前人人平等。平等是社会主义法律的基本属性,是社会主义法治的基本要求。坚持法律面前人人平等,必须体现在立法、执法、司法、守法各个方面。任何组织和个人都必须尊重宪法法律权威,都必须在宪法法律范围内活动,都必须依照宪法法律行使权力或权利、履行职责或义务,都不得有超越宪法法律的特权。任何人违反宪法法律都要受到追究,绝不允许任何人以任何借口任何形式以言代法、以权压法、徇私枉法。"② 党的十八届四中全会也明确指出:任何组织和个人都必须尊重宪法法律权威,都必须在宪法法律范围内活动,都必须依照宪法法律行使权力或权利、履行职责或义务,都不得有超越宪法法律的特权。必须维护国家法制统一、尊严、权威,切实保证宪法法律有效实施,绝不允许任何人以任何借口任何形式以言代法、以权压法、徇私枉法。必须以规范和约束公权力为重点,加大监督力度,做到有权必有责、用权受监督、违法必追究,坚决纠正有法不依、执法不严、违法不究行为。党的十九大报告再次重申:"各级党组织和全体党员要带头尊法学法守法用法,任何组织和个人都不得有超越宪法法律的特权,绝不允许

---

① 习近平:《决胜全面建成小康社会 夺取新时代中国特色社会主义伟大胜利——在中国共产党第十九次全国代表大会上的报告》,人民出版社2017年版,第28页。

② 习近平:《加快建设社会主义法治国家》,《求是》2015年第1期。

以言代法、以权压法、逐利违法、徇私枉法"①，并且创新性地提出了不得"逐利违法"，进一步丰富了法律面前人人平等原则的时代内涵。

"各级领导干部在推进依法治国方面肩负着重要责任。现在，一些党员、干部仍然存在人治思想和长官意识，认为依法办事条条框框多、束缚手脚，凡事都要自己说了算，根本不知道有法律存在，大搞以言代法、以权压法。这种现象不改变，依法治国就难以真正落实。"②"必须抓住领导干部这个'关键少数'，首先解决好思想观念问题，引导各级干部深刻认识到，维护宪法法律权威就是维护党和人民共同意志的权威，捍卫宪法法律尊严就是捍卫党和人民共同意志的尊严，保证宪法法律实施就是保证党和人民共同意志的实现。"③

习近平总书记在十八届中央纪委二次全会上指出："各级领导干部都要牢记，任何人都没有法律之外的绝对权力，任何人行使权力都必须为人民服务、对人民负责并自觉接受人民监督。"④ 他强调："中国共产党党员永远是

---

① 习近平：《决胜全面建成小康社会　夺取新时代中国特色社会主义伟大胜利——在中国共产党第十九次全国代表大会上的报告》，人民出版社2017年版，第39页。

② 习近平：《加快建设社会主义法治国家》，《求是》2015年第1期。

③ 同上。

④ 习近平：《在第十八届中央纪律检查委员会第二次全体会议上的讲话》（2013年1月22日），载中共中央文献研究室编《十八大以来重要文献选编（上）》，中央文献出版社2014年版，第136页。

劳动人民的普通一员，除了法律和政策规定范围内的个人利益和工作职权以外，所有共产党员都不得谋求任何私利和特权。"① "这个问题不仅是党风廉政建设的重要内容，而且是涉及党和国家能不能永葆生机活力的大问题。"② 在党的十九大报告中，习近平总书记进一步深刻指出：一个政党，一个政权，其前途命运取决于人心向背。人民群众反对什么、痛恨什么，我们就要坚决防范和纠正什么。全党要清醒认识到，我们党面临的执政环境是复杂的，影响党的先进性、弱化党的纯洁性的因素也是复杂的，党内存在的思想不纯、组织不纯、作风不纯等突出问题尚未得到根本解决。要深刻认识党面临的执政考验、改革开放考验、市场经济考验、外部环境考验的长期性和复杂性，深刻认识党面临的精神懈怠危险、能力不足危险、脱离群众危险、消极腐败危险的尖锐性和严峻性，坚持问题导向，保持战略定力，推动全面从严治党向纵深发展。③

运用法治思维和法治方式预防解决权力滥用问题，各级领导干部是重点和关键。习近平总书记在党的十九大报告中要求全党，必须"增强政治领导本领，坚持战略思

---

① 习近平：《在第十八届中央纪律检查委员会第二次全体会议上的讲话》（2013年1月22日），载中共中央文献研究室编《十八大以来重要文献选编（上）》，中央文献出版社2014年版，第136页。

② 同上书，第137页。

③ 习近平：《决胜全面建成小康社会 夺取新时代中国特色社会主义伟大胜利——在中国共产党第十九次全国代表大会上的报告》，人民出版社2017年版，第61页。

维、创新思维、辩证思维、法治思维、底线思维，科学制定和坚决执行党的路线方针政策，把党总揽全局、协调各方落到实处……增强依法执政本领，加快形成覆盖党的领导和党的建设各方面的党内法规制度体系，加强和改善对国家政权机关的领导"①。必须认认真真讲法治、老老实实抓法治。各级领导干部要对法律怀有敬畏之心，带头依法办事，带头遵守法律，不断提高运用法治思维和法治方式深化改革、推动发展、化解矛盾、维护稳定能力。②"如果在抓法治建设上喊口号、练虚功、摆花架，只是叶公好龙，并不真抓实干，短时间内可能看不出什么大的危害，一旦问题到了积重难返的地步，后果就是灾难性的。对各级领导干部，不管什么人，不管涉及谁，只要违反法律就要依法追究责任，绝不允许出现执法和司法的'空挡'。要把法治建设成效作为衡量各级领导班子和领导干部工作实绩重要内容，把能不能遵守法律、依法办事作为考察干部重要依据。"③

四　坚持依法治国和以德治国相结合

党的十九大报告把"坚持依法治国和以德治国相结

---

① 习近平：《决胜全面建成小康社会　夺取新时代中国特色社会主义伟大胜利——在中国共产党第十九次全国代表大会上的报告》，人民出版社2017年版，第68—69页。

② 习近平：《加快建设社会主义法治国家》，《求是》2015年第1期。

③ 同上。

合"，规定为坚持全面推进依法治国的重要原则和基本内容。新党章也明确要求，"实行依法治国和以德治国相结合"。依法治国和以德治国相结合，是全面推进依法治国必须坚持的一项基本原则。习近平总书记指出："法律是成文的道德，道德是内心的法律，法律和道德都具有规范社会行为、维护社会秩序的作用。治理国家、治理社会必须一手抓法治、一手抓德治，既重视发挥法律的规范作用，又重视发挥道德的教化作用，实现法律和道德相辅相成、法治和德治相得益彰。"[①]"要坚持依法治国和以德治国相结合，把法治建设和道德建设紧密结合起来，把他律和自律紧密结合起来，做到法治和德治相辅相成、相互促进。"[②]党的十八届四中全会指出，在全面推进依法治国的过程中，必须坚持一手抓法治、一手抓德治……以法治体现道德理念、强化法律对道德建设的促进作用，以道德滋养法治精神、强化道德对法治文化的支撑作用，实现法律和道德相辅相成、法治和德治相得益彰。

依法治国和以德治国的关系，实质上是法律与道德、法治与德治的关系。大量研究成果表明，法治与德治作为治国理政的方式方法，是有明显区别的：从治理的主体来看，法治是多数人的民主之治，德治是少数人的精

[①] 习近平：《加快建设社会主义法治国家》，《求是》2015年第1期。

[②] 习近平：《习近平谈治国理政》第1卷，外文出版社2014年版，第145页。

英之治；从治理的过程来看，法治是程序之治，德治是人情之治；从治理的角度来看，法治是外在控制之治，德治是内在约束之治；从治理的标准来看，法治是低度行为规范之治，德治是高度行为要求之治；从治理的手段来看，法治是国家强制之治，德治是社会教化之治；从治理的重点来看，法治重在治官，德治重在治民。正因为法律与道德、法治与德治存在诸多区别，同时又有若干内在一致的地方，因此，依法治国与以德治国是相互补充、相互作用、有机统一的。法治是社会主义道德的底线和后盾，凡是法治禁止的，通常也是社会主义道德反对的；凡是法治鼓励的，通常也是社会主义道德支持的。社会主义道德是法治的高线和基础，是法治具有合理性、正当性与合法性的内在依据，法治的价值、精神、原则、法理等大多建立在社会主义道德的基础上，法治的诸多制度和规范本身是社会主义道德的制度化和法律化。同时，法治不应当规范和调整人们的思想意志，对于思想范畴的问题往往表现得无能为力；而对于道德沦丧、良心泯灭之徒的行为，思想道德的约束也常常无济于事。正所谓"寸有所长，尺有所短"。所以，既要反对以法治完全取代德治的做法，也要反对重视德治而忽视法治的倾向，而应当将依法治国与以德治国紧密结合起来、有机统一起来。

习近平总书记指出："发挥好法律的规范作用，必须以法治体现道德理念、强化法律对道德建设的促进作用。一方面，道德是法律的基础，只有那些合乎道德、具有深厚道德基础的法律才能为更多人所自觉遵行。另一方面，法律是道德的保障,可以通过强制性规范人们行为、惩罚违法行为来引领道德风尚。要注意把一些基本道德规范转化为法律规范,使法律法规更多体现道德理念和人文关怀,通过法律的强制力来强化道德作用、确保道德底线,推动全社会道德素质提升。"①

推进依法治国和以德治国相结合,一方面,应当大力弘扬社会主义核心价值观,弘扬中华传统美德,培育社会公德、职业道德、家庭美德、个人品德,更加重视发挥道德的教化作用,提高全社会文明程度,为全面依法治国创造良好人文环境;应当在社会主义道德体系中体现法治要求,发挥道德对法治的滋养作用,努力使道德体系同社会主义法律规范相衔接、相协调、相促进;应当在道德教育中更加突出法治内涵,注重培育人们的法律信仰、法治观念、规则意识,引导人们自觉履行法定义务、社会责任、家庭责任,营造全社会都讲法治、守法治的文化环境,不断强化社会主义道德对依法治国的支撑作用。另一方面,应当更加重视发挥全面依法治国的作用,以法治体现道德理念、强化法律对道德建设的促进作用,把道德要求贯彻到法治建设中。在立法上,法律应当树立鲜明道德导向,弘扬美德义行,推进社会主义道德的法律化,把实践中广泛认同、较为成熟、操作性强的道德要求及时上升为法律规范,用法治强化对社会文明行为的褒奖、对失德行为的惩戒,引导全社会崇德向善。在执法司法上,要体现社会

---

① 习近平:《加快建设社会主义法治国家》,《求是》2015年第1期。

主义道德要求，坚持严格执法，弘扬真善美、打击假恶丑，让败德违法者受到惩治、付出代价，坚持公正司法，发挥司法断案惩恶扬善功能，使社会主义法治成为良法善治。在守法上，要把全民普法与公民道德建设工程紧密结合起来，把全民普法和全民守法作为依法治国的基础性工作，使全体人民成为社会主义法治的忠实崇尚者、自觉遵守者、坚定捍卫者，同时要深化群众性精神文明创建活动，引导广大人民群众自觉践行社会主义核心价值观，树立良好道德风尚，争做社会主义道德的示范者、良好风尚的维护者，努力构建崇德尚法的社会主义法治社会。党的十九大报告在把"坚持依法治国和以德治国相结合"作为"坚持全面依法治国"基本方略重要内涵的同时，又把"坚持依法治国和以德治国相结合"原则与国家治理和社会治理的实践要求紧密地结合起来，更加关注法治与德治有机结合的实效，提出"加强农村基层基础工作，健全自治、法治、德治相结合的乡村治理体系"[①]。因此，坚持法治与德治相结合是全面依法治国不可忽视或随意放弃的一项重要原则。

五　坚持从中国实际出发

习近平总书记在党的十九大报告中指出："全党要牢

[①] 习近平：《决胜全面建成小康社会　夺取新时代中国特色社会主义伟大胜利——在中国共产党第十九次全国代表大会上的报告》，人民出版社2017年版，第32页。

>> 全面依法治国　建设法治中国

牢牢把握社会主义初级阶段这个基本国情，牢牢立足社会主义初级阶段这个最大实际……建立符合我国实际的先进社会制度。"① 新党章明确规定："党的思想路线是一切从实际出发，理论联系实际，实事求是，在实践中检验真理和发展真理。"② 全面推进依法治国，必须立足社会主义初级阶段这个最大实际和基本国情，坚定不移走中国特色社会主义法治道路，加快建设中国特色社会主义法治体系。

走什么样的法治道路、建设什么样的法治体系，是由一个国家的基本国情决定的。"为国也，观俗立法则治，察国事本则宜。不观时俗，不察国本，则其法立而民乱，事剧而功寡。"③ "全面推进依法治国，必须从我国实际出发，同推进国家治理体系和治理能力现代化相适应，既不能罔顾国情、超越阶段，也不能因循守旧、墨守成规。"④ 党的十八届三中全会指出，全面深化改革，必须立足于我国长期处于社会主义初级阶段这个最大实际，坚持发展仍是解决我国所有问题的关键这个重大战略判断，以经济建设为中心，发挥经济体制改革牵引作用，推动生产关系同生产力、上层建筑同经济基础相适应，推动经济社会持续

---

① 习近平：《决胜全面建成小康社会　夺取新时代中国特色社会主义伟大胜利——在中国共产党第十九次全国代表大会上的报告》，人民出版社2017年版，第12、14页。

② 《中国共产党章程》，人民出版社2017年版，第18页。

③ 《商君书·算地》。习近平总书记在《加快建设社会主义法治国家》文中引用。

④ 习近平：《加快建设社会主义法治国家》，《求是》2015年第1期。

健康发展。党的十八届四中全会明确指出，中国特色社会主义道路、理论体系、制度是全面推进依法治国的根本遵循。必须从我国基本国情出发，同改革开放不断深化相适应，总结和运用党领导人民实行法治的成功经验，围绕社会主义法治建设重大理论和实践问题，推进法治理论创新，发展符合中国实际、具有中国特色、体现社会发展规律的社会主义法治理论，为依法治国提供理论指导和学理支撑。汲取中华法律文化精华，借鉴国外法治有益经验，但决不照搬外国法治理念和模式。

坚持从实际出发，就是要突出中国特色、实践特色、时代特色。要总结和运用党领导人民实行法治的成功经验，围绕社会主义法治建设重大理论和实践问题，不断丰富和发展符合中国实际、具有中国特色、体现社会发展规律的社会主义法治理论，为依法治国提供理论指导和学理支撑。我们"要注意研究我国古代法制传统和成败得失，挖掘和传承中华法律文化精华，汲取营养、择善而用"①。习近平总书记在庆祝全国人民代表大会成立六十周年大会上的重要讲话中指出："对丰富多彩的世界，我们应该秉持兼容并蓄的态度，虚心学习他人的好东西，在独立自主的立场上把他人的好东西加以消化吸收，化成我们自己的好东西，但决不能囫囵吞枣、决不能邯郸学步。""照抄照搬他国的政治制度行不通，会水土不服，会画虎不成反类犬，甚至会

---

① 习近平：《加快建设社会主义法治国家》，《求是》2015年第1期。

把国家前途命运葬送掉。"① 在党的十九大报告中，习近平总书记进一步强调指出：世界上没有完全相同的政治制度模式，政治制度不能脱离特定社会政治条件和历史文化传统来抽象评判，不能定于一尊，不能生搬硬套外国政治制度模式。②

全面推进依法治国，必须与时俱进、体现时代精神，借鉴国外法治有益经验。"坚持从我国实际出发，不等于关起门来搞法治。法治是人类文明的重要成果之一，法治的精髓和要旨对于各国国家治理和社会治理具有普遍意义，我们要学习借鉴世界上优秀的法治文明成果。但是，学习借鉴不等于是简单的拿来主义，必须坚持以我为主、为我所用，认真鉴别、合理吸收，不能搞'全盘西化'，不能搞'全面移植'，不能照搬照抄。"③

---

① 习近平：《在庆祝全国人民代表大会成立六十周年大会上的讲话》（2014年9月5日），载中共中央文献研究室编《十八大以来重要文献选编（中）》，人民出版社2016年版，第60页。

② 习近平：《决胜全面建成小康社会 夺取新时代中国特色社会主义伟大胜利——在中国共产党第十九次全国代表大会上的报告》，人民出版社2017年版，第36页。

③ 习近平：《加快建设社会主义法治国家》，《求是》2015年第1期。

第五章

推进依宪治国,保障宪法实施

宪法是国家的根本法,是其他一切法律法规和人们行为的法律依据。宪法在国家生活和社会生活中具有非常重要的作用。早在新中国第一部宪法1954年宪法起草过程中,毛泽东同志就对即将产生的《中华人民共和国宪法》的性质作出了明确的说明:"一个团体要有一个章程,一个国家也要有一个章程,宪法就是一个总章程,是根本大法。用宪法这样一个根本大法的形式,把人民民主和社会主义原则固定下来,使全国人民有一条清楚的轨道,使全国人民感到有一条清楚的明确的和正确的道路可走,就可以提高全国人民的积极性。"[①] 从1954年宪法诞生至今,我国已经先后出台了四部宪法,即1954年宪法、1975年宪法、1978年宪法和1982年宪法。1975年宪法是在"文化大革命"时期出台的,带有严重的"极左"色彩,将

[①] 《毛泽东著作选读》(下册),人民出版社1986年版,第710—711页。

> 全面依法治国 建设法治中国

"无产阶级专政下继续革命理论"① 作为宪法的重要指导思想，很明显违背了1954年宪法所确立的作为社会主义类型的宪法应当坚持的人民民主和社会主义原则。1978年宪法是拨乱反正初期产生的，本质上并没有摆脱1975年宪法"极左"思想的影响，仍然坚持将"无产阶级专政下继续革命理论"② 作为宪法的重要指导思想。1982年宪法是在改革开放新时期背景下根据党的十一届三中全会所确立的"有法可依、有法必依、执法必严和违法必究"的社会主义法制原则制定的，反映了改革开放和社会主义现代化建设的要求，是中华人民共和国最好的一部宪法，至今仍然有效。1982年现行宪法诞生以来，根据改革开放和社会主义现代化建设所面临的新情况新问题，先后对1982年宪法文本进行了1988年、1993年、1999年、2004年和2018年5次修改，其中1988年修改规定了"私营经济是社会主义公有制经济的必要补充"，1993年修改确立了"社会主义市场经济"的宪法地位，1999年修改将"依法

---

① 1975年宪法序言第4段规定："我们必须坚持中国共产党在整个社会主义历史阶段的基本路线和政策，坚持无产阶级专政下的继续革命，使我们伟大的祖国永远沿着马克思主义、列宁主义、毛泽东思想指引的道路前进。"

② 1978年宪法序言第4段规定："第一次无产阶级文化大革命的胜利结束，使我国社会主义革命和社会主义建设进入了新的发展时期。根据中国共产党在整个社会主义历史阶段的基本路线，全国人民在新时期的总任务是：坚持无产阶级专政下的继续革命，开展阶级斗争、生产斗争和科学实验三大革命运动，在本世纪内把我国建设成为农业、工业、国防和科学技术现代化的伟大的社会主义强国。"

治国，建设社会主义法治国家"治国方略写入宪法，2004年修改将"国家尊重和保障人权"写入宪法，2018年修改将党的十九大提出的一系列重要理论观点，重大方针政策，特别是习近平新时代中国特色社会主义思想写入宪法。截至目前，我国现行宪法共有143个条文和52条修正案。[①] 宪法作为国家的根本法，在建立社会主义各项基本法律制度、巩固作为根本政治制度的人民代表大会制度、保护公民基本权利、维护社会稳定、保障改革开放和促进社会主义现代化建设等方面发挥了至关重要的作用。

党的十八大以来，以习近平同志为核心的党中央高度重视宪法在国家政治生活和社会生活中的重要作用，在认真总结我国现行宪法实施存在的问题基础上，通过科学论证依宪治国与依法治国、依宪执政与依法执政的关系，全面系统地提出了依宪治国与依宪执政的各项主张，有力地

---

① 1954年宪法共有106条，1975年宪法共有30条，1978年宪法共有60条。1982年现行宪法包括序言、总纲、公民的基本权利和义务、国家机构以及国旗、国徽、首都共4章143条，其中2004年宪法第4次修改时将1982年宪法第4章"国旗、国徽、首都"标题修改为"国旗、国歌、国徽、首都"；2018年宪法第5次修改在第3章"国家机构"第6节后增加"监察委员会"作为第7节，详细规定了监察委员会作为国家监察机关的性质、地位、组成、领导体制和活动原则，肯定了国家监察体制改革的各项成果。1982年宪法至今经过5次修改，其中1988年修改产生两条修正案（第1条至第2条），1993年修改产生9条修正案（第3条至第11条），1999年修改产生6条修正案（第12条至第17条），2004年修改产生14条修正案（第18条至第31条），2018年修改产生21条修正案（第32条至第52条）。

推动了宪法实施和宪法监督工作。

一 坚持依法治国首先要坚持依宪治国

依宪治国是指依据宪法治理国家，依宪执政是指依据宪法执掌政权。依宪治国与依宪执政两者之间是相互统一的，都是指中国共产党作为执政党依据国家宪法执掌政权和治理国家，是中国特色社会主义法治理论区别于西方宪政民主理论的最重要特征。依宪治国、依宪执政深刻地体现了党与法的关系，党领导人民制定宪法，党也要依据宪法治国理政，执政党的党组织和党员应当带头遵守宪法，"党必须在宪法和法律的范围内活动"。依宪治国、依宪执政也生动地体现了宪法作为国家的根本法与其他法律法规在治国理政中的相互关系。依宪治国、依宪执政是中国共产党作为执政党在加强社会主义法制建设、将依法治国作为治国方略的治国理政过程中逐步形成的治理理念。"坚持依宪治国、依宪执政，就包括坚持宪法确定的中国共产党领导地位不动摇，坚持宪法确定的人民民主专政的国体和人民代表大会制度的政体不动摇。"[①]

党的十五大报告首次提出"依法治国"，党的十六大报告首次提出"依法执政"。在2002年九届全国人大五次

[①] 习近平：《在省部级主要领导干部学习贯彻党的十八届四中全会精神全面推进依法治国专题研讨班上的讲话》（2015年2月2日），载中共中央文献研究室编《习近平关于全面依法治国论述摘编》，中央文献出版社2015年版，第36页。

会议上李鹏委员长作的全国人大常委会工作报告中,第一次提出了"依宪治国"的概念,并且首次将"依宪治国"与"依法治国"联系起来,明确肯定"依法治国首先要依宪治国"。① 这一规定是正式的法律文件首次对"依宪治国"作出具有法律效力的"确认"。2004年9月15日,胡锦涛同志在首都各界纪念全国人大成立50周年大会讲话中提出:"依法治国首先要依宪治国,依法执政首先要依宪执政。"② 2012年12月4日,习近平总书记在首都各界纪念现行宪法公布施行三十周年大会上的讲话中指出:"依法治国,首先是依宪治国;依法执政,关键是依宪执政。"③ 2014年9月5日,习近平总书记在庆祝全国人民代表大会成立六十周年大会讲话中指出:"坚持依法治国首先要坚持依宪治国,坚持依法执政首先要坚持依宪执政。"④ 2014年10月23日党的十八届四中全会审议通过

---

① 李鹏:《全国人民代表大会常务委员会工作报告——2002年3月9日在第九届全国人民代表大会第五次会议上》,《中国人大》2002年第Z1期。

② 胡锦涛:《在首都各界纪念全国人民代表大会成立50周年大会上的讲话》,《胡锦涛文选》第2卷,人民出版社2016年版,第232页。

③ 习近平:《在首都各界纪念现行宪法公布施行三十周年大会上的讲话》(2012年10月4日),载中共中央文献研究室编《十八大以来重要文献选编(上)》,中央文献出版社2014年版,第91页。

④ 习近平:《在庆祝全国人民代表大会成立六十周年大会上的讲话》(2014年9月5日),载中共中央文献研究室编《十八大以来重要文献选编(中)》,中央文献出版社2016年版,第55页。

的《中共中央关于全面推进依法治国若干重大问题的决定》以党的文件形式首次明确了依法治国与依宪治国、依法执政与依宪执政之间的辩证关系,规定"坚持依法治国首先要坚持依宪治国,坚持依法执政首先要坚持依宪执政"①。

依法治国与依宪治国、依法执政与依宪执政对执政党执掌政权和治国理政提出的要求是完全一致的。习近平总书记在《关于〈中共中央关于全面推进依法治国若干重大问题的决定〉的说明》中明确地阐释道:"宪法是国家的根本法。法治权威能不能树立起来,首先要看宪法有没有权威。必须把宣传和树立宪法权威作为全面推进依法治国的重大事项抓紧抓好,切实在宪法实施和监督上下功夫。"②

从概念上看,依法治国与依宪治国、依法执政与依宪执政的区别在于"法"与"宪"。依法治国与依宪治国、依法执政与依宪执政的关系也可以简化成"法"与"宪"的关系。广义上讲,"法"包含了宪法。宪法是根本法,在具有中国特色社会主义法律体系中居于统帅地位。习近平总书记指出:"宪法是国家的根本法,是治国安邦的总章程,具有最高法律地位、法律权威、法律效力,具有根

---

① 《中共中央关于全面推进依法治国若干重大问题的决定》(2014年10月23日),载中共中央文献研究室编《十八大以来重要文献选编(中)》,中央文献出版社2016年版,第160页。

② 习近平:《关于〈中共中央关于全面推进依法治国若干重大问题的决定〉的说明》(2014年10月20日),载中共中央文献研究室编《十八大以来重要文献选编(中)》,中央文献出版社2016年版,第148页。

本性、全局性、稳定性、长期性。"① 因此，依法治国、依法执政中的"法"最重要的应当是宪法，依宪治国、依宪执政应是依法治国、依法执政的基础和核心内容。如果宪法不能成为治国和执政的依据，那么，依法治国、依法执政就可能出现"法出多门""政出多门"的弊端，继而妨碍依法治国、依法执政的落实。狭义上讲，"法"则是指由国家立法机关根据宪法制定的法律规范。如果依法治国、依法执政中的"法"只是指这些法律法规，很显然是存在内容和价值缺陷的。如果只讲依法治国，不讲依宪治国；只讲依法执政，不讲依宪执政，那么依法治国、依法执政因缺少宪法基础就无从抓起。所以，从理论上看，不论是从广义上还是狭义上来理解依法治国、依法执政的"法"的含义，都不可能脱离依宪治国、依宪执政。党的十八届四中全会审议通过的《中共中央关于全面推进依法治国若干重大问题的决定》对依法执政内涵阐释为"依法执政，既要求党依据宪法法律治国理政，也要求党依据党内法规管党治党"②。这就意味着，依法治国、依宪治国、依法执政和依宪执政相互之间的内涵是有机统一的，都可以用"依法执政"一词加以概括。从实践来看，强调依宪治国、依宪执政在依法治国、依法执政中的突出地位，关键是要正确处理宪法与部门法之间的关系，树立宪法至上

---

① 习近平：《习近平谈治国理政》，外文出版社 2014 年版，第 138 页。

② 《中共中央关于全面推进依法治国若干重大问题的决定》（2014 年 10 月 23 日），载中共中央文献研究室编《十八大以来重要文献选编（中）》，中央文献出版社 2016 年版，第 158 页。

的理念，特别是要使每一项立法都符合宪法精神，保证一切法律、法规与宪法相一致，不得与宪法相抵触，确保党在宪法和法律的范围内活动。习近平总书记对此特别强调指出："我们要以宪法为最高法律规范，继续完善以宪法为统帅的中国特色社会主义法律体系，把国家各项事业和各项工作纳入法制轨道，实行有法可依、有法必依、执法必严、违法必究，维护社会公平正义，实现国家和社会生活制度化、法制化。"① 与此同时，还要保证政策与法律的一致性、党规与国法之间的协调性以及法律法规内在的有机统一。"任何组织或者个人，都不得有超越宪法和法律的特权。一切违反宪法和法律的行为，都必须予以追究。"②

二 坚持依宪治国关键是要确立宪法在国家治理中的法律权威

宪法作为国家的根本法，具有最高法律效力。坚持依宪治国，关键一点就是要求在国家治理的实践中应当始终不渝地维护宪法作为根本法的法律权威。习近平总书记在首都各界纪念现行宪法公布施行三十周年大会上的讲话中

---

① 习近平：《习近平谈治国理政》，外文出版社2014年版，第140页。

② 习近平：《在首都各界纪念现行宪法公布施行三十周年大会上的讲话》（2012年12月4日），载中共中央文献研究室编《十八大以来重要文献选编（上）》，中央文献出版社2014年版，第88页。

明确指出:"宪法与国家前途、人民命运息息相关。维护宪法权威,就是维护党和人民共同意志的权威。捍卫宪法尊严,就是捍卫党和人民共同意志的尊严。保证宪法实施,就是保证人民根本利益的实现。只要我们切实尊重和有效实施宪法,人民当家作主就有保证,党和国家事业就能顺利发展。反之,如果宪法受到漠视、削弱甚至破坏,人民权利和自由就无法保证,党和国家事业就会遭受挫折。这些从长期实践中得出的宝贵启示,必须倍加珍惜。我们要更加自觉地恪守宪法原则、弘扬宪法精神、履行宪法使命。"[1] 因此,在全面推进依法治国的各项工作中,自觉地维护宪法的权威,是坚持依宪治国的最重要的制度要求。

对于尊重和维护宪法作为根本法的法律权威,习近平总书记在地方从政时就已经高度关注宪法在地方治理和国家治理中的重要地位和作用。早在于河北正定县担任县委书记期间,习近平同志在日常工作中就注重宪法的作用。习近平同志在《共同维护妇女儿童的合法权益》(1983年7月26日)一文中强调指出:"要大力进行法制宣传、教育,认真学习宪法、法律,使人民群众知法、依法,自觉同各种违法行为进行斗争,共同维护国家赋予妇女儿童的权益。"[2] 1994年,习近平同志担任福州市委书记时在

---

[1] 习近平:《习近平谈治国理政》,外文出版社2014年版,第137页。

[2] 习近平:《知之深 爱之切》,河北出版传媒集团、河北人民出版社2015年版,第59页。

《发挥人大职能作用　加强地方立法　促进社会主义市场经济体制的建立和完善》一文中指出:"解放思想就是以积极的态度去对待立法中遇到的问题和难点,在不与宪法、法律和行政法规相抵触的前提下,从本地的实际情况和需要出发,根据邓小平同志提出的'三个有利于'的标准,只要改革开放和市场经济发展需要,看准了,可以大胆去试验。"① 以上论述较早地关注了改革与宪法的关系,突出强调了重大改革举措的出台不得与宪法相抵触,为日后形成"凡属重大改革都要于法有据"② 这一法治原则下的改革理念奠定了合宪性的基础。2001 年,习近平同志担任福建省省长时在《使人民群众不断获得切实的经济、政治、文化利益》一文中指出:"使人民群众不断获得切实的政治利益,就是在坚持四项基本原则的前提下,使人民群众充分享有宪法赋予的各项民主权利,在管理国家和社会事务方面发挥更加重要的作用。""这就要求党在实现、维护和发展人民群众的政治利益时,要兼顾和协调好国家、人民的整体利益与不同阶层、不同团体的具体利益,既保证党和国家的根本政治利益得到维护和发展,又在宪法允许的范围内让不同阶层、团体和个人充分享受应有的政治权利。"③ 从上述论述可以看出,习近平总书记对宪法

---

① 习近平:《发挥人大职能作用　加强地方立法　促进社会主义市场经济体制的建立和完善》,《福建人大月刊》1994 年第 1 期。

② 中共中央文献研究室编:《习近平关于全面深化改革论述摘编》,中央文献出版社 2014 年版,第 153 页。

③ 习近平:《使人民群众不断获得切实的经济、政治、文化利益》,《求是》2001 年第 19 期。

作用的认识已经从总体上的重视深入到要用宪法来保障人民群众的民主权利和各项政治权利等宪法如何在实践中得到有效实施的具体问题领域。2002年，习近平同志担任浙江省代省长时在《全面贯彻实施宪法 促进社会主义政治文明建设》[①]一文中，从治国理政基本理念的战略高度角度来论述宪法在治国理政中的重要作用，开始形成依宪治理的思想。该文是全国第一篇同时提出"依宪治国""依宪执政"的文章，也是省部级领导干部文章讲话中第一个提出"依宪执政""依宪治省"术语的，并指出"依法治国、依法治省，首先要依宪治国、依宪治省"。2004年，习近平同志担任浙江省省委书记时在《巩固执政基础增强执政本领》[②]一文中进一步指出："结合浙江实际，我们提出了建设法治社会的总体要求，强调要以宪法和法律为依据，把坚持党的领导、人民当家作主和依法治国有机统一起来。"在该文中，习近平同志把"以宪法为依据"作为建设法治社会的基本要求，进一步明确了宪法实施与法治建设的相互关系，强调了宪法在法治建设中的基础性地位。2005年，习近平同志在《弘扬法治文化建设"法治浙江"——写在"五五"普法启动之际》[③]《弘扬法治文

---

① 习近平：《全面贯彻实施宪法 促进社会主义政治文明建设》，《浙江人大》2002年第12期。

② 习近平：《巩固执政基础增强执政本领》，《党建研究》2005年第2期。

③ 习近平：《弘扬法治文化建设"法治浙江"——写在"五五"普法启动之际》，《浙江政报》2006年第23期。

化建设"法治浙江"》①等文章中进一步指出:"要突出抓好宪法的学习宣传,形成崇尚宪法、遵守宪法、维护宪法的良好氛围,使宪法在全社会得到普遍遵行。"以上论述已经从一般性地强调宪法在治国理政中的基础性地位逐渐发展到如何通过推进宪法实施来有效地贯彻落实全面依宪治理的思想。2006年4月25日,习近平同志在浙江省委十一届十次全会上所作的报告中,第一次非常明确地把"宪法"视为"治理国家"的核心,他指出:"坚持依法治国,其核心就是要确立和实现以宪法和法律治理国家的最具权威价值的取向。"②

党的十八大以来,以习近平同志为核心的党中央高度重视宪法作为根本法在治国理政中的权威地位和"核心"作用。第一,明确了宪法是党和国家的中心工作、基本原则、重大方针、重要政策在国家法制上的最高体现,具有最高法律地位。习近平总书记在首都各界纪念现行宪法公布施行三十周年大会上的讲话中明确指出:"我国宪法以国家根本法的形式,确立了中国特色社会主义道路、中国特色社会主义理论体系、中国特色社会主义制度的发展成果,反映了我国各族人民的共同意志和根本利益,成为历史新时期党和国家的中心工作、基本原则、重大方针、重

---

① 习近平:《弘扬法治文化建设"法治浙江"》,《浙江日报》2006年7月24日第1版。

② 习近平:《干在实处 走在前列——推进浙江新发展的思考与实践》,中共中央党校出版社2006年版,第357页。

要政策在国家法制上的最高体现。"① 第二，宪法作为根本法，是一切法律法规赖以产生的法律依据和前提，宪法在中国特色社会主义法律体系中具有"统帅地位"。习近平总书记指出："我们要以宪法为最高法律规范，继续完善以宪法为统帅的中国特色社会主义法律体系，把国家各项事业和各项工作纳入法制轨道，实行有法可依、有法必依、执法必严、违法必究，维护社会公平正义，实现国家和社会生活制度化、法制化。"② 第三，要采取积极主动措施不断强化宪法权威地位。习近平总书记在阐述党的十八届四中全会《决定》提出的"建立宪法宣誓制度"的意义时指出："全会决定规定，凡经人大及其常委会选举或者决定任命的国家工作人员正式就职时公开向宪法宣誓。这样做，有利于彰显宪法权威，增强公职人员宪法观念，激励公职人员忠于和维护宪法，也有利于在全社会增强宪法意识、树立宪法权威。"③ 第四，要维护宪法至高无上的法律权威，对于一切违宪行为必须予以追究。习近平总书记强调指出："宪法是国家的根本法，是治国安邦的总章程，具有最高的法律地位、

---

① 习近平：《在首都各界纪念现行宪法公布施行三十周年大会上的讲话》（2012年12月4日），载中共中央文献研究室编《十八大以来重要文献选编（上）》，中央文献出版社2014年版，第86页。

② 同上书，第89—90页。

③ 习近平：《关于〈中共中央关于全面推进依法治国若干重大问题的决定〉的说明》（2014年10月20日），载中共中央文献研究室编《十八大以来重要文献选编（中）》，中央文献出版社2016年版，第148页。

法律权威、法律效力，具有根本性、全局性、稳定性、长期性。全国各族人民、一切国家机关和武装力量、各政党和各社会团体、各企业事业组织，都必须以宪法为根本的活动准则，并且负有维护宪法尊严、保证宪法实施的职责。任何组织或者个人，都不得有超越宪法和法律的特权。一切违反宪法和法律的行为，都必须予以追究。"[1] 由此可见，尊重和重视宪法作为根本法在社会主义法治建设和全面推进国家治理体系和治理能力现代化方面的核心地位，通过各种有效的途径和方式来确立宪法的根本法权威，反映了习近平总书记长期在地方工作的从政理念，也是党的十八大以来以习近平同志为核心的党中央治国理政的最重要的法治原则，是全面推进依法治国思想的"精髓"，更是指导法治中国建设的理论前提和制度出发点。

三　宪法的生命和权威在于实施

宪法作为国家的根本法，在国家治理和社会治理的实际生活中要能够发挥其根本法的作用，关键在于宪法的各项规定和宪法原则、精神能否在实践中得到贯彻落实。因此，宪法实施是作为根本法的宪法活的灵魂。早在1954年宪法制定时，违反宪法的问题就引起了制宪者的高度关注。刘少奇同志在《关于中华人民共和国宪法草案的报

---

[1] 习近平：《在首都各界纪念现行宪法公布施行三十周年大会上的讲话》（2012年12月4日），载中共中央文献研究室编《十八大以来重要文献选编（上）》，中央文献出版社2014年版，第88页。

告》中指出:"我国宪法的颁布,是全国各族人民长期共同奋斗获得了伟大胜利的一个成果,但是这并不是说,宪法颁布以后,宪法所规定的任何条文就都会自然而然地实现起来。不是的。宪法一方面总结了我们过去的奋斗,另一方面给了我们目前的奋斗以根本的法律基础,它在我们国家生活的最重要的问题上,规定了什么样的事是合法的,或者是法定必须执行的,又规定了什么样的事是非法的,必须禁止的。在宪法颁布以后,违反宪法规定的现象并不会自行消灭,但是宪法给了我们一个有力的武器,使我们能够有效地为消灭这些现象而斗争。"[①] 1975年宪法和1978年宪法由于规定了将"无产阶级专政下继续革命理论"作为宪法的指导思想,故在实践中,这两部宪法也不可能得到真正的实施。1982年宪法在制定过程中认真总结了前三部宪法在实施方面存在的经验和教训,对宪法实施的重要性高度予以重视。彭真副委员长在《关于中华人民共和国宪法修改草案的报告》中特别强调了宪法实施对宣传宪法、维护宪法权威所具有的重要意义。他指出:"中国共产党领导中国人民制定了新宪法,中国共产党也将同全国各族人民一道,同各民主党派和各人民团体一道,共同维护宪法尊严和保证宪法实施。宪法通过以后,要采取各种形式广泛地进行宣传,做到家喻户晓。十亿人民养成

[①] 刘少奇:《关于中华人民共和国宪法草案的报告》(1954年9月15日在中华人民共和国第一届全国人民代表大会第一次会议上的报告),参见莫纪宏编著《政府与公民宪法必读》,中国人民公安大学出版社1999年版,第360页。

人人遵守宪法、维护宪法的观念和习惯，同违反和破坏宪法的行为进行斗争，这是一个伟大的力量。体现了人民意志和中国共产党的正确主张的新宪法，又由全体人民和中国共产党的努力来保证它的实施，就一定能够在促进我国社会主义现代化事业的胜利发展中发挥伟大的作用。"①

党的十八大以来，以习近平同志为核心的党中央对宪法实施工作非常重视，把宪法实施的重要意义上升到一个前所未有的高度，并对如何加强宪法实施工作作出了明确和具体的部署，为宪法发挥自身的根本法的作用提供了良好的政策依据和制度环境。习近平总书记在首都各界纪念现行宪法公布施行三十周年大会上的讲话中指出："全面贯彻实施宪法，是建设社会主义法治国家的首要任务和基础性工作。……宪法的生命在于实施，宪法的权威也在于实施。我们要坚持不懈抓好宪法实施工作，把全面贯彻实施宪法提高到一个新水平。"② 对于如何推进宪法实施，习近平总书记在该次大会上的讲话中还指出，要注重抓好以下几个方面的工作。

一是坚持正确的政治方向，坚定不移走中国特色社会主义政治发展道路。首先，要坚持国家一切权力属于人民

---

① 彭真：《关于中华人民共和国宪法修改草案的报告》（1982年11月26日在中华人民共和国第五届全国人民代表大会第五次会议上的报告），参见莫纪宏编著《政府与公民宪法必读》，中国人民公安大学出版社1999年版，第467页。

② 习近平：《在首都各界纪念现行宪法公布施行三十周年大会上的讲话》（2012年12月4日），载中共中央文献研究室编《十八大以来重要文献选编（上）》，中央文献出版社2014年版，第88页。

的宪法理念，最广泛地动员和组织人民依照宪法和法律规定，通过各级人民代表大会行使国家权力，通过各种途径和形式管理国家和社会事务、管理经济和文化事业，共同建设，共同享有，共同发展，成为国家、社会和自己命运的主人。其次，要按照宪法确立的民主集中制原则、国家政权体制和活动准则，实行人民代表大会统一行使国家权力，实行决策权、执行权、监督权既有合理分工又有相互协调，保证国家机关依照法定权限和程序行使职权、履行职责，保证国家机关统一有效组织各项事业。再次，要根据宪法确立的体制和原则，正确处理中央和地方关系，正确处理民族关系，正确处理各方面利益关系，调动一切积极因素，巩固和发展民主团结、生动活泼、安定和谐的政治局面。

二是落实依法治国基本方略，加快建设社会主义法治国家。要以宪法为最高法律规范，继续完善以宪法为统帅的中国特色社会主义法律体系，把国家各项事业和各项工作纳入法制轨道，实行有法可依、有法必依、执法必严、违法必究，维护社会公平正义，实现国家和社会生活制度化、法制化。

三是坚持人民主体地位，切实保障公民享有权利和履行义务。要在全社会加强宪法宣传教育，提高全体人民特别是各级领导干部和国家机关工作人员的宪法意识和法制观念，弘扬社会主义法治精神，努力培育社会主义法治文化，让宪法家喻户晓，在全社会形成学法、尊法、守法、用法的良好氛围。

四是坚持党的领导，更加注重改进党的领导方式和执政方式。"善于使党的主张通过法定程序成为国家意志，善于使党组织推荐的人选成为国家政权机关的领导人员，善于通过国家政权机关实施党对国家和社会的领导，支持国家权力机关、行政机关、审判机关、检察机关依照宪法和法律独立负责、协调一致地开展工作。"① 把依宪治国的工作重点放到加强宪法实施上，可以说为习近平总书记关于法治的重要论述在理论上提供了扎实的逻辑基础，在实践中找到了依宪治国各项工作的制度抓手。事实上，当今中国，要发挥宪法的作用、树立宪法的权威，关键还在于如何推进宪法实施，如何把规定在纸面上的宪法原则和宪法规范的要求落实到具体的法治建设工作和实践中。不实施宪法，依宪治国就会沦为一句空话。

党的十八届三中全会通过的《中共中央关于全面深化改革若干重大问题的决定》以"维护宪法法律权威"为主题，对宪法实施的作用作出了非常明确的肯定。该决定指出："宪法是保证党和国家兴旺发达、长治久安的根本法，具有最高权威。要进一步健全宪法实施监督机制和程序，把全面贯彻实施宪法提高到一个新水平。建立健全全社会忠于、遵守、维护、运用宪法法律的制度。坚持法律面前人人平等，任何组织或者个人都不得有超越宪法法律的特

---

① 习近平：《在首都各界纪念现行宪法公布施行三十周年大会上的讲话》（2012年12月4日），载中共中央文献研究室编《十八大以来重要文献选编（上）》，中央文献出版社2014年版，第91—92页。

权,一切违反宪法法律的行为都必须予以追究。"① 党的十八届四中全会《中共中央关于全面推进依法治国若干重大问题的决定》进一步重申了现行宪法关于保障宪法实施的职责规定,习近平总书记在《关于〈中共中央关于全面推进依法治国若干重大问题的决定〉的说明》中进一步重申了要在"宪法实施"上下功夫,他指出:"宪法是国家的根本法。法治权威能不能树立起来,首先要看宪法有没有权威。必须把宣传和树立宪法权威作为全面推进依法治国的重大事项抓紧抓好,切实在宪法实施和监督上下功夫。"②

总之,将宪法实施作为推进依宪治国的制度抓手已经成为习近平总书记关于法治的重要论述的最重要的内涵和思想特色,这充分体现了习近平总书记关于法治的重要论述的"重点论"特征,将依法治国与依宪治国、依法执政与依宪执政有机地统一起来,并以宪法为统帅,不断完善中国特色社会主义法律体系,全面统筹依法治国各个领域和方面的法律关系,树立宪法至高无上的法律权威,确保社会主义法制统一性,努力建设中国特色社会主义法治体系,坚持走中国特色社会主义法治道路,不断创新、勇于开拓,全面推进依法治国各项事业健康有序地向前发展。

---

① 《党的十八届三中全会〈决定〉学习辅导百问》,党建读物出版社、学习出版社2013年版,第20页。

② 习近平:《关于〈中共中央关于全面推进依法治国若干重大问题的决定〉的说明》(2014年10月20日),载中共中央文献研究室编《十八大以来重要文献选编(中)》,中央文献出版社2016年版,第148页。

四 加强宪法实施监督，保证宪法实施顺利进行

宪法实施是宪法作为根本法的生命和权威所在。宪法能否以法律的形式约束人们的行为，能否作为基本法律规范来统一国家法律体系中的各项法律法规，关键在于宪法的各项规定以及宪法原则、宪法精神在实践中能否得到有效"遵循"。从世界各国宪法实施的经验来看，宪法实施工作是否能有效地开展，一方面取决于宪法实施机构和宪法实施者能否依据宪法规定尽心尽责，自觉地履行宪法赋予的权利义务、职权职责；另一方面，对宪法实施工作建立起有效的监督机制可以推动宪法实施，提高宪法实施的效率，维护宪法作为根本法的法律权威。

根据我国现行宪法的规定，全国人大及其常委会作为最高国家权力机关负有监督宪法实施的法定职责。党的十八届四中全会《中共中央关于全面推进依法治国若干重大问题的决定》也强调了要加强宪法实施的监督制度建设，要求：完善全国人大及其常委会宪法监督制度，健全宪法解释程序机制。加强备案审查制度和能力建设，把所有规范性文件纳入备案审查范围，依法撤销和纠正违宪违法的规范性文件，禁止地方制发带有立法性质的文件。[1] 然而，

---

[1] 《中共中央关于全面推进依法治国若干重大问题的决定》（2014年10月23日），载中共中央文献研究室编《十八大以来重要文献选编（中）》，中央文献出版社2016年版，第160页。

第五章 推进依宪治国，保障宪法实施

正如习近平总书记指出的那样，当前我国宪法实施工作的状况并不理想，对于各种违宪行为和现象还没有从制度上有效地加以防范和制止，还存在监督宪法实施不到位、不给力的情形。主要表现在："保证宪法实施的监督机制和具体制度还不健全，有法不依、执法不严、违法不究现象在一些地方和部门依然存在；关系人民群众切身利益的执法司法问题还比较突出；一些公职人员滥用职权、失职渎职、执法犯法甚至徇私枉法严重损害国家法制权威；公民包括一些领导干部的宪法意识还有待进一步提高。对这些问题，我们必须高度重视，切实加以解决。"[①] 为此，要将宪法实施上升到一个新高度，必须要针对宪法实施工作建立起有效的监督制度和机制。

习近平总书记在2013年3月17日举行的十二届全国人大一次会议上就向出席会议的所有全国人大代表表明了自己作为全国人大选举产生的中华人民共和国主席带头接受监督的明确立场，为推动宪法实施监督工作做了表率，开了一个好头。习近平主席向出席十二届全国人大一次会议上的全国人大代表宣誓："我深知，担任国家主席这一崇高职务，使命光荣，责任重大。我将忠实履行宪法赋予的职责，忠于祖国，忠于人民，恪尽职守，夙夜在公，为民服务，为国尽力，自觉接受人民监督，决不辜负各位代

---

① 习近平：《习近平谈治国理政》，外文出版社2014年版，第137页。

表和全国各族人民的信任和重托。"① 习近平总书记在中国共产党第十八届中央纪律检查委员会第二次全体会议讲话时又进一步指出，要加强对权力运行的制约和监督，把权力关进制度的笼子里，形成不敢腐的惩戒机制、不能腐的防范机制、不易腐的保障机制。他强调，各级领导干部都要牢记，任何人都没有法律之外的绝对权力，任何人行使权力都必须为人民服务、对人民负责并自觉接受人民监督。② 在首都各界纪念现行宪法公布施行三十周年大会上的讲话中，习近平总书记对加强宪法实施监督的重要性作出了明确的阐述。他指出："全国人大及其常委会和国家有关监督机关要担负起宪法和法律监督职责，加强对宪法和法律实施情况的监督检查，健全监督机制和程序，坚决纠正违宪违法行为。地方各级人大及其常委会要依法行使职权，保证宪法和法律在本行政区域内得到遵守和执行。"③

当前，在宪法实施监督领域要取得扎扎实实的成效，关键是要发挥全国人大及其常委会在监督宪法实施方面的重要作用。十二届全国人大自 2013 年产生以来，在监督宪法实施方面做出了很多努力，取得了令人瞩目的成绩。张德江委员长在 2016 年全国人大常委会工作报告中对

---

① 习近平：《在第十二届全国人民代表大会第一次会议上的讲话》，人民出版社 2013 年版，第 1 页。

② 习近平：《依纪依法严惩腐败，着力解决群众反映强烈的突出问题》（2013 年 1 月 22 日），载中共中央文献研究室编《十八大以来重要文献选编（上）》，中央文献出版社 2014 年版，第 136 页。

③ 习近平：《习近平谈治国理政》，外文出版社 2014 年版，第 140 页。

2015年度全国人大及其常委会履行宪法实施监督职责的情况作出了全面系统的说明。他指出：常委会始终恪守宪法原则，履行宪法监督职责，大力弘扬宪法精神，坚决维护宪法权威，保证宪法全面有效实施。对规范性文件实行备案审查，是维护宪法尊严、保证国家法制统一的重要制度。常委会以贯彻实施修改后的立法法为契机，加强备案审查制度和能力建设。常委会工作机构与有关方面共同建立法规、规章和规范性文件备案审查衔接联动机制。经过多年的努力，我国各类法规、规章、司法解释和规范性文件都已纳入备案审查范围；经审查，发现有违反宪法法律的，依法依规予以撤销和纠正，实行有件必备、有备必审、有错必纠。2015年，全国人大常委会工作机构对"一府两院"报备的30多件行政法规、司法解释逐件进行审查，对部分地方性法规开展主动审查，研究各方面提出的200多件审查建议，认真做好备案审查工作。常委会把健全监督工作机制、完善监督工作方式方法，作为加大监督力度、增强监督实效的重要途径，进行了一些新的探索。一是研究提出《关于改进审计查出突出问题整改情况向全国人大常委会报告机制的意见》。2015年6月，常委会听取审议国务院年度审计工作报告，对查出的问题提出整改意见。12月，常委会听取审议了国务院关于审计查出问题整改情况的报告，并结合审议报告进行了专题询问。这在全国人大监督工作方面还是第一次。从整改情况看，对审计工作报告中反映的重点问题，财政部、国家发展和改革委员会等6个部门进行了认真整改，并提出了整改情况报告；对其他问题，47个部门、单位对772个问题进行了认真整改。审计发现的违法违纪问题线索，审计署已经移送有关方面查处。二是研究提出《关于改进完善专题询问工作的若干意见》，结合审议职业教育法、水污染防治法两个执法检查报告分别开展专题询问，拓宽了专题询问的范围；国务院领导同志在常委会会议上作专项工作报告，参加常委会联组会议，回答询问、听取意见，参加常委会执法检查组会议，充分体现了政府对人大负责、受人大监督和加快建设法治政府的精神。①

在宪法实施监督方面特别值得一提的是 2016 年 9 月 13 日下午闭幕的十二届全国人大常委会第二十三次会议中，表决通过了关于辽宁省人大选举产生的部分十二届全国人大代表当选无效的报告，确定 45 名全国人大代表因拉票贿选当选无效。张德江委员长在就此发表的讲话中，非常明确地表达了以习近平同志为核心的党中央对辽宁省选举全国人大代表"贿选"事件的严正立场，指出：辽宁拉票贿选案是新中国成立以来查处的第一起发生在省级层面、严重违反党纪国法、严重违反政治纪律和政治规矩、严重违反组织纪律和换届纪律、严重破坏人大选举制度的重大案件，是对我国人民代表大会制度的挑战，是对社会主义民主政治的挑战，是对国家法律和党的纪律的挑战，触碰了中国特色社会主义制度底线和中国共产党执政底线。依纪依法彻查和处理辽宁拉票贿选案，充分体现了以习近平同志为核心的党中央坚定不

---

① 参见张德江《全国人民代表大会常务委员会工作报告——2016 年 3 月 9 日在第十二届全国人民代表大会第四次会议上》，2016 年 3 月 19 日，新华网。

移推进全面依法治国、全面从严治党的鲜明态度和坚定决心，维护了人民代表大会制度的权威和尊严，维护了社会主义法治的权威和尊严。①

2016年7月1日，习近平总书记在庆祝中国共产党成立95周年大会上的讲话中进一步强调了遵守宪法、加强宪法实施的重要性。他指出："要在全社会牢固树立宪法法律权威，弘扬宪法精神，任何组织和个人都必须在宪法法律范围内活动，都不得有超越宪法法律的特权。"② 2016年10月27日，党的十八届六中全会通过的《中国共产党党内监督条例》第5条第二款第（一）项明确规定，党内监督的内容主要是："遵守党章党规，坚定理想信念，践行党的宗旨，模范遵守宪法法律情况。"③ 由此可见，遵守宪法、加强宪法实施不仅是一切国家机关、社会组织和公民个人的行为准则，也是执政党的党组织和党员的行为要求。

党的十八大以来，以习近平同志为核心的党中央在监督宪法实施方面不仅有非常明确的政策立场，而且还把对宪法实施的各项要求贯彻落实到具体的行动上，抓住一些违反宪法规定或宪法原则、宪法精神的典型事例，及时依法处理，向社会公开这些违反宪法行为的严重危害性，在加强宪法实施监督、推动宪法实施方面做出了许多实实在

---

① 《张德江主持十二届全国人大常委会第二十三次会议闭幕会并发表讲话》，2016年9月13日，新华网。
② 习近平：《在庆祝中国共产党成立95周年大会上的讲话》（2016年7月1日），人民出版社2016年版，第17页。
③ 《监督执纪问责核心法规》，中国方正出版社2016年版，第100页。

在、富有成效的实事,维护了宪法的法律权威,用具体行动捍卫了依宪治国、依宪执政的"法治理念"。

五　推进合宪性审查工作

2017年10月18日,习近平总书记在代表十八届中央委员会向党的十九大所作的工作报告中明确指出:"加强宪法实施和监督,推进合宪性审查工作,维护宪法权威。"① 其中,"推进合宪性审查工作"第一次出现在党代会文件中。这是以习近平同志为核心的党中央全面推进依法治国的一项重要制度安排,也是落实"依宪治国"新理念新思想新战略的一项重要举措。按照党的十九大要求"推进合宪性审查工作",将会带来法治建设领域的深刻变革,能够让法治原则和法治精神真正落到实处,彻底解决束缚法治建设的瓶颈问题,为保障法治统一性、维护宪法权威提供了坚实的政策依据和行动指引。

所谓"合宪性审查",就是由有关权力机关依据宪法和相关法律的规定,对于可能存在违反宪法规定的法律法规和规范性文件以及国家机关履行宪法职责的行为进行审查,发现违反宪法的问题,并予以纠正,以维护宪法的权威。"合宪性审查"所要解决的问题是违宪问题,目标是维护宪法权威、保证宪法实施,制度功能是推进"依宪治

---

① 习近平:《决胜全面建成小康社会　夺取新时代中国特色社会主义伟大胜利——在中国共产党第十九次全国代表大会上的报告》,人民出版社2017年版,第38页。

国"价值要求的实现。

党的十九大报告明确指出"推进合宪性审查工作",从当下的制度安排来看,关键就是要求在实践中将现行《立法法》第99条所规定的"合宪性审查工作"付诸实践,让"合宪性审查"制度"动起来""活起来""用起来",让宪法真正成为判断人们行为对错的是非标准和判断行政法规、地方性法规、自治条例和单行条例是否"合宪"的裁判规则,让宪法自身的法律作用在实践得以体现和充分发挥,让宪法成为约束一切国家机关、社会组织和公民个人的行为标准。2018年3月11日十三届全国人大一次会议通过的《中华人民共和国宪法修正案》明确将全国人大法律委员会更名为"全国人大宪法和法律委员会"。2018年6月22日十三届全国人大常委会三次会议通过的《关于全国人民代表大会宪法和法律委员会职责问题的决定》规定,全国人大宪法和法律委员会承担推进合宪性审查等工作职责。"推进合宪性审查工作"意义重大,它是"深化依法治国实践"的一项制度安排,同时是贯彻落实"依宪治国"各项价值要求的一项重要举措。只要在实践中真正地根据党的十九大要求,依法启动现行《立法法》所规定的合宪性审查制度,就必然会在法治实践中形成新的"亮色",法律法规和规范性文件不统一、宪法不能作为裁判规则的法治"瓶颈"问题就会迎刃而解,中国特色社会主义法治实践就会走上飞速发展的快车道!①

---

① 莫纪宏:《推进合宪性审查——"依宪治国"重要举措》,《北京日报》2017年11月6日第13版。

第六章

推进科学立法,构建良法体系

"立善法于天下,则天下治;立善法于一国,则一国治。"①

立法是法治建设的基础性工作,立法是否科学、合理,是否符合改革开放和社会主义现代化建设的要求,这是全面依法治国的首要环节。党的十一届三中全会从拨乱反正的高度提出了要保证"有法可依",扭转了因为 10 年"文化大革命"破坏法制导致无法可依的混乱局面。经过 40 年立法工作的努力,我国已经于 2010 年底基本形成了中国特色社会主义法律体系,基本上解决了法治建设中无法可依的问题。在基本形成中国特色社会主义法律体系之后,立法工作的主要任务就发生了转变,由过去只重视数量、"宜粗不宜细"转向更多关注立法质量。党的十八大因循立法工作的新要求,适时提出了"科学立法"的主

---

① (北宋)王安石《周公》。习近平总书记在《在省部级主要领导干部学习贯彻十八届三中全会精神全面深化改革专题研讨班上的讲话》(2014 年 2 月 17 日)中引用。

张。党的十九大报告更是重视立法工作在全面依法治国各项法治工作中的重要性，提出"推进科学立法、民主立法、依法立法，以良法促进发展、保障善治"①。所以，认真贯彻落实党的十九大报告关于科学立法、民主立法和依法立法的要求，必须要从立法质量上下功夫，正确处理立法与改革的关系，使得立法能够为中国特色社会主义法治建设提供强有力的法律基础和制度保障。

科学立法就是指秉持科学精神、采用科学方法、遵循科学规律的立法过程和立法结果。民主立法就是保障和实现人民民主，把人民的利益诉求和意志主张在民主法治的框架下充分表达出来，有效汇集起来，通过立法程序上升为国家意志，表现为法律规范的过程。依法立法就是要求立法机关也要依据法定程序立法，立法的内容要符合宪法和法律的要求，立法机关制定的不同性质的法律规范在形式、效力、内容、目标等方面要保持统一性。"科学立法的核心在于尊重和体现客观规律，民主立法的核心在于为了人民、依靠人民。"② 推进科学立法，坚持依法立法，实现民主立法，必须扎根于社会实践。社会实践是法律的基础，法律是实践经验的总结、提炼。社会实践永无止境，

---

① 习近平：《决胜全面建成小康社会 夺取新时代中国特色社会主义伟大胜利——在中国共产党第十九次全国代表大会上的报告》，人民出版社2017年版，第38—39页。

② 习近平：《关于〈中共中央关于全面推进依法治国若干重大问题的决定〉的说明》（2014年10月20日），载中共中央文献研究室编《十八大以来重要文献选编（中）》，中央文献出版社2016年版，第149页。

法律体系也要与时俱进。建设中国特色社会主义是一项长期的历史任务，完善中国特色社会主义法律体系同样是一项长期而又艰巨的任务，必须随着中国特色社会主义实践的发展不断向前推进。①

一　立法领域面临的突出问题

中华人民共和国成立以来特别是改革开放以来，经过长期努力，我国形成了中国特色社会主义法律体系，② 国家生活和社会生活各方面总体上实现了有法可依，这是一个了不起的重大成就。同时，我们也要看到，实践发展永无止境，立法工作也永无止境，完善中国特色社会主义法律体系的任务依然很重。但是，也应当看到，"我们在立法领域面临着一些突出问题，比如，立法质量需要进一步提高，有的法律法规全面反映客观规律和人民意愿不够，解决实际问题有效性不足，针对性、可操作性不强；立法效率需要进一步提高。还有就是立法工作中部门化倾向、争权诿责现象较为突出，有的立法实际上成了一种利益博弈，不是久拖不决，就是制定的法律法规不大管用，一些地方利用法规实行地方保护主义，对全国形成统一开放、

---

① 国务院新闻办公室：《中国特色社会主义法律体系（白皮书）》，2011年10月27日，中央人民政府网站。

② 截至2018年12月，全国人大及其常委会制定的现行有效法律270多件，国务院制定的现行有效行政法规740多件，有立法权的地方人大及其常委会制定的现行有效地方性法规8000多件。

竞争有序的市场秩序造成障碍，损害国家法治统一"①。存在部分法律法规制定出台后不能用、不管用、难执行、难适用、难遵守，个别法律法规甚至徒有其名、形同虚设。

　　导致这些现象的原因在于：一是重立法数量轻立法质量、重立法效率轻立法民主、重立法形式轻立法实效，甚至将立法当作政绩工程，只管立法不管法律是否能够有效实施。二是存在行政部门主导立法、特殊利益群体牵制立法、国外大公司财团渗透立法等现象，在一定程度上影响了立法的公正性、权威性和公信力。立法过程中"行政权力部门化、部门权力利益化、部门利益合法化"的问题依然存在，一些明显带有部门或特殊集团利益痕迹的立法，把畸形的利益格局或权力关系合法化。三是公民和立法利害关系人参与立法的体制、机制、程序，及其多样性、有效性、常态化等与民主立法的要求还有相当差距，立法参与、立法争论、立法博弈、立法妥协等不够充分，公民大众和社会组织在立法过程中常常成为"立法弱势群体"，导致有些立法难以充分反映和体现民意。四是存在"消极立法""被动立法""和稀泥立法""避重就轻立法"等现象，立法者不敢、不会、不愿用立法重器在问题矛盾的难点或焦点上"砍一刀"，以致给严格执法、公正司法和全民守法留下瑕疵和隐患。五是立法观念、立法体制、

---

　　① 习近平：《关于〈中共中央关于全面推进依法治国若干重大问题的决定〉的说明》（2014年10月20日），载中共中央文献研究室编《十八大以来重要文献选编（中）》，中央文献出版社2016年版，第149页。

立法规划、立法程序、立法方式、立法技术、法律体系等的科学性需要进一步加强，立法决策与改革发展重大决策的紧密结合需要进一步加强，完善法律体系与强化法律实效的紧密结合需要进一步加强。六是近年来人大代表在选举、构成、素质能力、行为方式、利益诉求、政治伦理等方面出现的新变化、新情况，使某些地方立法在坚持立法为民、体现党的主张与人民意志相统一等方面呈现复杂情况，"立法腐败"的苗头值得警惕。[①] 七是立法备案、裁决、审查制度运转不理想，立法监督机制不健全，立法冲突现象比较普遍，影响法律适用与立法权威。

推进民主科学立法，必须着力解决这些问题。党的十八届四中全会明确要求，建设中国特色社会主义法治体系，必须坚持立法先行，发挥立法的引领和推动作用，抓住提高立法质量这个关键。要恪守以民为本、立法为民理念，贯彻社会主义核心价值观，使每一项立法都符合宪法精神、反映人民意志、得到人民拥护。要把公正、公平、公开原则贯穿立法全过程，完善立法体制机制，坚持立、改、废、释并举，增强法律法规的及时性、系统性、针对性、有效性。

二 完善立法体制

立法体制是由一个国家关于立法权设立、立法权限划

[①] 2012—2013年湖南衡阳发生的"以贿赂手段破坏选举案"，2016年8月处理曝光的"辽宁贿选案"等，都具有"立法腐败"的性质特征。

分、立法权运行等方面的体系和制度所构成的有机整体,是产生法律法规的"工作车间和生产机器"。根据我国宪法和2015年修改的新《立法法》,我国实行的是中央统一领导和一定程度分权的,多级并存、多类结合的立法体制,即全国人大及其常委会有权制定法律,国务院有权制定行政法规,省级地方人大及其常委会、较大市的人大及其常委会、省会市的人大及其常委会、设区的市的人大及其常委会有权制定地方性法规,深圳市、珠海市、汕头市、厦门市以及海南省的人大及其常委会有权制定经济特区法规,民族自治地方的人民代表大会有权制定民族自治条例和单行条例。

法律是治国之重器,良法是善治之前提。实现良法善治,必须进一步完善我国的立法体制,不断提高立法质量。习近平总书记指出:"不是什么法都能治好国;越是强调法治,越是要提高立法质量。这些话是有道理的。我们要完善立法规划,突出立法重点,坚持立改废并举,提高立法科学化、民主化水平,提高法律的针对性、及时性、系统性。要完善立法工作机制和程序,扩大公众有序参与,充分听取各方面意见,使法律准确反映经济社会发展要求,更好协调利益关系,发挥立法的引领和推动作用。"[①] 党的十八届四中全会对进一步完善我国立法体制,提出了以下四个方面的改革和建设任务。

[①] 习近平:《在十八届中央政治局第四次集体学习时的讲话》(2013年2月23日),载中共中央文献研究室编《习近平关于全面依法治国论述摘编》,中央文献出版社2015年版,第43—44页。

（一）加强党对立法工作的领导，完善党对立法工作中重大问题决策的程序

在立法领域坚持党的领导，是全面依法治国的一项基本要求。党的十八届四中全会指出：要"把党的领导贯彻到依法治国全过程和各方面"，"只有在党的领导下依法治国、厉行法治，人民当家作主才能充分实现……必须坚持党领导立法……把党总揽全局、协调各方同人大、政府、政协、审判机关、检察机关依法依章程履行职能、开展工作统一起来，把党领导人民制定和实施宪法法律同党坚持在宪法法律范围内活动统一起来，善于使党的主张通过法定程序成为国家意志……善于通过国家政权机关实施党对国家和社会的领导"。[①]

为了贯彻落实上述要求，全国人大及其常委会行使国家立法权，应当坚持：凡立法涉及重大体制和重大政策调整的，必须报党中央讨论决定；党中央向全国人大提出宪法修改建议，依照宪法规定的程序进行宪法修改；法律制定和修改的重大问题由全国人大常委会党组向党中央报告。

（二）健全有立法权的人大主导立法工作的体制机制，发挥人大及其常委会在立法工作中的主导作用

通过科学立法来配置资源、分配利益、调整关系，必

[①] 《中共中央关于全面推进依法治国若干重大问题的决定》（2014年10月23日），载中共中央文献研究室编《十八大以来重要文献选编（中）》，中央文献出版社2016年版，第157—158页。

然会涉及各种矛盾和利益冲突，而坚持人大主导立法，就是要从制度设计上充分保障和代表人民根本利益和整体意志，从职权立场上超越部门利益、地方利益和局部利益，为国家和人民制定"良法"。

党的十八届四中全会《决定》提出，要建立由全国人大相关专门委员会、全国人大常委会法制工作委员会组织有关部门参与起草综合性、全局性、基础性等重要法律草案的制度。增加有法治实践经验的专职常委比例。依法建立健全专门委员会、工作委员会立法专家顾问制度。发挥人大主导立法的作用，要抓住以下三个环节：第一，把握对立法决策的主导。立法决策是人大主导立法的前提。应当抓好立法项目论证，对各方面提出的立法项目进行通盘考虑、总体设计、科学选择。必须始终坚持党对立法工作的领导，对于重大立法事项，应当及时由人大常委会党组向中央或地方党委请示汇报。第二，把握对立法起草的主导。立法起草是人大主导立法的关键。在我国，涉及综合性、全局性等重大事项的法律法规案，应当由人大有关专门委员会和常委会工作机构组织起草。对专业性较强的法律法规案，可以委托有关专业单位研究起草。对其他方面组织起草的法律法规案，人大有关专门委员会、常委会法制工作机构要加大起草督促力度，提前介入调研起草工作，加强立法协调协商。建立制定配套法规时限制度，努力推动配套法规与法律同步起草、同步出台、同步实施。第三，充分发挥人大代表在立法中的作用。人大代表积极参与立法是人大主导立法的基础。应当建立健全人大代表议案、建议与制定立法规划和立法工作计划、制定和修改法律法规衔接机制，认真研究采纳代表议案提出的相关建议，拓宽代表参与立法工作渠道，更多吸收人大代表参与调研、审议等立法活动，探索人大代表跨级、多层参与立法工作制度化，增加代表大会审议通过法律法规案的数量，充分发挥人民代表大会的立法职能。与此同时，要充分调动各方面的立法积极性，建立健全立法事项征询社会公众意见制度，完善公民、社会团体、企业事业组织直接提出立法建议机制，以及社会公众意见采纳情况反馈机制，提高公民参与立法实效。[①]

（三）加强和改进政府立法制度建设

完善行政法规、规章制定程序，完善公众参与政府立法机制。重要行政管理法律法规由政府法制机构组织起草。就是说，我国的立法，不仅包括有立法权的人大及其常委会实施的立法机关的立法，也包括享有行政法规和政府规章制定权的行政机关的行政立法。必须把行政立法纳入法治轨道，遵循坚持科学立法和民主立法原则推进行政立法，防止行政机关内部的"部门保护主义"，按照全面依法治国的要求不断提高行政立法的公正性和权威性。

[①] 参见王晨《在新的起点上切实加强和改进立法工作——在第二十次全国地方立法研讨会上的讲话（2014年9月20日）》，2014年10月8日，中国人大网。

(四) 明确立法权力边界，从体制机制和工作程序上有效防止部门利益和地方保护主义法律化

对部门间争议较大的重要立法事项，由决策机关引入第三方评估，充分听取各方意见，协调决定，不能久拖不决。加强法律解释工作，及时明确法律规定含义和适用法律依据。明确地方立法权限和范围，依法赋予设区的市地方立法权。新《立法法》第72条明确规定："设区的市的人民代表大会及其常务委员会根据本市的具体情况和实际需要，在不同宪法、法律、行政法规和本省、自治区的地方性法规相抵触的前提下，可以对城乡建设与管理、环境保护、历史文化保护等方面的事项制定地方性法规，法律对设区的市制定地方性法规的事项另有规定的，从其规定。设区的市的地方性法规须报省、自治区的人民代表大会常务委员会批准后施行。省、自治区的人民代表大会常务委员会对报请批准的地方性法规，应当对其合法性进行审查，同宪法、法律、行政法规和本省、自治区的地方性法规不抵触的，应当在四个月内予以批准。省、自治区的人民代表大会常务委员会在对报请批准的设区的市的地方性法规进行审查时，发现其同本省、自治区的人民政府的规章相抵触的，应当做出处理决定。"新《立法法》实施前全国设区的市有284个，按照现行立法法规定，享有地方立法权的有49个（包括27个省、自治区的人民政府所在地的市，4个经济特区所在地的市和18个经国务院批准的较大的市），尚

没有地方立法权的 235 个。① 根据新《立法法》的规定，我国将新增 200 多个享有地方性法规制定权的人民代表大会及其常务委员会。这将大大增强地方立法的力量，加快地方立法的速度，较好平衡中央与地方立法的权力关系。

三 提高立法质量

习近平总书记明确指出："要坚持问题导向，提高立法的针对性、及时性、系统性、可操作性，发挥立法引领和推动作用。要抓住提高立法质量这个关键，深入推进科学立法、民主立法，完善立法体制和程序，努力使每一项立法都符合宪法精神、反映人民意愿、得到人民拥护。"②

党的十八届四中全会《决定》指出："建设中国特色社会主义法治体系，必须坚持立法先行，发挥立法的引领和推动作用，抓住提高立法质量这个关键。要恪守以民为本、立法为民理念，贯彻社会主义核心价值观……要把公正、公平、公开原则贯穿立法全过程，完善立法体制机制，坚持立改废释并举，增强法律法规的及时性、系统

---

① 参见李建国《关于〈中华人民共和国立法法修正案（草案）〉的说明》，2015 年 3 月 8 日在第十二届全国人民代表大会第三次会议上，中国共产党新闻网。

② 习近平：《在庆祝全国人民代表大会成立六十周年大会上的讲话》（2014 年 9 月 5 日），载中共中央文献研究室编《十八大以来重要文献选编（中）》，人民出版社 2016 年版，第 56 页。

性、针对性、有效性。"① 推进科学立法、民主立法,是提高立法质量的根本途径。科学立法的核心在于尊重和体现客观规律,民主立法的核心在于为了人民、依靠人民。要完善科学立法、民主立法机制,创新公众参与立法方式,广泛听取各方面意见和建议。

党的十八届四中全会提出了当前提高立法质量的七项改革任务:(1)加强人大对立法工作的组织协调,健全立法起草、论证、协调、审议机制,健全向下级人大征询立法意见机制,建立基层立法联系点制度,推进立法精细化。(2)健全法律法规规章起草征求人大代表意见制度,增加人大代表列席人大常委会会议人数,更多发挥人大代表参与起草和修改法律的作用。(3)完善立法项目征集和论证制度。健全立法机关主导、社会各方有序参与立法的途径和方式。(4)探索委托第三方起草法律法规草案。(5)健全立法机关和社会公众沟通机制,开展立法协商,充分发挥政协委员、民主党派、工商联、无党派人士、人民团体、社会组织在立法协商中的作用,探索建立有关国家机关、社会团体、专家学者等对立法中涉及的重大利益调整论证咨询机制。(6)拓宽公民有序参与立法途径,健全法律法规规章草案公开征求意见和公众意见采纳情况反馈机制,广泛凝聚社会共识。(7)完善法律草案表决程

---

① 《中共中央关于全面推进依法治国若干重大问题的决定》(2014年10月23日),载中共中央文献研究室编《十八大以来重要文献选编(中)》,中央文献出版社2016年版,第160页。

序，对重要条款可以单独表决。①

四 加强重点领域的立法

习近平总书记明确指出："现在，我们国家和社会生活各方面总体上实现了有法可依，这是我们取得的重大成就。同时，我们也要看到，实践是法律的基础，法律要随着实践发展而发展。转变经济发展方式，扩大社会主义民主，推进行政体制改革，保障和改善民生，加强和创新社会管理，保护生态环境，都会对立法提出新的要求。"② 党的十八大和十八届四中全会都要求，在中国特色社会主义法律体系如期形成后，要加强重点领域立法，不断完善我国法律体系。

一要加强人权保障的立法。依法保障公民权利，加快完善体现权利公平、机会公平、规则公平的法律制度，保障公民人身权、财产权、基本政治权利和自由等各项权利不受侵犯，保障公民经济、文化、社会等各方面权利得到落实，实现公民权利保障法治化。制定刑事被害人救助法、社区矫正法、看守所法、适当生活水准权法、国家补偿法、个人信息保护法等，尽快批准联合国《公民权利和政治权利国际公约》。

---

① 参见《中共中央关于全面推进依法治国若干重大问题的决定》（2014年10月23日），载中共中央文献研究室编《十八大以来重要文献选编（中）》，中央文献出版社2016年版，第161—162页。
② 习近平：《在十八届中央政治局第四次集体学习时的讲话》（2013年2月23日），载中共中央文献研究室编《习近平关于全面依法治国论述摘编》，中央文献出版社2015年版，第43页。

二要加强市场经济的立法。社会主义市场经济本质上是法治经济。党的十八届四中全会明确提出，要使市场在资源配置中起决定性作用和更好发挥政府作用，必须以保护产权、维护契约、统一市场、平等交换、公平竞争、有效监管为基本导向，完善社会主义市场经济法律制度。健全以公平为核心原则的产权保护制度[①]，加强对各种所有制经济组织和自然人财产权的保护，清理有违公平的法律法规条款。创新适应公有制多种实现形式的产权保护制度，加强对国有、集体资产所有权、经营权和各类企业法人财产权的保护。国家保护企业以法人财产权依法自主经营、自负盈亏，企业有权拒绝任何组织和个人无法律依据的要求。加强企业社会责任立法。完善激励创新的产权制度、知识产权保护制度和促进科技成果转化的体制机制。加强市场法律制度建设，编纂民法典，制定和完善发展规划、投资管理、土地管理、能源和矿产资源、农业、财政税收、金融等方面法律法规，促进商品和要素自由流动、公平交易、平等使用。依法加强和改善宏观调控、市场监

---

① 中央全面深化改革领导小组第二十七次会议，审议通过了《关于完善产权保护制度依法保护产权的意见》（以下简称《意见》），对完善产权保护制度、推进产权保护法治化有关工作进行了全面部署。该《意见》从十个方面提出了具体改革措施：一是加强各种所有制经济产权保护；二是完善平等保护产权的法律制度；三是妥善处理历史形成的产权案件；四是严格规范涉案财产处置的法律程序；五是审慎把握处理产权和经济纠纷的司法政策；六是完善政府守信践诺机制；七是完善财产征收征用制度；八是加大知识产权保护力度；九是健全增加城乡居民财产性收入的各项制度；十是营造全社会重视和支持产权保护的良好环境。

管，反对垄断，促进合理竞争，维护公平竞争的市场秩序。加强军民融合深度发展法治保障。①

三要加强文化领域立法。党的十八届四中全会明确提出，要建立健全坚持社会主义先进文化前进方向、遵循文化发展规律、有利于激发文化创造活力、保障人民基本文化权益的文化法律制度。制定公共文化服务保障法，促进基本公共文化服务标准化、均等化。制定文化产业促进法，把行之有效的文化经济政策法定化，健全促进社会效益和经济效益有机统一的制度规范。加强互联网领域立法，完善网络信息服务、网络安全保护、网络社会管理等方面的法律法规，依法规范网络行为。②

四要加强贯彻落实"五大发展理念"的立法。党的十八届五中全会明确提出了创新、协调、绿色、开放、共享的发展理念。贯彻落实"五大发展理念"，对立法工作提出了新目标新要求。立法工作应当紧紧围绕"四个全面"战略布局和"五位一体"总体布局，加快形成完备的法律规范体系，充分发挥立法的引领、推动和促进作用。主要任务是：在推动创新发展方面，应当加快编纂民法典，制定增值税法、资源税法、房地产税法、耕地占用税法等，修改土地管理法、专利法、著作权法、税收征收管理法等；在推动协调发展方面，应当制定发展规划法、能源

---

① 《中共中央关于全面推进依法治国若干重大问题的决定》（2014年10月23日），载中共中央文献研究室编《十八大以来重要文献选编（中）》，中央文献出版社2016年版，第162—163页。

② 同上书，第163页。

法、文化产业促进法、粮食法、电信法、核安全法、电子商务法、期货法、基础设施和公用事业特许经营法、航空法，修改农民专业合作社法、农村土地承包法、证券法、标准化法、铁路法、中小企业促进法、反不正当竞争法、中国人民银行法等；在推动绿色发展方面，应当制定土壤污染防治法，修改水污染防治法、循环经济促进法、森林法、草原法、矿产资源法等；在推动开放发展方面，应当制定关税法、船舶吨税法、国际刑事司法协助法；在推动共享发展方面，应当制定基本医疗卫生法、农村扶贫开发法，修改职业教育法、矿山安全法等。①

五要加快推进反腐败国家立法。完善惩治和预防腐败体系，形成不敢腐、不能腐、不想腐的有效机制，坚决遏制和预防腐败现象。完善惩治贪污贿赂犯罪法律制度，把贿赂犯罪对象由"财物"扩大为"财物和其他财产性利益"。② 制定国际刑事司法协助法，制定国家监察法，研究起草反腐败法、公职人员财产申报法、政务公开法、国家机关编制法、重大决策程序法、行政组织法等法律。

六要加强保障民生的立法。加快保障和改善民生、推进社会治理体制创新法律制度建设。依法加强和规范公共服务，完善教育、就业、收入分配、社会保障、医疗卫生、食品安全、扶贫、慈善、社会救助和妇女儿童、老年人、残疾

---

① 李建国：《把经济社会发展纳入法治轨道》，《人民日报》2015年11月13日第6版。

② 《中共中央关于全面推进依法治国若干重大问题的决定》（2014年10月23日），载中共中央文献研究室编《十八大以来重要文献选编（中）》，中央文献出版社2016年版，第163页。

人合法权益保护等方面的法律法规。加强社会组织立法,规范和引导各类社会组织健康发展。制定社区矫正法。[①]

七要加强国家安全的立法。贯彻落实总体国家安全观,加快国家安全法治建设,抓紧出台反恐怖等一批急需法律,推进公共安全法治化,构建国家安全法律制度体系,制定国家安全法、陆地国界法、能源法、原子能法、航空法,等等。

八要加强国防和军队建设的立法。党的十八届四中全会明确提出,要深入推进依法治军从严治军,紧紧围绕党在新形势下的强军目标,着眼全面加强军队革命化现代化正规化建设,创新发展依法治军理论和实践,构建完善的中国特色军事法治体系,提高国防和军队建设法治化水平。为此,必须进一步加强国防和军队现代化建设的立法,健全适应现代军队建设和作战要求的军事法规制度体系,严格规范军事法规制度的制定权限和程序,将所有军事规范性文件纳入审查范围,完善审查制度,增强军事法规制度科学性、针对性、适用性。

五　处理好改革与法治(立法)的关系

(一)妥善处理改革与法治(立法)的关系意义重大

处理好改革与立法的关系,必须放在改革与法治关系

[①] 《中共中央关于全面推进依法治国若干重大问题的决定》(2014年10月23日),载中共中央文献研究室编《十八大以来重要文献选编(中)》,中央文献出版社2016年版,第163—164页。

的大框架和时代背景中来把握和理解。妥善处理改革与法治（立法）的关系，是历史新起点上协调推进全面深化改革与全面依法治国的必然要求，是加强依宪治国和推进依宪执政的关键环节。习近平总书记指出："当前，我们要着力处理好改革和法治的关系。改革和法治相辅相成、相伴而生。我国历史上的历次变法，都是改革和法治紧密结合，变旧法、立新法，从战国时期商鞅变法、宋代王安石变法到明代张居正变法，莫不如此。我国改革进入了攻坚期和深水区，改革和法治的关系需要破解一些新难题，也亟待纠正一些认识上的误区。一种观点认为，改革就是要冲破法律的禁区，现在法律的条条框框妨碍和迟滞了改革，改革要上路、法律要让路。另一种观点则认为，法律就是要保持稳定性、权威性、适当的滞后性，法律很难引领改革。这两种看法都是不全面的。在法治下推进改革，在改革中完善法治，这就是我们说的改革和法治是两个轮子的含义。我们要坚持改革决策和立法决策相统一、相衔接，立法主动适应改革需要，积极发挥引导、推动、规范、保障改革的作用，做到重大改革于法有据，改革和法治同步推进，增强改革的穿透力。"[①]

改革开放 40 年来，我们将理论创新与实践探索相结合，在正确处理改革与法治的关系方面，取得了巨大成就，积累

[①] 习近平：《在省部级主要领导干部学习贯彻党的十八届四中全会精神全面推进依法治国专题研讨班上的讲话》（2015 年 2 月 2 日），载中共中央文献研究室编《习近平关于全面依法治国论述摘编》，中央文献出版社 2015 年版，第 51—52 页。

了成功经验，达成了诸多共识，为全面深化改革，加快建设法治中国，创造了有利条件，奠定了良好基础。

在建设法治中国的现阶段，在建设和发展中国特色社会主义的伟大实践中，相对于完成经济建设、政治建设、文化建设、社会建设和生态文明建设"五位一体"的战略任务而言，相对于到2020年实现全面建成小康社会的战略目标而言，相对于到2049年实现国家富强、人民幸福、中华民族伟大复兴的中国梦而言，改革与法治都是手段、方法、举措和过程，两者的价值特征、本质属性和目的追求都是一致的，没有根本的内在矛盾和冲突。那些认为"改革与法治两者是相互对立排斥的"，"要改革创新就不能讲法治"，"改革要上，法律就要让"，"要发展就要突破法治"等错误观念和认识，[①] 都是有违法治思维和法治原则的，对于深化改革与推进法治来说都是有害无益的。

在中国特色社会主义理论、制度、道路和文化自信的基础上，在我国现行宪法和法律体系内在和谐统一的体制下，改革与法治之间是一种内在统一、相辅相成的关系。改革须臾离不开法治的引领和保障，否则就可能天下大乱；法治必须紧跟改革的进程和步伐，否则就可能被废弃淘汰。但是，也毋庸讳言，在我国宪法和法治统一的现实条件下，在我国单一制国家政权组织形式的基础上，作为国家和社会运行发展的具体手段、方法、举措和过程，改革与法治又不可能不存在某些区别、不同甚至冲突。其中

---

① 袁曙宏：《正确认识和处理新形势下改革与法治的关系》，《紫光阁》2015年第9期。

最重要的区别在于,法治作为国之重器,以守持和维护既有秩序为己任,具有较强的稳定性、规范性和保守性;而改革作为一种创新发展手段,往往以突破现有法律、制度和政策为先导,具有较强的变动性、挑战性和激进性,因此,改革的"破"与法治的"守"这两者之间,必然存在某种张力,在一定条件下两者还可能发生抵触、冲突或者矛盾。甚至可以说,任何现代国家和社会的全面深化改革,或早或晚、或多或少都必然会遭遇法治意义上的合法性、合宪性问题。改革与法治的运行指向和内在张力,决定了两者的"遭遇战"是客观的必然存在。决策者需要做的,不是自欺欺人地否认、漠视或者放任这种存在,而应当采取积极态度与正确方法去认识、把握和妥善处理两者遭遇时产生的具体矛盾和问题。在推进法治中国建设的时代背景下,习近平总书记强调指出:"凡属重大改革都要于法有据。在整个改革过程中,都要高度重视运用法治思维和法治方式,发挥法治的引领和推动作用,加强对相关立法工作的协调,确保在法治轨道上推进改革。"[①] 坚持"重大改革要于法有据",既是社会主义法治文明的改革观,是运用法治思维和法治方式全面深化改革的改革观,也是正确处理改革与法治关系的指导思想和基本原则。

(二)努力用法治(立法)凝聚改革最大共识

习近平总书记在主持中共中央政治局第四次集体学习

[①] 习近平:《在中央全面深化改革领导小组第二次会议上的讲话》,《人民日报》2014年3月1日第1版。

时指出，要"努力以法治凝聚改革共识"[①]。这既是在贯彻落实党的十八大精神的新形势下，对深化改革开放、规范发展行为、促进矛盾化解、保障社会和谐的新要求；也是在全面推进依法治国、加快建设法治中国的新起点上，对各级领导机关和领导干部提高运用法治思维和法治方式能力的新要求。1978年以来的改革开放，是实现国家强盛、民族复兴和人民幸福的必由之路，是为实践证明了的全国人民的最大共识之一。目前，中国的改革步入"深水区"，改革面临的问题之多、困难之大、矛盾之复杂、认识之不统一，前所未有。如何深化改革，尤其是深化重要领域、难点环节、重大利益调整等方面的体制改革，既是对执政党的领导能力、执政能力、治国理政能力的严峻挑战，也是对中华民族的政治勇气、政治智慧以及中国人民当家作主能力的重大考验。这就需要我们以法治（立法）最大限度地凝聚改革的思想共识、价值共识、制度共识和行为共识，为深化改革奠定良好的法治基础、提供重要的法治保障。为此，我们应当更加重视发挥立法的引导功能和教化作用，在法治的框架下求大同、存小异，努力达成改革共识，依法实现利益的最大化；更加重视发挥立法"分配正义"的作用，通过民主科学立法对各种利益作出合法、公正、公平、合理的分配和处置，在立法的基础上真正达成改革认同，凝聚改革共识；更加重视发挥程序立法的"游

---

① 习近平：《在十八届中央政治局第四次集体学习时的讲话》（2013年2月23日），载中共中央文献研究室编《习近平关于全面依法治国论述摘编》，中央文献出版社2015年版，第110页。

戏规则"作用，通过程序立法等游戏规则，把利益的冲突或者失衡控制在公平正义的范围内，使多元利益的结构实现有序化，努力达成程序共识；更加注重培养各级领导机关和领导干部运用法治思维和法治方式的能力，努力掌握以法治凝聚改革共识、规范发展行为、促进矛盾化解、保障社会和谐的执政本领，带头依法办事，带头遵守法律，带头以法治思维和法治方式、通过法治程序去凝聚全社会、全民族的改革共识，为深化改革、扩大开放、促进发展提供良好的法治环境和有力的法治保障。

（三）把发展改革决策同立法决策结合起来

我们党早在 20 世纪 90 年代初期就提出了"改革决策要与立法决策紧密结合"的基本方针，① 全国人大随后也提出了"立法决策与改革决策要紧密结合"的立法原则，

---

① 1987 年，党的十三大就明确指出：必须一手抓建设和改革，一手抓法制。法制建设必须贯串于改革的全过程……法制建设必须保障建设和改革的秩序，使改革的成果得以巩固。应兴应革的事情，要尽可能用法律或制度的形式加以明确。1992 年，党的十四大要求必须"加强立法工作，特别是抓紧制定与完善保障改革开放、加强宏观经济管理、规范微观经济行为的法律和法规，这是建立社会主义市场经济体制的迫切要求"。1994 年，我们党明确指出"改革决策要与立法决策紧密结合。立法要体现改革精神，用法律引导、推进和保障改革顺利进行"。1995 年，进一步要求"坚持改革开放和法制建设的统一，做到改革决策、发展决策与立法决策紧密结合"。1997 年和 2002 年，我们党多次强调"要把改革和发展的重大决策同立法结合起来"，要"适应社会主义市场经济发展、社会全面进步和加入世贸组织的新形势，加强立法工作，提高立法质量，到 2010 年形成中国特色社会主义法律体系"。

这是党领导立法的一条基本经验。但在当时，我国立法与改革发展紧密结合也面临某些内在矛盾难以解决：法律应当具有统一性和协调性，但我国改革发展的不平衡性特征，使改革时期的立法在有些方面难以统一和协调；法律应当具有明确性、规范性和可操作性，但我国改革发展的渐进性特征，使改革时期的立法在整体上难以做到准确、规范和可操作；法律应当具有稳定性，但我国改革发展措施的探索性和试验性特征，使改革时期的立法不仅难以固定不变，而且不得不经常修改甚至废止；法律应当具有国家强制性，但我国改革发展的一些复杂情况使立法难以相应作出强制规定。

在历史新起点上，我们坚持全面依法治国，推进民主科学立法，完全有条件把国家的立法决策、立法规划、立法项目、立法草案等与执政党的改革决策紧密结合起来，通过立法把党的重大决策及时合理地法律化、规范化和国家意志化。对于执政党的改革决策来说，应当按照依法执政和领导立法的要求，把党有关改革的决策与立法决策紧密结合，在决策过程和决策阶段就贯彻政治与法治相统一、改革决策与立法决策相结合的原则，把改革决策全盘纳入法治化轨道。

习近平总书记指出："我们要加强重要领域立法，确保国家发展、重大改革于法有据，把发展改革决策同立法决策更好结合起来。"[①] 充分发挥立法对于改革的引导、推

---

① 习近平：《在庆祝全国人民代表大会成立六十周年大会上的讲话》（2014年9月5日），载中共中央文献研究室编《十八大以来重要文献选编（中）》，人民出版社2016年版，第56页。

动、规范和保障作用。

为此,应当坚持凡属重大改革要于法有据的原则,需要修改法律的应当先修改法律,先立后改;可以通过解释法律来解决问题的应当及时解释法律,先释后改;需要废止法律的要坚决废止法律,先废后改,以保证各项改革依法有序进行。习近平总书记在讲到政府职能转变的行政体制改革与法治建设的关系时明确指出:"政府职能转变到哪一步,法治建设就要跟进到哪一步。要发挥法治对转变政府职能的引导和规范作用,既要重视通过制定新的法律法规来固定转变政府职能已经取得的成果,引导和推动转变政府职能的下一步工作,又要重视通过修改或废止不合适的现行法律法规为转变政府职能扫除障碍。"[①]

应当坚持在现行宪法和法律框架内进行改革,充分利用宪法和法律预留的改革空间和制度条件,大胆探索,勇于创新。宪法是国家的根本法,是治国安邦的总章程,如果改革决策关涉宪法规定时,应当维护宪法的权威和尊严,必须杜绝"违宪改革"现象的发生。对确实需要突破现行宪法和法律规定的改革试点,如果通过解释宪法,通过法律的立、改、废、释等措施不能解决问题,也可以采取立法授权试点改革的方式,经有权机关依法授权批准,为改革试点工作提供合法依据,应当坚决避免

---

① 习近平:《在中共十八届二中全会第二次全体会议上的讲话》(2013年2月28日),载中共中央文献研究室编《习近平关于全面依法治国论述摘编》,中央文献出版社2015年版,第45页。

"违法改革"的发生。习近平总书记指出:"对实践证明已经比较成熟的改革经验和行之有效的改革举措,要尽快上升为法律。对部门间争议较大的重要立法事项,要加快推动和协调,不能久拖不决。对实践条件还不成熟、需要先行先试的,要按照法定程序做出授权,既不允许随意突破法律红线,也不允许简单以现行法律没有依据为由迟滞改革。对不适应改革要求的现行法律法规,要及时修改或废止,不能让一些过时的法律条款成为改革的'绊马索'。"①

全国人大及其常委会负有监督宪法实施的职责,地方人大及其常委会负有监督和保证法律、法规和地方性法规实施的义务,因此,各级人大及其常委会应当把改革决策与立法决策是否紧密结合、改革与法治是否统一、改革措施与法律规定是否冲突等情况,纳入人大监督的范畴,一经发现问题即依法提出处置意见、建议或者采取相关措施。

六 以良法促进发展,保障善治

习近平总书记在党的十九大报告中明确指出:"推进科学立法、民主立法、依法立法,以良法促进发展、保障

---

① 习近平:《在省部级主要领导干部学习贯彻党的十八届四中全会精神全面推进依法治国专题研讨班上的讲话》(2015年2月2日),载中共中央文献研究室编《习近平关于全面依法治国论述摘编》,中央文献出版社2015年版,第52—53页。

善治。"[①] 这是在充分和正确认识党的十一届三中全会以来立法在改革开放和社会主义现代化建设事业中所发挥的作用基础上得出的重要结论。党的十一届三中全会在拨乱反正的基础上提出了"有法可依、有法必依、执法必严、违法必究"新时期社会主义法制建设的"十六字方针",其中"有法可依"最为重要。因为在拨乱反正初期法制建设的最重要任务就是要恢复被十年"文化大革命"所破坏了的基本法制秩序,特别是要改变无法可依的局面。在这种历史背景下,立法工作得到了很大的发展,一大批适应改革开放要求的法律法规相继出台,为改革开放和社会主义现代化建设事业提供了基本的法律依据。但也要看到,随着社会主义法制建设的不断完善,法制建设对立法工作的要求也在不断提高。2000年出台的《立法法》其根本的宗旨就是要建立必要的立法秩序,防止立法中的部门主义和地方保护主义,为"立法"而立法,用法律来关注立法行为。1997年党的十五大提出了到2010年底基本形成中国特色社会主义法律体系的目标。2011年3月,全国人大常委会如期宣布中国特色社会主义法律体系基本形成。在中国特色社会主义法律体系基本形成之后,立法工作的中心任务也发生了深刻的变化,立法不能再像过去那样只重视数量,不关注质量。立法也不能层次不清、效力不明、规范冲突打

[①] 习近平:《决胜全面建成小康社会 夺取新时代中国特色社会主义伟大胜利——在中国共产党第十九次全国代表大会上的报告》,人民出版社2017年版,第38—39页。

架，而是要保证有"良法"。有"良法"才能使得各项工作事半功倍，无"良法"就可能因为法律规范自身价值秩序的混乱而导致国家治理的无序。无"良法"也会导致人们对法律缺少必要的信任，法律很多，但缺少权威，很难付诸实施。在法律规范不能很好地反映现实需要的前提下，根本不可能实现"善治"，甚至可能出现法律作恶的现象。对此，习近平总书记语重心长地指出："各有关方面都要从党和国家工作大局出发看待立法工作……部门、行业等局部利益再大也是小。彭真同志说立法就是在矛盾的焦点上'砍一刀'，实际上就是要统筹协调利益关系。如果有关方面都在相关立法中掣肘，都抱着自己那些所谓利益不放，或者都想避重就轻、拈易怕难，不仅实践需要的法律不能及时制定和修改，就是弄出来了，也可能不那么科学适用，还可能造成相互推诿扯皮甚至'依法打架'。这个问题要引起我们高度重视。"[①] 为此，党的十九大从实现"善治"的目标出发来呼吁制定"良法"，无疑为下一步通过合宪性审查工作来保证法律法规之间的一致性和国家法制的统一性打下了良好的政策基础，为科学立法、民主立法、依法立法提供了行为指引。

---

① 习近平：《在十八届中央政治局第四次集体学习时的讲话》（2013年2月23日），载中共中央文献研究室编《习近平关于全面依法治国论述摘编》，中央文献出版社2015年版，第44页。

第七章

推进依法行政，建设法治政府

行政是具体执行国家权力的活动，行政的功能在于维护公共利益，保护公民、法人和其他组织的合法权益。政府是行使行政管理权的国家机关，负有依法行政的法定职责。现代社会的行政活动都是在法律规定的范围内进行的，因此，"依法行政"是行政最重要的制度内涵和特征。与此同时，行使行政管理权的政府必须要严格"依法行政"，努力建设"法治政府"。习近平总书记对政府应当"依法行政""严格执法"的重要意义曾经作出非常精辟的论述："行政机关是实施法律法规的重要主体，要带头严格执法，维护公共利益、人民权益和社会秩序。执法者必须忠实于法律，既不能以权压法、以身试法，也不能法外开恩、徇情枉法。"[①]

改革开放40年来，随着我国社会主义法制建设不断

---

① 习近平：《在十八届中央政治局第四次集体学习时的讲话》（2013年2月23日），载中共中央文献研究室编《习近平关于全面依法治国论述摘编》，中央文献出版社2015年版，第57页。

发展，国家行政机关的活动也逐渐地纳入法治轨道，依法行政、建设法治政府成为国家行政机关活动的基本原则。特别是近年来，从政策指导，到立法保障；从加强执法，到强化监督；从完善程序，到制度建设等，国家行政机关在推进依法行政、建设法治政府方面做出了巨大成绩。党的十五大确立了依法治国、建设社会主义法治国家的基本方略，1999年九届全国人大二次会议将其载入宪法。作为依法治国的重要组成部分，依法行政也取得了明显进展。1999年11月，国务院发布了《国务院关于全面推进依法行政的决定》，① 各级政府及其工作部门加强制度建设，严格行政执法，强化行政执法监督，依法办事的能力和水平不断提高。为贯彻落实依法治国基本方略和党的十六大、十六届三中全会精神，坚持执政为民，全面推进依法行政，建设法治政府，根据宪法和有关法律、行政法规，2004年3月22日，国务院发布了《全面推进依法行政实施纲要》②（以下简称《纲要》）。《纲要》明确地提出了包括合法行政、合理行政、程序正当、高效便民、诚实守信和权责统一的依法行政的"六项"基本要求，成为各级国家行政机关依法行政的具体标准。《纲要》还提出要用十年左右的时间"基本建设法治政府"。由于我国政府行政管理的重点在基层，依法行政的重点也在基层。为了

---

① 《国务院关于全面推进依法行政的决定》，1999年11月8日，新华网。

② 《国务院关于印发全面推进依法行政实施纲要的通知》，2006年8月31日，中央人民政府网站。

切实增强各地区、各部门依法行政的责任感和紧迫感，采取有效措施加快推进市县政府依法行政的进程，国务院于2008年5月12日发布了《关于加强市县政府依法行政的决定》①（以下简称《决定》），明确要求市县政府每年要向本级人大常委会和上一级政府报告本地区推进依法行政的进展情况、主要成效、突出问题和下一步工作安排。

贯彻依法治国基本方略，推进依法行政，建设法治政府，是我们党治国理政从理念到方式的革命性变化，具有划时代的重要意义。自2004年《纲要》实施以来，各级人民政府对依法行政工作高度重视，加强领导、狠抓落实，法治政府建设取得了重要进展。当前，我国经济社会发展进入新阶段，国内外环境更为复杂，挑战增多。转变经济发展方式和调整经济结构的任务更加紧迫和艰巨，城乡之间、地区之间发展不平衡，收入分配不公平和差距扩大，社会结构和利益格局深刻调整，社会矛盾在部分地区和一些领域有所增加，群体性事件时有发生，一些领域腐败现象仍然易发多发，执法不公、行政不作为乱作为等问题比较突出。解决这些突出问题，要求进一步深化改革，加强制度建设，强化对行政权力运行的监督和制约，推进依法行政，建设法治政府。为了准确把握改革发展稳定的新形势，及时回应人民群众的新期待，切实增强建设法治政府的使命感、紧迫感和

---

① 《国务院关于加强市县政府依法行政的决定》，2008年6月18日，中央人民政府网站。

责任感，国务院于2010年10月10日发布了《关于加强法治政府建设的意见》①（以下简称《意见》）。《意见》明确要求：各地区、各部门要把贯彻落实本意见与深入贯彻《纲要》和《决定》紧密结合起来，根据实际情况制定今后一个时期加强法治政府建设的工作规划，明确工作任务、具体措施、完成时限和责任主体，确定年度工作重点，扎扎实实地推进依法行政工作，务求法治政府建设不断取得新成效，实现新突破。《意见》共从9个方面提出了各级政府依法行政必须努力完成的29项任务。《意见》除继续肯定了《纲要》和《决定》的要求，同时着重强调了要加强和改进制度建设、坚持依法科学民主决策、严格规范公正文明执法、全面推进政务公开、强化行政监督和问责、依法化解社会矛盾和纠纷、加强组织领导和督促检查，等等。

通过《纲要》《决定》和《意见》的发布，各级政府在依法行政、建设法治政府方面目标明确、措施具体、保障有力，在贯彻落实党的十五大提出的"依法治国、建设社会主义法治国家"治国方略方面，形成一系列可以遵循和实施的依法行政的总体及具体制度和机制，对于推动法治政府的建设起到了非常重要的政策导向作用。

党的十八大报告提出，根据我国经济社会发展实际，要在党的十六大、党的十七大确立的全面建设小康社会目标的基础上努力实现新的要求。其中之一就是到2020年"法治

---

① 《国务院关于加强法治政府建设的意见》，2010年10月10日，中央人民政府网站。

政府基本建成"①。从2004年《纲要》提出的十年内"基本建设法治政府"到党的十八大报告强调的到2020年小康社会建成时"法治政府基本建成",虽然"建设"与"建成"只有"一字之差",党的十八大报告明显为依法行政,建设法治政府提出了明确的时间表和路线图。

党的十八大把法治政府基本建成确立为到2020年全面建成小康社会的重要目标之一,意义重大、影响深远、任务艰巨。党的十八大以来,以习近平同志为核心的党中央把依法行政,建设法治政府作为全面推进依法治国各项工作的"重心"来抓,旨在通过"依法行政"促进"依法治国",并把"法治政府基本建成"作为"法治国家"的最重要的阶段性目标。为深入推进依法行政,加快建设法治政府,如期实现法治政府基本建成的奋斗目标,针对当前法治政府建设实际,2015年11月12日,中央政治局常委会会议审议并原则通过《法治政府建设实施纲要(2015—2020年)》②(以下简称《实施纲要》)。该《实施纲要》规定:经过坚持不懈的努力,到2020年基本建成职能科学、权责法定、执法严明、公开公正、廉洁高效、守法诚信的法治政府。与此同时,该《实施纲要》还提出了法治政府的"衡量标准",即:政府职能依法全面履行,

---

① 胡锦涛:《坚定不移沿着中国特色社会主义道路前进,为全面建成小康社会而奋斗》(2012年11月8日),载中共中央文献研究室编《十八大以来重要文献选编(上)》,中央文献出版社2014年版,第14页。

② 《中共中央国务院印发〈法治政府建设实施纲要(2015—2020年)〉》,2015年12月27日,新华网。

依法行政制度体系完备，行政决策科学民主合法，宪法法律严格公正实施，行政权力规范透明运行，人民权益切实有效保障，依法行政能力普遍提高。

制定《实施纲要》，确保到 2020 年法治政府基本建成，是全面贯彻落实党的十八大和十八届二中、三中、四中、五中全会精神的重大举措，对于全面推进依法治国、推进国家治理体系和治理能力现代化、实现全面建成小康社会的奋斗目标，具有十分重大的意义。国务院法制办负责人就《实施纲要》热点问题答记者问时指出："习近平总书记在首都各界纪念现行宪法公布施行 30 周年大会上指出，国务院和地方各级人民政府作为国家权力机关的执行机关，作为国家行政机关，负有严格贯彻实施宪法和法律的重要职责，要规范政府行为，切实做到严格规范公正文明执法；在主持十八届中央政治局第四次集体学习时强调，行政机关是实施法律的重要主体，要带头严格执法，维护公共利益、人民权益和社会秩序；在党的十八届四中全会上的报告和讲话中指出，各级政府必须坚持在党的领导下、在法治轨道上开展工作。执法是行政机关履行政府职能、管理经济社会事务的主要方式，各级政府必须依法全面履行职能，健全依法决策机制，完善执法程序，严格执法责任，做到严格规范公正文明执法；在党的十八届五中全会第二次全体会议上的讲话中强调，要更加自觉地运用法治思维和法治方式来深化改革、推动发展、化解矛盾、维护稳定，依法治理经济，依法协调和处理各种利益问题，避免埋钉子、留尾巴。"因此，"全面推进依法治国，迫切要求把党中央、国务院关于法治政府建设的目标具体化、措施系统化,加快建设职能科学、权责法定、执法严明、公开公正、廉洁高效、守法诚信的法治政府"①。

法治政府基本建成,是全面建成小康社会的目标要求。全面建成小康社会,不仅要实现物质文明的小康,同时也要实现社会公平正义的小康。党的十八大把法治政府基本建成确立为到 2020 年全面建成小康社会的一项重要目标,党的十八届五中全会又进一步明确了这一目标要求。到 2020 年这段时间既是全面建成小康社会的决胜阶段,也是加快建设法治政府的关键时期。没有法治政府的基本建成,就难以保障社会公正、促进社会和谐,使人民群众生活得更加幸福、更有尊严。因此,各级政府必须严格按照《实施纲要》的各项要求,严格依法行政,如期建成"法治政府"。

党的十九大报告从法治国家、法治政府和法治社会一体建设的高度,以科学精神为指导,结合到中华人民共和国成立一百年基本实现现代化两个阶段划分的标准,重新确立了基本建成法治政府的时间表和路线图。习近平总书记在党的十九大报告中指出:"从二〇二〇年到二〇三五年,在全面建成小康社会的基础上,再奋斗十五年,基本实现社会主义现代化",到那时,"法治国家、法治政府、法治社会基本建成,各方面制度更加完善,国家治理体系

---

① 《国务院法制办负责人就〈法治政府建设实施纲要(2015—2020年)〉热点问题答记者问》,2016 年 1 月 4 日,中央人民政府网站。

和治理能力现代化基本实现"①。党的十九大报告对基本形成法治政府的时间表和路线图作了符合客观实际的重新部署，为各级政府进一步提升依法行政的水平，扎扎实实地建设法治政府提供了更加明确的方向指引，是法治政府建设的最重要的行动纲领。

一 完善行政依法决策机制

决策是行政行为的起点，规范决策行为是规范行政权力的重点，也是坚持依法行政、加强法治政府建设的前提条件。行政机关能否做到依法决策，是依法行政的先决条件，行政决策法治化程度直接体现着其依法行政水平高低，直接决定着政府职能能否全面正确履行，直接关系到法治政府建设目标的实现。

党的十八大报告指出，"坚持科学决策、民主决策、依法决策，健全决策机制和程序"②。科学民主依法决策是决策机制和程序的内核。科学决策，就是要坚持从实际出发，运用科学方法，尊重客观规律，保证决策符合经济社会发展的客观实际和需要。民主决策，就是要坚持民主集中

---

① 习近平：《决胜全面建成小康社会 夺取新时代中国特色社会主义伟大胜利——在中国共产党第十九次全国代表大会上的报告》，人民出版社2017年版，第28页。

② 胡锦涛：《坚定不移沿着中国特色社会主义道路前进，为全面建成小康社会而奋斗》（2012年11月8日），载中共中央文献研究室编《十八大以来重要文献选编（上）》，中央文献出版社2014年版，第22—23页。

制,贯彻群众路线,保障人民群众通过多种途径参与决策,保证决策符合最大多数人的利益。依法决策,就是要坚持各项决策严格遵守宪法和法律规定,保证决策权限合法、程序合法、实体合法。科学决策是目标,民主决策是基础,依法决策是保障。落实科学民主依法决策,更可靠的还是健全依法决策机制,在总结实践经验的基础上建立一整套完善的决策制度,让政府公务员特别是各级党政领导干部在实际工作中学习掌握、正确运用、严格遵循,让科学民主依法决策的理念和要求内固于心、外化于行。在对行政决策提出的各项价值要求中,"依法决策"是基础性工作,是一切行政决策的前提。由于行政决策涉及重大的公共利益,存在着一定的决策风险,因此,坚持依法决策才能最大限度地保证行政决策的科学性和有效性。就此,习近平总书记在《关于〈中共中央关于全面推进依法治国若干重大问题的决定〉的说明》中强调指出:"建立行政机关内部重大决策合法性审查机制,积极推行政府法律顾问制度,保证法律顾问在制定重大行政决策、推进依法行政中发挥积极作用;建立重大决策终身责任追究制度及责任倒查机制。"[①]

随着我国经济社会的快速发展,社会利益日趋多元,社会矛盾高发频发,社会情绪更加复杂,决策中妥善处理各方利益诉求的挑战和困难明显加大,这就要求党委、政

[①] 习近平:《关于〈中共中央关于全面推进依法治国若干重大问题的决定〉的说明》(2014年10月20日),载中共中央文献研究室编《十八大以来重要文献选编(中)》,中央文献出版社2016年版,第150页。

府决策不管是"做蛋糕",还是"分蛋糕",都要把维护人民权益和实现公平正义摆在更加突出的位置,保证决策能够得到广大人民群众的普遍认同和支持,保证改革发展成果能够公平惠及人民群众。要做到这一点,必须健全依法决策机制。科学合理的决策制度,能够把政府决策与做好群众工作紧密结合起来,开门让人民群众参与决策,公开决策事项、决策依据、决策过程、决策信息、决策结果,真心实意倾听民意、汇聚民智,实事求是权衡利弊、兼顾各方,保证合理的意见和诉求充分体现到决策之中,真正使人民权益最大化、公平正义法治化。

党的十八届四中全会《中共中央关于全面推进依法治国若干重大问题的决定》指出"把公众参与、专家论证、风险评估、合法性审查、集体讨论决定确定为重大行政决策法定程序"[①],这是对健全依法决策机制主要内容提出的明确要求。要通过制定重大行政决策程序法律法规,明确规范上述五项程序的重点内容和步骤,把重大行政决策纳入法治化轨道。与此同时,还要做好重大项目和重大利益行政决策风险的第三方评估机制,特别是涉及社会稳定的行政决策,更需要严格按照法律法规规定的程序,在排查各种风险的基础上,保证决策的有效性和可执行性,避免出现重大风险。

依法决策应当抓住领导干部这个"关键少数"。只有

---

① 《中共中央关于全面推进依法治国若干重大问题的决定》(2014年10月23日),载中共中央文献研究室编《十八大以来重要文献选编(中)》,中央文献出版社2016年版,第16页。

切实提高领导干部依法决策的意识和能力，使其能自觉并善于运用法治思维和法治方式谋划改革发展稳定的各项工作，才能防范领导干部"拍脑袋""拍胸脯"办事，才能更好地发挥法治在国家治理和社会管理中的重要作用，保证依法治国基本方略全面落实。习近平总书记也指出："党的十八届四中全会明确要求，党政主要负责人要履行推进法治建设第一责任人职责。这是推进法治建设的重要组织保证。"①"如果领导干部仍然习惯于人治思维、迷恋于以权代法，那十个有十个要栽大跟头。"②

二 深化执法体制改革

行政执法是行政机关的基本职能，我国绝大多数法律、地方性法规和几乎所有的行政法规，都是由行政机关执行的。深化行政执法体制改革，直接关系到政府依法全面履行职能，关系到国家治理体系和治理能力现代化，关系到经济社会持续健康发展。

法律的生命力在于实施，法律的权威也在于实施。③

---

① 习近平：《在省部级主要领导干部学习贯彻党的十八届四中全会精神全面推进依法治国专题研讨班上的讲话》（2015年2月2日），载中共中央文献研究室编《习近平关于全面依法治国论述摘编》，中央文献出版社2015年版，第126页。

② 同上书，第125页。

③ 习近平：《在庆祝全国人民代表大会成立六十周年大会上的讲话》（2014年9月5日），载中共中央文献研究室编《十八大以来重要文献选编（中）》，中央文献出版社2016年版，第56页。

全面依法治国 建设法治中国

习近平总书记指出,"行政机关是实施法律法规的重要主体,要带头严格执法,维护公共利益、人民权益和社会秩序"[①]。这些年来,随着政治体制改革和民主法治建设的推进,行政机关执行法律、依法行政的状况有了很大改善,但仍然存在不少问题,突出表现是有法不依、执法不严、违法不究甚至执法犯法、贪赃枉法的现象时有发生,有的执法不作为、以罚代刑、降格处理,也有的执法乱作为、变通执法、选择执法、人情执法、钓鱼执法,以及以罚款创收为目的的利益驱动执法,行政执法自由裁量权过大、同事不同罚的情况比较普遍。这些问题的存在,严重影响了法律的公正和权威,严重损害了党和政府的形象,已经成为行政执法领域中群众普遍关注、各方面反映强烈的突出问题。执法者不能严格执法甚至执法犯法,又如何保证大众守法?因此,"正人先正己",习近平总书记也多次引用古训来强调行政机关带头遵纪守法、严格执法的必要性,即"善禁者,先禁其身而后人;不善禁者,先禁人而后身"[②]。所以,必须深化行政执法体制改革,着力规范职责配置和执法行为,强化权力监督和责任追究,促进严格

---

① 习近平:《在十八届中央政治局第四次集体学习时的讲话》(2013年2月23日),载中共中央文献研究室编《习近平关于全面依法治国论述摘编》,中央文献出版社2015年版,第57页。

② (东汉)荀悦《申鉴·政体》。参见习近平《在省部级主要领导干部学习贯彻党的十八届四中全会精神全面推进依法治国专题研讨班上的讲话》(2015年2月2日),载中共中央文献研究室编《习近平关于全面依法治国论述摘编》,中央文献出版社2015年版,第124页。

规范公正文明执法,保证法律有效实施。

当前,深化行政执法体制改革要坚持减少层次、整合队伍、提高效率的原则,要着重解决行政执法体制如何"接地气"和"最后一公里"的问题,为此,应当着力抓好以下重点改革。首先,要加快推进执法重心和执法力量向市县下移,清除多层、多重执法。其次,要大幅减少市县执法队伍种类,推进综合执法,形成监管合力,提高整体执法效能。再次,要加强行政执法队伍建设,坚持高标准严要求,提高执法人员素质。最后,健全行政执法和刑事司法衔接机制,理顺行政强制执行体制,切实维护法律的权威和尊严。

要坚持所有行政监管事项都必须以充分发挥市场在资源配置中的决定性作用为前提,以法律规定的授权为依据。做到"政府权力法无明文规定不可为""公民权利法无明文禁止即可为",要做到"简政放权",让"市场的归市场",切实加强政府为行政相对人提供公共服务的能力和水平。习近平总书记对于政府简政放权的问题有过明确的指示,他指出:"各级政府一定要严格依法行政,切实履行职责,该管的事一定要管好、管到位,该放的权一定要放足、放到位,坚决克服政府职能错位、越位、缺位现象。"[1]"要最大限度减少政府对微观事务的管理。对保留的审批事项,要推行权力清单制度,公开审批流程,提高审批透明度,压缩自由裁量权。对审

---

[1] 习近平:《在十八届中共中央政治局第十五次集体学习时的讲话》,《人民日报》2014年5月28日第1版。

批权力集中的部门和岗位要分解权力、定期轮岗，强化内部流程控制，防止权力滥用。"① 要坚持运用法治思维和法治方式履行行政执法职能，严格依法监管，自觉和善于运用法治方式解决矛盾和问题，这要成为政府履行职能的基本方式。要坚持精简统一效能原则和决策权、执行权、监督权既相互制约又相互协调的要求，结合机构改革，完善行政执法体系，提高行政执法机构的相对独立性和权威性。要适应改革和管理需要，抓紧修订完善相关法律法规，具备条件的地方也可授权先行先试，妥善解决改革和管理于法有据的问题。

三 坚持严格规范公正文明执法

坚持严格规范公正文明执法，是全面推进依法治国的基本要求，是依法行政、建设法治政府的必要措施，是维护社会公平正义的重大举措，是提升执法公信力的重要途径。当前，我国仍处于社会主义初级阶段，全面建成小康社会进入决胜期，改革进入攻坚期和深水区，执法工作面临的形势和环境发生了复杂而深刻的变化。形势的发展、环境的变化、事业的开拓、人民的期待，都对执法工作提出了新的更高要求。我们必须从全

---

① 习近平：《在第十八届中央纪律检查委员会第五次全体会议上的讲话》（2015年1月13日），载中共中央文献研究室编《习近平关于全面依法治国论述摘编》，中央文献出版社2015年版，第63—64页。

局的高度，深刻认识坚持严格规范公正文明执法的重大意义。

首先，要把坚持严格规范公正文明执法视为一个有机统一的整体。其中，严格是执法基本要求，规范是执法行为准则，公正是执法价值取向，文明是执法职业素养。党的十八届四中全会《中共中央关于全面推进依法治国若干重大问题的决定》紧紧围绕坚持严格规范公正文明执法，就依法惩处各类违法行为、完善执法程序、建立健全行政裁量权基准制度、加强行政执法信息化建设和信息共享、全面落实行政执法责任制等重点工作提出了明确要求。习近平总书记对此也明确指出："严格文明公正执法是一个整体，要全面贯彻，文明执法、公正执法要强调，严格执法也要强调，不能畸轻畸重。如果不严格执法，执法司法公信力也难以建立起来。现实生活中出现的很多问题，往往同执法失之于宽、失之于松有很大关系。涉及群众的问题，要准确把握社会心态和群众情绪，充分考虑执法对象的切身感受，规范执法言行，推行人性化执法、柔性执法、阳光执法，不要搞粗暴执法、'委托暴力'那一套。但是，不论怎么做，对违法行为一定要严格尺度、依法处理。现在有一种现象，就是在环境保护、食品安全、劳动保障等领域，行政执法和刑事司法存在某些脱节，一些涉嫌犯罪的案件止步于行政执法环节，法律威慑力不够，健康的经济秩序难以真正建立起来。这里面反映的就是执法不严的问题，需要通过加强执法监察、加强行政执法与刑事司法衔接来解决。"①

其次,对于行政机关严格规范公正文明执法的行为各级党委要给予支持和配合。习近平总书记对此也有明确的要求:"对执法机关严格执法,只要符合法律和程序的,各级党委和政府都要给予支持和保护,不要认为执法机关给自己找了麻烦,也不要担心会给自己的形象和政绩带来什么不利影响。我们说要敢于担当,严格执法就是很重要的担当。党委和政府不给撑腰,干警怎么做啊?如果都抱着多一事不如少一事的心态,谁还会去严格执法?该严格执法的没有严格执法,该支持和保护严格执法的没有支持和保护,就是失职,那也是要追究责任的。"②

再次,执法机关应当自己带头守法,才能保证严格规范公正文明执法。习近平总书记指出:"法律需要人来执行,如果执法的人自己不守法,那法律再好也没用!我们要加强对执法活动的监督,坚决排除对执法活动的非法干预,坚决防止和克服地方保护主义和部门保护主义,坚决防止和克服执法工作中的利益驱动,坚决惩治腐败现象,做到有权必有责、用权受监督、违法必追究。"③

最后,坚持严格规范公正文明执法,确保宪法法律全面

---

① 习近平:《严格执法,公正司法》(2014年1月7日),载中共中央文献研究室编《十八大以来重要文献选编(上)》,中央文献出版社2014年版,第722—723页。

② 同上书,第723页。

③ 习近平:《在十八届中央政治局第四次集体学习时的讲话》(2013年2月23日),载中共中央文献研究室编《习近平关于全面依法治国论述摘编》,中央文献出版社2015年版,第58页。

准确实施,是一项长期而艰巨的任务。要深入贯彻习近平总书记系列重要讲话精神,按照党的十八届四中全会《中共中央关于全面推进依法治国若干重大问题的决定》的部署要求,从创新执法理念、完善执法制度、改进执法方式、提高执法素养等方面入手,持续用力、久久为功,切实把严格规范公正文明的执法要求落实到执法实践的全过程。

"法立,有犯而必施;令出,唯行而不返。"① 坚持严格规范公正文明执法,是党的十八大以来以习近平同志为核心的党中央在全面推进依法治国各项事业中着重强调的工作重点,执法是政府与老百姓直接面对面的互动活动,是规范政府行为的前哨阵地。只有政府严格执法,依法行政中的"依法"才能得到体现,法治政府中的"政府"才能赢得人民群众信任,才能树立政府公正文明的"法治"形象。

四 强化权力监督制约

"政者,正也。其身正,不令而行;其身不正,虽令不从。"② 行政权力是宪法和法律赋予行政机关管理经济、文化、社会事务的权力,是国家权力的重要组成部分。掌握行政权力的通常被称为"为政者","为政者"能否依

---

① (唐)王勃《上刘右相书》。习近平总书记在《关于〈中共中央关于全面推进依法治国若干重大问题的决定〉的说明》等文中引用。

② (春秋)孔子《论语·子路》。参见习近平《要用人格魅力管好自己》,载《之江新语》,浙江人民出版社2007年版,第114页。

法行使自身权力，能否自觉地约束自身的行为，直接关系到"为政"的威信。但自古以来，除了对"为政者"的职业操守进行教化之外，关键还要依靠制度手段，将权力关进制度的笼子。强化对行政权力的制约和监督，保障其依法正确行使，是我们党治国理政必须解决好的大问题。我们要从党和国家事业发展全局和战略的高度，深刻认识强化对行政权力制约和监督的重要性，依法规范行政权力运行，使行政权力永远体现人民意志，永远接受人民监督，永远为人民服务。

党的十八大以来，以习近平同志为核心的党中央在加大对权力监督制度建设方面采取了诸多切实有效的措施，调动各种监督力量，形成对政府依法行政的"监督网络"，确保政府的行政权力"在制度的笼子里运行"。习近平总书记强调指出："要加强党内监督、人大监督、民主监督、行政监督、司法监督、审计监督、社会监督、舆论监督，努力形成科学有效的权力运行和监督体系，增强监督合力和实效。"[1] 这既是强化行政权力制约和监督的部署和要求，也是对我国加强行政权力制约和监督实践的总结和概括。全面推进依法治国、依法行政，建设人民群众可以依靠和信赖的"法治政府"需要全面制约和监督行政权力。[2]

"改革开放以来，经过多年实践发展和制度建设，我

---

[1] 习近平：《加快建设社会主义法治国家》，《求是》2015年第1期。

[2] 宁吉喆：《强化对行政权力的制约和监督》，载《〈中共中央关于全面推进依法治国若干重大问题的决定〉辅导读本》，人民出版社2014年版，第167页。

国已经形成一套有中国特色且行之有效的行政权力制约和监督制度体系，包括以下八个方面的监督：一是党内监督。中国共产党是我国的执政党，对行政权力的制约和监督负有全面责任。党内监督主要是党组织对行政机关贯彻执行党的重大路线方针、行政权力运行以及党员领导干部个人廉政等情况进行监督检查。二是人大监督。行政机关是国家权力机关的执行机关。人大通过检查行政工作、听取和审议政府工作报告、质询政府工作等，对政府进行监督，并有权对同级政府违法违规的行政人员进行撤换和罢免。三是民主监督。政协通过听取政府工作报告、讨论经济社会发展的方针政策和各项重要工作、视察政府工作、对政府工作提出意见和建议等形式，对行政权力运行和政府工作进行监督。四是行政监督。主要是行政监察机关依法对行政机关的行政行为、行政人员及由国家行政机关任命的国有企事业单位领导干部的职务行为和相关个人行为所实施的监督，上级行政机关对下级行政机关、行政机关对其内设机构依据行政权力隶属关系所实施的监督。五是司法监督。主要是人民法院通过受理行政诉讼、审理行政案件而撤销行政机关作出的违法具体行政行为所实施的监督。六是审计监督。通过审计手段，管住国家的钱，看好行政的权，揭示违法违规行为，可以制约和监督财权、物权。七是社会监督。宪法规定，公民对于任何国家机关和国家工作人员的违法失职行为，有向有关国家机关提出申诉、控告或者检举的权利，从而形成监督。八是舆论监督。舆论监督具有行使方式便捷、传播速度快等优势，在行政权力制约和监督体系中发挥着越来越重要的作用，成为社会公众传递信息、参与社会事务管理的重要渠道。"①

上述各种力量，分工明确、优势互补，从不同层面、以不同形式对行政权力进行制约和监督，对规范行政权力运行发挥着重要作用，同时也构成中国特色行政监督体系的主体框架。但在实际运行中也存在相关制度不完备、监督力量衔接不够、监督针对性不强、监督流于形式等问题，有的监督还存在侵权和违法现象，且对于舆论监督尚无明确的制度规定，一方面行政权力运行的透明度不高，监督容易流于空泛；另一方面又存在舆论嘈杂现象，干扰行政权力的正常运行。

建立健全权力运行制约和监督体系，是实施对行政权力运行有效监督的重要保证。针对权力运行制约和监督中的种种问题，要努力形成科学有效的行政权力运行制约和监督体系。科学有效，就是不仅要做到组织严密、结构合理、配置科学、制约有力，把权力牢牢关进制度的笼子，而且要做到权责一致、相互协调、运行顺畅，切实增强监督合力和实效。这就需要整合监督资源，把党内监督、人大监督、民主监督、行政监督、司法监督、审计监督、社会监督、舆论监督等有机结合起来，建立"优势互补、监督有力、富有实效"的监督体系，形成整体监督合力，要在制度实践中彻底解决"监督者谁监督"的监督悖论，通过对行政权力形成的"监督网络"，整合各种监督资源，最大限度地发挥对行政权力所进行的内外部监督机制的"监督合力"。需要明

---

① 宁吉喆：《强化对行政权力的制约和监督》，载《〈中共中央关于全面推进依法治国若干重大问题的决定〉辅导读本》，人民出版社2014年版，第167—168页。

确监督主体的职责权限，完善各项监督制度，避免在监督过程中各自为政、相互推诿扯皮的现象；同时，加强监督主体之间的协调配合，定期总结交流监督工作，研究新情况、解决新问题，采取相应措施，堵塞漏洞，充分发挥整体监督效能。还需要高度重视运用和规范网络舆论，健全舆情收集、研判和处置机制，及时调查和处理人民群众反映的问题，对反映失实的据实及时澄清，对诬告陷害的依法追究责任，不断增强网络监督的正能量。

在加强对政府权力制约和监督的各项工作中，加强对政府内部权力的制约与监督尤为重要。习近平总书记就此明确指出："加强对政府内部权力的制约，对财政资金分配使用、国有资产监管、政府投资、政府采购、公共资源转让、公共工程建设等权力集中的部门和岗位实行分事行权、分岗设权、分级授权，定期轮岗，强化内部流程控制，防止权力滥用；完善政府内部层级监督和专门监督；保障依法独立行使审计监督权。"[1] 所以，在加强对政府权力的制约和监督各项工作中，首先要从政府内部入手，抓好政府自身的权力监督工作，才能起到事半功倍的监督效果。

2016年底，中共中央办公厅印发《关于在北京市、山西省、浙江省开展国家监察体制改革试点方案》（以下简称《方案》），部署在3省市设立各级监察委员会，从体制机制、制度建设上先行先试、探索实践，为在全国推开积

---

[1] 习近平：《关于〈中共中央关于全面推进依法治国若干重大问题的决定〉的说明》（2014年10月20日），载中共中央文献研究室编《十八大以来重要文献选编（中）》，中央文献出版社2016年版，第151页。

累经验。《方案》强调，国家监察体制改革是事关全局的重大政治改革，是国家监察制度的顶层设计。深化国家监察体制改革的目标，是建立党统一领导下的国家反腐败工作机构。实施组织和制度创新，整合反腐败资源力量，扩大监察范围，丰富监察手段，实现对行使公权力的公职人员监察全面覆盖，建立集中统一、权威高效的监察体系，履行反腐败职责，深入推进党风廉政建设和反腐败斗争，构建不敢腐、不能腐、不想腐的有效机制。2017年1月9日，在国新办举行的中央纪委发布会上，监察部副部长肖培首次披露国家监察委的监察范围。国家监察委对所有行使公权力的公职人员实行监察全覆盖，主要包括六大类人员：国家公务员法所规定的国家公职人员；由法律授权或者由政府委托来行使公共事务职权的公务人员；国有企业的管理人员；公办的教育、科研、文化、医疗、体育事业单位的管理人员；群众、自治组织中的管理人员；其他依法行使公共职务的人员。[①]

正在进行的国家监察体制改革，以反腐败为目标，整合了不同领域的制度监督机制，特别是以行政监察体制为基础，建立了面向所有行使公权力的人员的监督体系，这一重大政治改革措施，必将会对推进依法行政、加强法治政府建设起到非常重要的推动作用。

党的十九大报告在肯定北京市、山西省、浙江省开展国家监察体制改革试点经验的基础上明确提出："深

---

① 肖培：《成立监察委员会实现对所有行使公权力的公职人员监察全覆盖》，2017年1月9日，中央纪委监察部网站。

化国家监察体制改革,将试点工作在全国推开,组建国家、省、市、县监察委员会,同党的纪律检查机关合署办公,实现对所有行使公权力的公职人员监察全覆盖。制定国家监察法,依法赋予监察委员会职责权限和调查手段,用留置取代'两规'措施。"① 为了推动国家监察体制改革的全覆盖,2017年11月4日第十二届全国人民代表大会常务委员会第三十次会议通过了《关于在全国各地推开国家监察体制改革试点工作的决定》(以下简称《决定》),该《决定》要求,在全国各地推开国家监察体制改革试点工作。"一是在各省、自治区、直辖市、自治州、县、自治县、市、市辖区设立监察委员会,行使监察职权。将县级以上地方各级人民政府的监察厅(局)、预防腐败局和人民检察院查处贪污贿赂、失职渎职以及预防职务犯罪等部门的相关职能整合至监察委员会。监察委员会由本级人民代表大会产生。监察委员会主任由本级人民代表大会选举产生;监察委员会副主任、委员,由监察委员会主任提请本级人民代表大会常务委员会任免。监察委员会对本级人民代表大会及其常务委员会和上一级监察委员会负责,并接受监督。二是监察委员会按照管理权限,对本地区所有行使公权力的公职人员依法实施监察;履行监督、调查、处置职责,监督检查公职人员依法履职、秉公用权、廉洁从政以及道德操守情况,调查涉嫌贪污贿赂、滥用职权、玩忽职守、

---

① 《中国共产党第十九次全国代表大会文件汇编》,人民出版社2017年版,第54页。

权力寻租、利益输送、徇私舞弊以及浪费国家资财等职务违法和职务犯罪行为并作出处置决定；对涉嫌职务犯罪的，移送检察机关依法提起公诉。为履行上述职权，监察委员会可以采取谈话、讯问、询问、查询、冻结、调取、查封、扣押、搜查、勘验检查、鉴定、留置等措施。三是在试点工作中，暂时调整或者暂时停止适用《中华人民共和国行政监察法》，《中华人民共和国刑事诉讼法》第3条、第18条、第148条以及第二编第二章第十一节关于检察机关对直接受理的案件进行侦查的有关规定，《中华人民共和国人民检察院组织法》第5条第2项，《中华人民共和国检察官法》第6条第3项，《中华人民共和国地方各级人民代表大会和地方各级人民政府组织法》第五十九条第五项关于县级以上的地方各级人民政府管理本行政区域内的监察工作的规定。其他法律中规定由行政监察机关行使的监察职责，一并调整由监察委员会行使。"该《决定》要求"各地区、各部门要按照改革试点方案的要求，切实加强党的领导，认真组织实施，保证试点工作积极稳妥、依法有序推进"。可以预见，随着国家监察体制改革试点工作的全面推开，对权力的监督将更加有效，正如党的十九大报告所指出的那样，"构建党统一指挥、全面覆盖、权威高效的监督体系，把党内监督同国家机关监督、民主监督、司法监督、群众监督、舆论监督贯通起来，增强监督合力"。[①]

---

① 《中国共产党第十九次全国代表大会文件汇编》，人民出版社2017年版，第54页。

五　全面推进政务公开

"廉则吏不敢慢，公则民不敢欺；公生明，廉生威。"[①]习近平总书记《在中央政法工作会议上的讲话》等多次引用了上述中国古代为官的"官箴"，教导所有行使国家公权力的公务员要"一心为公、事事出于公心，才能坦荡做人、谨慎用权，才能光明正大、堂堂正正"。[②] 对于各级政府及公务员来说，要做到"公"，除了坚守依法办事的作风外，能不能让老百姓知道自己是如何行使权力的，也就是说，让权力在阳光下运行，更符合普通民众对政府行使权力的"公"的要求和期待。

政务公开是伴随我国改革开放历史进程不断完善的一项重要制度。作为现代行政的一项基本制度，政务公开在管理经济社会事务方面发挥着越来越重要的作用。20世纪80年代末，按照中央要求，一些地方开展了政务公开工作试点，进行了有益探索。在总结经验的基础上，党的十五大报告明确指出："城乡基层政权机关和基层群众性自治组织，都要健全民主选举制度，实行政务和财务公开，让群众参与讨论和决定基层公共事务和公益事业，对干部实行民主监督。"2000年12月，中共中央办公厅、国务院办

[①] （明）年富《官箴》刻石。习近平总书记《在中央政法工作会议上的讲话》等文中引用。

[②] 人民日报评论部：《习近平用典》，人民日报出版社2015年版，第211页。

公厅印发《关于在全国乡镇政权机关全面推行政务公开制度的通知》,① 对乡（镇）政务公开作出部署，对县（市）级以上政务公开提出了要求。2004年3月，国务院印发《全面推进依法行政实施纲要》，把行政决策、行政管理和政府信息公开作为推进依法行政的重要内容。2005年1月，中共中央印发《建立健全教育、制度、监督并重的惩治和预防腐败体系实施纲要》,② 提出"健全政务公开、厂务公开、村务公开制度"。2007年4月，国务院颁布《中华人民共和国政府信息公开条例》，标志着我国政务公开走上法治化轨道。党的十七大报告进一步强调，"确保权力正确行使，必须让权力在阳光下运行"。2008年3月，"推进政务公开"写进《国务院工作规则》。③ 党的十八大报告进一步把政务公开与党务公开、司法公开相并列，从权力公开的角度提出了让权力在阳光下运行的政务公开理念。指出："推进权力运行公开化、规范化，完善党务公开、政务公开、司法公开和各领域办事公开制度，健全质询、问责、经济责任审计、引咎辞职、罢免等制度，加强党内监督、民主监督、法律监督、舆论监督，让人民监督

---

① 《中共中央办公厅、国务院办公厅关于在全国乡镇政权机关全面推行政务公开制度的通知》，2000年12月25日，人民网·中国共产党新闻。

② 《中共中央关于印发〈建立健全教育、制度、监督并重的惩治和预防腐败体系实施纲要〉的通知》，2005年1月26日，新华网。

③ 2013年3月20日召开的国务院第一次全体会议通过的新的《国务院工作规则》第六章主题就是"推进政务公开"。

权力,让权力在阳光下运行。"① 党的十八大以来,以习近平同志为核心的党中央,从依法行政、强化对行政权力的监督、建设法治政府的高度提出了深化政务公开制度建设的各项要求,为政务公开的制度化、法治化提供了有效的政策指引。习近平总书记强调指出:"要全面推进政务公开,强化对行政权力的制约和监督,建立权责统一、权威高效的依法行政体制。"②

公开透明是法治政府的基本特征。全面推进政务公开,让权力在阳光下运行,对于发展社会主义民主政治,提升国家治理能力,增强政府公信力、执行力,保障人民群众知情权、参与权、表达权、监督权具有重要意义。党的十八大以来,党中央、国务院高度重视政务公开,作出了一系列重大部署,各级政府认真贯彻落实,政务公开工作取得积极成效。但与人民群众的期待相比,与建设法治政府的要求相比,仍存在公开理念不到位、制度规范不完善、工作力度不够强、公开实效不理想等问题。比如:一些政府工作人员思想认识上还不够重视,信息公开不主动、不及时;面对一些公共事件和群众关切的重大事项,信息发布不充分,难以化解公众质疑;不善于和群众、媒体进行互动交流,削弱了政府信息发布的效果等。这些问

---

① 胡锦涛:《坚定不移沿着中国特色社会主义道路前进,为全面建成小康社会而奋斗》(2012年11月8日),载中共中央文献研究室编《十八大以来重要文献选编(上)》,中央文献出版社2014年版,第23页。

② 习近平:《加快建设社会主义法治国家》,《求是》2015年第1期。

题的存在，表明政务公开工作还需要进一步改进。对此，习近平总书记对政务公开的必要性明确地指出："阳光是最好的防腐剂。权力运行不见阳光，或有选择地见阳光，公信力就无法树立。执法司法越公开，就越有权威和公信力。"① 2016年初，中共中央办公厅、国务院办公厅印发了《关于全面推进政务公开工作的意见》②（以下简称《意见》）。该《意见》提出："到2020年，政务公开工作总体迈上新台阶，依法积极稳妥实行政务公开负面清单制度，公开内容覆盖权力运行全流程、政务服务全过程，公开制度化、标准化、信息化水平显著提升，公众参与度高，用政府更加公开透明赢得人民群众更多理解、信任和支持。"为此，政务公开主要应当做到："紧紧围绕经济社会发展和人民群众关注关切，以公开促落实，以公开促规范，以公开促服务。依法依规明确政务公开的主体、内容、标准、方式、程序，加快推进权力清单、责任清单、负面清单公开。坚持改革创新，注重精细化、可操作性，务求公开实效，让群众看得到、听得懂、能监督。以社会需求为导向，以新闻媒体为载体，推行'互联网＋政务'，扩大公众参与，促进政府有效施政。"政务公开应当贯彻到依法行政的各个重点环节和领域，包括决策、执行、管理、服务、结果、重点领域信息等方面的公开，

---

① 习近平：《严格执法，公正司法》（2014年1月7日），载中共中央文献研究室编《十八大以来重要文献选编（上）》，中央文献出版社2014年版，第720页。

② 《中办国办印发〈关于全面推进政务公开工作的意见〉》，2016年2月17日，新华网。

第七章 推进依法行政，建设法治政府

坚持以公开为常态、不公开为例外，推进行政决策公开、执行公开、管理公开、服务公开、结果公开和重点领域信息公开，推动简政放权、放管结合、优化服务改革，激发市场活力和社会创造力，打造法治政府、创新政府、廉洁政府和服务型政府。

为了贯彻落实中共中央办公厅、国务院办公厅印发的《关于全面推进政务公开工作的意见》，推进政务公开应着力做好以下几个方面工作。

首先，应加强对全面推进政务公开的组织领导。全面推进政务公开，涉及面广，工作难度大，加强组织领导尤为关键。各地区各部门要按照《意见》要求，把全面推进政务公开摆在各项工作的重要位置，纳入全面深化改革总体规划，统筹考虑、同步推进。加强调查研究，及时掌握群众关注的热点、难点问题，有针对性地制定对策措施。把全面推进政务公开作为党风廉政建设责任制和领导干部年度工作考核的一项重要内容，确保全面推进政务公开各项任务落到实处。

其次，要发挥好全面推进政务公开对预防腐败的重要作用。把全面推进政务公开与行政审批制度改革、干部人事制度改革、工程建设项目招标投标等领域的治本工作紧密结合起来，关口前移，防止权力滥用。把对外公开与对内公开紧密结合起来，围绕干部选拔使用、学习培训、机关内部预决算、政府采购、基建工程、资产状况等干部职工关注的问题，采取适当形式予以公开，维护干部职工合法权益，建设为民、务实、清廉机关，增强干部队伍凝聚力和战斗力。

再次，要强化全面推进政务公开对人民群众切身利益的

保障功能。随着中国特色社会主义事业不断推进，人民群众参政议政的积极性和主动性不断提高。要坚定不移地走群众路线，巩固党的群众路线教育实践活动成果，想问题、作决策、干事情都要倾听民意、集中民智、依靠民力，做到公开透明用权、干干净净做事。始终把人民群众普遍关心、涉及人民群众切身利益的事项作为政务公开重点，依法及时向社会公开，引导和保护好群众参与政务公开的积极性。对通过公开发现的问题，要用纠风、惩处的手段坚决纠正、严肃处理，切实维护人民群众的根本利益。

最后，要抓好全面推进政务公开的配套制度建设。制度带有根本性、全局性、稳定性和长期性。要抓紧实施全面推进政务公开的各项配套制度建设，进一步规范政务公开各个环节的工作。对经过实践检验确属比较成熟的做法和经验，要在总结完善的基础上及时转化为规章制度。把政务公开的要求融入权力运行全过程，做到权力运行到哪里，公开和监督就延伸到哪里，逐步形成比较完善的"监督全覆盖""透明无死角"的权力运行监督机制。正如习近平总书记所要求的那样："要强化公开，推行地方各级政府及其工作部门权力清单制度，依法公开权力运行流程，让权力在阳光下运行，让广大干部群众在公开中监督，保证权力正确行使。"[1]

---

[1] 习近平：《在第十八届中央纪律检查委员会第三次全体会议上的讲话》（2014年1月14日），载中共中央纪律检查委员会、中共中央文献研究室编《习近平关于党风廉政建设和反腐败斗争论述摘编》，中央文献出版社、中国方正出版社2015年版，第128页。

第八章

推进司法改革，实现公正司法

"天下之事，不难于立法，而难于法之必行。"① 习近平总书记在《关于〈中共中央关于全面推进依法治国若干重大问题的决定〉的说明》等文中多次引用明代张居正上疏明神宗实行"考成法"时提出的观点来强调相对于"科学立法"来说，"严格执法""公正司法""全民守法"也是全面推进依法治国的重要要求。特别是作为公民权利救济的最后一道"法律防线"，司法是否"公正"直接关系到法律自身的权威和司法在人民群众中的威信和公信力。为此，作为习近平总书记关于法治的重要论述的重要内涵，"推进司法改革，实现公正司法"成为全面依法治国的重要措施和制度路径。

司法作为法治的构成要素，其基本制度功能是借助公共权力对各种法律争议作出最终裁判，达到定分止争，保

---

① （明）张居正《请稽查章奏随事考成以修实政疏》。习近平总书记在《关于〈中共中央关于全面推进依法治国若干重大问题的决定〉的说明》等文中引用。

障社会稳定、促进社会公平正义的价值目标。然而在权力结构体系中，司法权力"既不把控钱袋子，也不掌握枪杆子"，只有基于法律的理性判断。因此，司法功能与价值的实现，关键取决于建立在司法公正基础之上的司法权威性和公信力，正是在这个意义上司法公正被视为现代社会政治民主、文明的重要标志，也是现代国家经济发展和社会稳定的重要保证。

司法在不同国家，其制度功能与价值存在较大差异。我国实行人民代表大会制度，司法机关与行政机关都是由作为国家权力机关的各级人民代表大会产生的，对各级人民代表大会负责，受各级人民代表大会的监督。此外，在我国，司法还要接受执政党的领导，这一点是中国特色社会主义司法制度区别于西方三权分立体制下的司法制度的根本特征所在。习近平总书记对此曾表述过非常明确的立场。他指出："一个国家实行什么样的司法制度，归根到底是由这个国家的国情决定的。评价一个国家的司法制度，关键看是否符合国情、能否解决本国实际问题。实践证明，我国司法制度总体上是适应我国国情和发展要求的，必须增强对中国特色社会主义司法制度的自信，增强政治定力。"① 党的十八大以来，以习近平同志为核心的党中央从全面推进依法治国的大局出发，在认真总结我国司法制度现有的成绩和存在的问题的基础上，以实现"公正

---

① 习近平：《在中央政法工作会议上的讲话》（2014年1月7日），载中共中央文献研究室编《习近平关于全面依法治国论述摘编》，中央文献出版社2015年版，第76—77页。

司法"为目标，提出了改革司法体制的一系列政策和举措，对于不断健全和完善中国特色社会主义司法制度起到了非常重要的促进和保障作用，体现了"司法为民"的制度要求。习近平总书记反复要求，要努力让人民群众在每一个司法案件中感受到公平正义。"对司法机关而言，要实现司法公正，贯彻落实习近平总书记的要求，最重要一点，就是严格依法办案，严格遵循法律程序，坚决守住法律底线，在法律规定的范围内行使司法权，用严格司法确保公正司法在每一个具体案件中得到实现。"①

一 深化司法体制改革是全面推进依法治国的一项重要事业

江泽民同志在党的十五大报告中指出："推进司法改革，从制度上保证司法机关依法独立公正地行使审判权和检察权。"② 1999年，最高人民法院根据党的十五大报告关于司法体制改革的要求，制定并发布了《人民法院五年改革纲要》，对1999—2003年全国法院的改革作出了统一部署。2000年2月15日，最高人民检察院出台了《检察改革三年实施意见》，作为2000—2002年检察改革的指导性文件，以通过大力推进检察改革，加强检察工作，繁荣

---

① 周强：《推进严格司法》，载《〈中共中央关于全面推进依法治国若干重大问题的决定〉辅导读本》，人民出版社2014年版，第106页。

② 《江泽民文选》第2卷，人民出版社2006年版，第31页。

检察事业，强化监督职能，完善检察体制，在建设有中国特色社会主义检察制度方面迈出重要步伐。在党的十六大报告中，江泽民同志强调，推进司法机关的机构设置、职权划分和管理制度，进一步健全权责明确、相互配合、相互制约、高效运行的司法体制，从制度上保证审判机关和检察机关依法独立公正地行使审判权和检察权。改革司法机关的工作机制和人财物管理体制，逐步实现司法审判和检察同司法行政事务相分离。① 2007年10月15日，胡锦涛同志在党的十七大报告中对司法体制改革明确指出："深化司法体制改革，优化司法职权配置，规范司法行为，建设公正高效权威的社会主义司法制度，保证审判机关、检察机关依法独立公正地行使审判权、检察权。"② 关于深化司法体制改革的理念在党的十八大报告中得到进一步明确，③ 为党的十八大之后以习近平同志为核心的党中央采取各项扎实有效的司法体制改革举措奠定了坚实的政策基础。

党的十八大以来，以习近平同志为核心的党中央高度重视中国特色社会主义司法制度建设，并以司法体制改革为突破口，对我国司法制度现存的各种不合理的、与全面推进依法治国不相适应的因素进行了大刀阔斧的改革，提升了司法公信力，保证了人民法院、人民检察院依法独立

---

① 《江泽民文选》第3卷，人民出版社2006年版，第556—557页。
② 《胡锦涛文选》第2卷，人民出版社2016年版，第637页。
③ 《胡锦涛文选》第3卷，人民出版社2016年版，第635页。

行使审判权和检察权,充分发挥了人权司法保障的作用,强化了司法在中国特色社会主义法治建设中的重要地位,推进了政治体制改革的有序进行。

习近平总书记多次在不同场所对司法体制改革的必要性和改革方向作出了明确的阐述,为司法体制改革提供了理论指导,指明了实践中具体改革的方向。首先,对于司法体制改革的必要性,习近平总书记从科学分析当前司法制度存在的问题出发,指出司法体制必须进行改革,不改革就没有出路。他指出:"我国司法制度也需要在改革中不断发展和完善。执法司法中存在的突出问题,原因是多方面的,但很多与司法体制和工作机制不合理有关。比如,司法机关人财物受制于地方。司法活动容易受到干扰;司法行政化问题突出,审者不判、判者不审;司法人员管理等同于一般公务员管理,不利于提高专业素质、保障办案质量;司法不公开、不透明,为暗箱操作留下空间;等等。这些问题不仅影响司法应有的权利救济、定分止争、制约公权的功能发挥,而且影响社会公平正义的实现。解决这些问题,就要靠深化司法体制改革。"[1] 其次,司法体制改革的方向必须是维护社会公平正义,否则,司法体制改革就会违背改革的宗旨。习近平总书记指出:"深化司法体制改革,是要更好坚持党的领导、更好发挥我国司法制度的特色、更好促进社会公平正义。凡是符合

---

[1] 习近平:《在中央政法工作会议上的讲话》(2014年1月7日),载中共中央文献研究室编《习近平关于全面依法治国论述摘编》,中央文献出版社2015年版,第77页。

这个方向、应该改又能够改的，就要坚决改；凡是不符合这个方向、不应该改的，就决不能改。简单临摹、机械移植，只会造成水土不服，甚至在根本问题上出现颠覆性错误。"① 再次，深化司法体制改革要以提高司法公信力为价值目标。习近平总书记指出："深化司法体制改革，一个重要目的是提高司法公信力，让司法真正发挥维护社会公平正义最后一道防线的作用。要从确保依法独立公正行使审判权、检察权、健全司法权力运行机制、完善人权司法保障制度三个方面，着力解决影响司法公正、制约司法能力的深层次问题，破解体制性、机制性、保障性障碍。"② 最后，司法体制改革要解决司法为民的问题。习近平总书记在2013年2月23日下午中共中央政治局就全面推进依法治国进行第四次集体学习时发表的讲话中强调指出："要坚持司法为民，改进司法工作作风，通过热情服务，切实解决好老百姓打官司难问题，特别是要加大对困难群众维护合法权益的法律援助。司法工作者要密切联系群众，规范司法行为，加大司法公开力度，回应人民群众对司法公正公开的关注和期待。要确保审判机关、检察机关依法独立公正行使审判权、检察权"，"要努力让人民群众在每一个司法案件中都感受到公平正义，所有司法机关都要紧紧围绕这个目标来改进工作，重点解决影响司法公正

---

① 习近平：《在中央政法工作会议上的讲话》（2014年1月7日），载中共中央文献研究室编《习近平关于全面依法治国论述摘编》，中央文献出版社2015年版，第77页。

② 同上书，第78页。

和制约司法能力的深层次问题"。①

根据习近平总书记关于司法体制改革的一系列重要讲话精神，党的十八大以来，以习近平同志为核心的党中央采取了一系列深化司法体制改革的重要举措，已经取得了阶段性成果，为下一步不断健全和完善中国特色社会主义司法制度奠定了坚实的改革实践的基础。党的十八届三中全会《中共中央关于全面深化改革若干重大问题的决定》以"法治中国建设"为切入点，提出了"深化司法体制改革，加快建设公正高效权威的社会主义司法制度，维护人民权益，让人民群众在每一个司法案件中都感受到公平正义"的改革要求，并且从三个角度入手，提出了一系列具体的司法体制改革的措施，主要包括：一是确保依法独立公正行使审判权、检察权。改革司法管理体制，推动省以下地方法院、检察院人财物统一管理，探索建立与行政区划适当分离的司法管辖制度，保证国家法律统一正确实施。建立符合职业特点的司法人员管理制度，健全法官、检察官、人民警察统一招录、有序交流、逐级遴选机制，完善司法人员分类管理制度，健全法官、检察官、人民警察职业保障制度。二是健全司法权力运行机制。优化司法职权配置，健全司法权力分工负责、互相配合、互相制约机制，加强和规范对司法活动的法律监督和社会监督。改革审判委员会制度，完善主审法官、合议庭办案责任制，让审理者裁判、由裁判者负责。明确各级法院职能定位，

---

① 中共中央文献研究室编：《习近平关于全面深化改革论述摘编》，中央文献出版社2014年版，第72页。

规范上下级法院审级监督关系。推进审判公开、检务公开，录制并保留全程庭审资料。增强法律文书说理性，推动公开法院生效裁判文书。严格规范减刑、假释、保外就医程序，强化监督制度。广泛实行人民陪审员、人民监督员制度，拓宽人民群众有序参与司法渠道。三是完善人权司法保障制度。国家尊重和保障人权。进一步规范查封、扣押、冻结、处理涉案财物的司法程序。健全错案防止、纠正、责任追究机制，严禁刑讯逼供、体罚虐待，严格实行非法证据排除规则。逐步减少适用死刑罪名。废止劳动教养制度，完善对违法犯罪行为的惩治和矫正法律，健全社区矫正制度。健全国家司法救助制度，完善法律援助制度。完善律师执业权利保障机制和违法违规执业惩戒制度，加强职业道德建设，发挥律师在依法维护公民和法人合法权益方面的重要作用。习近平总书记在《关于〈中共中央关于全面深化改革若干重大问题的决定〉的说明》中对改革司法体制和运行机制、采取上述相关措施的意义作了非常细致的说明："司法体制是政治体制的重要组成部分。这些年来，群众对司法不公的意见比较集中，司法公信力不足很大程度上与司法体制和工作体制不合理有关"，"这些改革举措，对确保司法机关依法独立行使审判权和检察权、健全权责明晰的司法权力运行机制、提高司法透明度和公信力、更好保障人权都具有重要意义"。[①] 党的十

---

① 习近平：《关于〈中共中央关于全面深化改革若干重大问题的决定〉的说明》（2013年11月15日），载中共中央文献研究室编《十八大以来重要文献选编（上）》，中央文献出版社2014年版，第504—505页。

八届四中全会《中共中央关于全面推进依法治国若干重大问题的决定》在十八届三中全会《中共中央关于全面深化改革若干重大问题的决定》提出的司法体制改革的制度框架基础上，对保障司法公正作出了更深入的部署。比如，为确保依法独立公正行使审判权和检察权，党的十八届四中全会《决定》规定，建立对领导干部干预司法活动、插手具体案件处理的记录、通报和责任追究制度；健全行政机关依法出庭应诉、支持法院受理行政案件、尊重并执行法院生效裁判的制度；建立健全司法人员履行法定职责保护机制；等等。为优化司法职权配置，党的十八届四中全会《决定》提出，推动实行审判权和执行权相分离的体制改革试点；统一刑罚执行体制；探索实行法院、检察院司法行政事务管理权和审判权、检察权相分离；变立案审查制为立案登记制；等等。为保障人民群众参与司法，党的十八届四中全会《决定》提出，完善人民陪审员制度，扩大参审范围；推进审判公开、检务公开、警务公开、狱务公开；建立生效法律文书统一上网和公开查询制度；等等。党的十八届四中全会《决定》还就加强人权司法保障和加强对司法活动的监督提出了重要的改革措施。[①] 在党的十八届四中全会《中共中央关于全面推进依法治国若干重大问题的决定》提出了司法体制改革的一系列具体制度

[①] 习近平：《关于〈中共中央全面推进依法治国若干重大问题的决定〉的说明》（2014年10月20日），载中共中央文献研究室编《十八大以来重要文献选编（中）》，中央文献出版社2016年版，第152页。

方案之后，最高人民法院、最高人民检察院、公安部、司法部以及有关政法机关都先后出台了本部门、本领域推进司法体制改革的具体办法，产生了上百项具体司法改革措施。例如，最高人民法院发布了《关于全面深化人民法院改革的意见》，最高人民检察院、司法部印发了《〈深化人民监督员制度改革〉的通知》（2015年2月27日中央全面领导小组第十次会议审议通过），等等。这些措施有些已经完成并取得了成功的经验，有些还在试点、摸索和推广中。

总体上来说，司法体制改革进展得比较顺利，那些原来阻碍公正司法的因素正在得到遏制或消除，司法机关的司法公信力不断上升，司法公开和透明程度显著提高，司法为民的特征日渐突出，司法作为"社会公平正义的最后一道防线"①的作用已经显示了自身在建设中国特色社会主义法治中的重要性和地位。深化司法体制改革，不断提高司法人员的法治素质，充分发挥司法机关在全面推进依法治国中的重要作用，成为党的十八大以来以习近平同志为核心的党中央推进政治体制改革的重要方式。正如习近平总书记所强调的那样："司法人员必须信仰法律、坚守法治，端稳天平、握牢法槌，铁面无私、秉公司法"，"要按照政治过硬、业务过硬、责任过硬、纪律过硬、作风过硬的要求，教育和引导立法、执法、司法工作者牢固树立社会主义法治理念，恪守职业道德，做到忠于党、忠于国家、

---

① 习近平：《加快建设社会主义法治国家》，《求是》2015年第1期。

忠于人民、忠于法律"。①

二 公正司法是司法工作的生命线

在一定意义上,公平正义是政法工作的生命线。习近平总书记指出:"司法是社会公平正义的最后一道防线,司法人员必须信仰法律、坚守法治,端稳天平、握牢法槌,铁面无私、秉公司法。"② 因此,保障和推进司法公正是贯彻落实依法治国基本方略的关键之举。

(一) 司法公信力源于司法公正

英国哲学家培根有一段著名的法律谚语:"一次不公正的审判,其恶果甚至超过十次犯罪。因为犯罪虽是无视法律——好比污染了水流,而不公正的审判则毁坏法律——好比污染了水源。"③ 习近平总书记曾经引用培根的这段话,以突出强调司法公正的重要意义。

首先,公正司法是维护社会公平正义的最后一道防线。2014年1月7日,习近平总书记在中央政法工作会议上的讲话中强调,"如果不努力让人民群众在每一个司法案件中都感受到公平正义,人民群众就不会相信政法机

---

① 习近平:《加快建设社会主义法治国家》,《求是》2015年第1期。
② 同上。
③ [英]培根:《培根论文集》,水天同译,商务印书馆1983年版,第193页。

关,从而也不会相信党和政府"①。因此,深化司法体制改革,一个重要目的是提高司法公信力,让司法真正发挥维护社会公平正义最后一道防线的作用。因此,党的十八届四中全会《中共中央关于全面推进依法治国若干重大问题的决定》指出,公正是法治的生命线;司法公正对社会公正具有重要引领作用,司法不公对社会公正具有致命破坏作用。

其次,公正司法要求在个案中体现公平正义。公正司法要求司法的过程和结果符合公平、平等、正当、正义的精神,这样的要求并不是抽象、笼统的,而是要努力让人民群众在每一个司法案件中都感受到公平正义。为此,习近平总书记指出,"政法战线的同志要肩扛公正天平、手持正义之剑,以实际行动维护社会公平正义,让人民群众切实感受到公平正义就在身边。要重点解决好损害群众权益的突出问题,决不允许对群众的报警求助置之不理,决不允许让普通群众打不起官司,决不允许滥用权力侵犯群众合法权益,决不允许执法犯法造成冤假错案"②。习近平总书记对政法机关保持"公正廉明"提出了非常严格的要求,"公生明,廉生威","执法司法是否具有公信力,主

---

① 习近平:《严格执法,公正司法》(2014年1月7日),载中共中央文献研究室编《十八大以来重要文献选编(上)》,中央文献出版社2014年版,第718页。

② 习近平:《在中央政法工作会议上的讲话》(2014年1月7日),载中共中央文献研究室编《习近平关于全面依法治国论述摘编》,中央文献出版社2015年版,第96—97页。

要看两点，一是公正不公正，二是廉洁不廉洁"①。习近平总书记曾语重心长地指出："我们社会主义国家的政法机关，不能搞成旧社会的'官府衙门八字开，有理无钱莫进来'！身教重于言教。要从政法机关做起，坚决破除各种潜规则，杜绝法外开恩，改变找门路托关系就能通吃、不找门路托关系就寸步难行的现象，让托人情找关系的人不但讨不到便宜，相反要付出代价。"②

最后，公正司法是全面推进依法治国重要环节。全面推进依法治国要统筹推进科学立法、严格执法、公正司法、全民守法。其中，司法公正对社会公正具有重要引领作用，是检验法治是否实现的关键环节，也是评价一个社会是否实现公平正义的具体标准。2016年12月，中共中央办公厅、国务院办公厅印发的《关于进一步把社会主义核心价值观融入法治建设的指导意见》对司法公正与社会公正的关系作出了明确的阐述，该意见规定："司法是维护社会公平正义的最后一道防线，司法公正对社会公正具有重要引领作用。要全面深化司法体制改革，加快建立健全公正高效权威的社会主义司法制度，确保审判机关、检察机关依法独立公正行使审判权、检察权，提供优质高效的司法服务和保障，努力让人民群众在每一个司法案件中都感受到公平正义，推动社会主

---

① 习近平：《严格执法，公正司法》（2014年1月7日），载中共中央文献研究室编《十八大以来重要文献选编（上）》，中央文献出版社2014年版，第718页。

② 同上书，第721—722页。

义核心价值观落地生根。"① 因此说，公正司法于中国的法治建设意义重大，它既是全面推进依法治国的重要环节，更是全面推进依法治国的重要保障。

（二）推进司法公正要以优化司法职权配置为重点

司法改革是实现司法公正的必由之路。习近平总书记指出，司法不公的深层次原因在于司法体制不完善、司法职权配置和权力运行机制不科学、人权司法保障制度不健全等。因此，推进司法公正，要以优化司法职权配置为重点，健全司法权力分工负责、相互配合、相互制约的制度安排。② 因此，要不断完善司法管理体制和司法权力运行机制，切实规范司法行为。党的十八届三中全会针对司法领域存在的突出问题提出了一系列改革举措，党的十八届四中全会《中共中央关于全面推进依法治国若干重大问题的决定》在党的十八届三中全会《决定》的基础上对保障司法公正、优化司法职权配置又作出了更深入的部署，主要包括健全司法权力分工负责、互相配合、互相制约的体制机制；推动实行审判权和执行权相分离的体制改革试点；统一刑罚执行体制；探索实行法院、检察院司法行政事务管理权和审判权、检察权相分离，等等。

第一，健全司法权力分工负责、互相配合、互相制

---

① 《中共中央办公厅、国务院办公厅印发了〈关于进一步把社会主义核心价值观融入法治建设的指导意见〉》，2016年12月25日，新华社。

② 习近平：《加快建设社会主义法治国家》，《求是》2015年第1期。

约的体制机制。人民法院、人民检察院、公安机关和司法行政机关都是我国国家机构体系中的重要组成部分，虽然它们分工不同，各司其职，但保护人民、惩罚犯罪、保障国家安全和社会公共安全、维护社会主义社会秩序的任务是共同的，因此它们又要互相配合、互相制约，以保证准确有效地执行法律。在刑事诉讼中，公安机关行使侦查权，人民检察院行使检察权，人民法院行使审判权，司法行政机关行使刑罚执行权，这 4 种权力既互相配合又互相制约。但是，现行《宪法》第 135 条规定："人民法院、人民检察院和公安机关办理刑事案件，应当分工负责，互相配合，互相制约，以保证准确有效地执行法律。"刑事诉讼法也同样只规定了公、检、法三机关分工负责、互相配合、互相制约的原则。很显然，现行宪法和刑事诉讼法的相关规定已经与上述"四机关"相互制约的实际需要不相适应。党的十八届四中全会《中共中央关于全面推进依法治国若干重大问题的决定》首次明确提出"四机关"各司其职，互相配合、互相制约，反映了中华人民共和国成立以来特别是改革开放以来司法改革实践形成的重要制度成果，应当在司法改革实践认真加以推进。

第二，推动审判权和执行权相分离，统一刑罚执行体制。审判权是司法权力，而裁判执行权是具有行政性质的权力。审判权和执行权分别由不同的机关或部门行使，符合这两种权力的不同属性，有利于维护司法公正，也是世界各国的通行做法。目前，我国刑罚执行权由多个机关分别行使。其中，死刑缓期二年执行、无期徒刑、有期徒刑由司法行政机关管理的监狱执行；被判处管制、宣告缓刑、假释或者被暂予监外执行的，由司法行政机关的社区矫正机构执行；死刑立即执行和罚金、没收财产的判决，由人民法院执行；拘役由公安机关执行。刑罚执行权过于分散，不利于统一刑罚执行标准，统一刑罚执行体制有利于加强刑罚统一执行的管理和监督，可以更好地发挥刑罚教育人、改造人的功能，保障罪犯合法权益，实现刑罚预防犯罪的目的。

第三，探索实行法院、检察院司法行政事务管理权和审判权、检察权相分离。审判权、检察权是司法权力，法院、检察院的人财物管理属于司法行政事务。党的十八届四中全会《中共中央关于全面推进依法治国若干重大问题的决定》明确指出，"改革司法机关人财物管理体制，探索实行法院、检察院司法行政事务管理权和审判权、检察权相分离"[①]，这是对党的十八届三中全会提出的推动省以下地方法院、检察院人财物统一管理的改革措施的进一步深化。

（三）充分发挥庭审作用是司法公正的重要保障

审判是人民法院审理案件、作出裁判的司法活动，是诉讼的中心环节。习近平总书记指出："充分发挥审判特别是庭审的作用，是确保案件处理质量和司法公正的重要

[①] 《中共中央关于全面推进依法治国若干重大问题的决定》（2014年10月23日），载中共中央文献研究室编《十八大以来重要文献选编（中）》，中央文献出版社2016年版，第169页。

环节。"① 法庭是查明事实、认定证据、形成裁判结果的场所。没有庭审，就没有裁判。充分发挥审判特别是庭审的作用，是确保案件处理质量和司法公正的重要环节。

一要实行以审判为中心的诉讼制度改革。党的十八届四中全会《中共中央关于全面推进依法治国若干重大问题的决定》提出要"推进以审判为中心的诉讼制度改革"②。以审判为中心是由司法审判权的判断裁决性质所决定的，强调司法机关和诉讼参与人的诉讼活动都要围绕庭审进行，确保侦查、审查起诉的案件事实和证据经得起法庭质证的检验，经得起法律的检验，确保诉讼证据出示在法庭、案件事实查明在法庭、诉辩意见发表在法庭、裁判结果形成在法庭。

二要完善诉讼制度。深入推进审判权运行机制改革，全面落实主审法官、合议庭责任制，积极推动有关部门建立领导干部干预司法活动、插手具体案件处理的记录、通报和责任追究制度，健全法院内部人员过问案件的登记制度和责任追究制度，保障法官依法独立公正行使审判权，努力实现"让审理者裁判，由裁判者负责"。积极完善人民陪审员制度，扩大参审范围，完善参审方式，充分发挥人民陪审员的作用。

三要完善证据规制。党的十八届四中全会《中共中

---

① 《中共中央关于全面推进依法治国若干重大问题的决定》（2014年10月23日），载中共中央文献研究室编《十八大以来重要文献选编（中）》，中央文献出版社2016年版，第154页。

② 同上书，第170页。

央关于全面推进依法治国若干重大问题的决定》提出："全面贯彻证据裁判规则，严格依法收集、固定、保存、审查、运用证据，完善证人、鉴定人出庭制度，保证庭审在查明事实、认定证据、保护诉权、公正裁判中发挥决定性作用。"① 同时，我国现行《刑事诉讼法》的修改对非法证据排除也有新规定、新进步，这有利于减少刑讯逼供、冤假错案的发生，也是对司法公正的重要保障。

三　保障司法机关依法独立行使职权

公正司法是司法活动严格依法办事综合作用的结果，但是司法机关能否依法独立行使职权不受各种非法干涉，则是保证公正司法的最重要的因素。习近平总书记特别强调指出："要确保审判机关、检察机关依法独立公正行使审判权、检察权。这是我们党和国家的一贯主张，党的十八大继续强调了这一点。司法不能受权力干扰，不能受金钱、人情、关系干扰，防范这些干扰要有制度保障。"②

---

① 《中共中央关于全面推进依法治国若干重大问题的决定》（2014年10月23日），载中共中央文献研究室编《十八大以来重要文献选编（中）》，中央文献出版社2016年版，第170页。

② 习近平：《在十八届中央政治局第四次集体学习时的讲话》（2013年2月23日），载中共中央文献研究室编《习近平关于全面依法治国论述摘编》，中央文献出版社2015年版，第69页。

（一）司法公正依托于司法独立

在国家机构体系中，人民法院和人民检察院是具有独立地位的国家审判机关和国家法律监督机关，这也是司法公正的基础和保障。通常来说，按权力的性质分类，人民法院行使的审判权和人民检察院行使的检察权通称为"司法权"，是与立法权、行政权相对应的三权之一。司法权、司法机关这样的表述在党中央的重要文件中已经较为常见，虽然"司法"目前还不是一个完整的法律意义上的概念，我国宪法没有使用"司法"的词汇和表述，但是宪法确立了司法机关依法独立行使职权的法治理念和宪法原则。具体来说，人民法院、人民检察院的独立性主要表现在：第一，审判机关、检察机关、行政机关、军事领导机关等国家机关都是分别设立的。第二，法官、检察官不得兼任人民代表大会常务委员会的组成人员，不得兼任行政机关和企事业单位的职务。同时，法官、检察官也不得相互兼任职务。第三，根据现行《宪法》第 126 条和第 131 条规定，人民法院、人民检察院依照法律规定独立行使审判权、检察权，不受行政机关、社会团体和个人的干涉。但值得注意的是，在保障司法机关依法独立行使职权的过程中，一定要将司法机关依法独立行使职权与西方国家的"司法独立"区分开来，这是两种完全不同意义上的司法独立。最高人民法院党组书记、院长周强 2017 年 1 月 14 日在北京谈及全国各级法院做好意识形态工作必须掌握的几项内容时义正词严地指出：要坚决抵制西方"宪政民主""三权分立""司法独立"等错误思潮影响,旗帜鲜明,敢于亮剑,坚决同否定中国共产党领导、诋毁中国特色社会主义法治道路和司法制度的错误言行作斗争,决不能落入西方错误思想和司法独立的"陷阱",要坚定不移走中国特色社会主义法治道路。①

(二)司法机关依法独立行使职权不受非法干涉

审判权、检察权的去行政化、去地方化是党的十八大以来,特别是党的十八届三中、四中全会以来,司法体制改革备受关注的一个焦点和难点。为保障审判权、检察权独立行使职权不受非法干涉,党的十八届三中全会《中共中央关于全面深化改革若干重大问题的决定》提出了"省以下地方法院和检察院人财物统一管理"的改革要求,党的十八届四中全会《中共中央关于全面推进依法治国若干重大问题的决定》进一步提出了两项重大举措:一是"最高人民法院设立巡回法庭,审理跨行政区域重大行政和民商事案件";二是"探索设立跨行政区划的人民法院和人民检察院,办理跨地区案件"。后两项改革举措的目的实质上就是要探索行政区划与司法辖区的适当分离,保障审判权、检察权的独立性。"这有利于排除对审判工作和检察工作的干扰、保障法院和检察院依法独立公正行使审判权和检察权,有利于构建普通案件在行政区划法院审理、特殊案件在跨行政区划法

---

① 周强:《要敢于向西方错误思潮亮剑》,2017年1月14日,中国新闻网。

院审理的诉讼格局。"① 这三项改革举措，探索建立了与行政区划适当分离的司法管辖制度。

党的十八届四中全会之后，最高人民法院迅速组织力量就设立巡回法庭进行深入研究。全社会对最高人民法院设立巡回法庭非常关注，许多专家学者也提出了很好的意见建议。经过数据摸底和详细论证，并经广泛征求中纪委、中组部、中央政法委、全国人大常委会法工委、财政部、人社部等单位意见后，形成了《最高人民法院设立巡回法庭试点方案》。2014年12月2日，中央全面深化改革领导小组第七次全体会议审议通过了此方案。2015年1月28日，最高人民法院第一巡回法庭在广东深圳挂牌正式成立。2015年1月31日，最高人民法院第二巡回法庭在辽宁沈阳正式成立。2016年12月29日，最高人民法院第六巡回法庭在西安揭牌。最高人民法院党组书记、院长周强指出，最高人民法院第三、第四、第五、第六巡回法庭正式开始办公，具有重要意义，标志着最高人民法院巡回法庭建设掀开崭新一页，人民法院司法体制改革进入新的阶段。以习近平同志为核心的党中央对人民法院和巡回法庭工作高度重视、大力支持，广大巡回法庭干警要牢记使命，恪尽职守，锐意进取，扎扎实实做好各项工作，不辜负党的重托和人民的期盼。要牢固树立四个意识，特别是

---

① 习近平：《关于〈中共中央关于全面推进依法治国若干重大问题的决定〉的说明》（2014年10月20日），载中共中央文献研究室编《十八大以来重要文献选编（中）》，中央文献出版社2016年版，第153页。

核心意识、看齐意识，更加自觉地在思想上政治上行动上同以习近平同志为核心的党中央保持高度一致，不折不扣地贯彻执行党中央重大决策部署，确保巡回法庭工作沿着正确的政治方向不断前进。①

最高人民法院设立巡回法庭是党的十八届四中全会作出的重大改革部署，对于切实加强审判工作，依法履行宪法和法律赋予的神圣职责，坚持和完善中国特色社会主义司法制度，全面推进依法治国，努力形成高效完善的法治实施体系，促进国家治理体系和治理能力现代化，都具有重要而深远的意义：一是巡回法庭审理跨区域重大行政、民商事案件，有利于保障司法公正，有效监督、指导、支持地方法院依法独立公正行使审判权，推进法律正确实施，维护国家法制统一。二是方便人民群众就近诉讼，减轻当事人诉累，更加有效地维护人民群众合法权益。三是有利于纠纷就地解决，维护首都地区社会和谐稳定。四是有利于最高人民法院本部集中精力制定司法政策和司法解释，审理对统一法律适用有重大指导意义的案件，强化最高人民法院本部监督指导全国法院审判工作的职能。②

（三）党政机关和领导干部不能干预司法

个人干涉司法的情况，突出的问题是领导干部非法干

---

① 《最高人民法院第六巡回法庭正式办公》，2016年12月29日，最高人民法院网。

② 最高人民法院新闻发言人孙军工：《关于最高人民法院巡回法庭有关情况的新闻发布稿》，2015年1月28日，最高人民法院网。

预司法。近年来发生的一些案例表明，一些干部违法干预司法，影响了司法公正，有的甚至酿成冤假错案，教训十分深刻。习近平总书记对这种领导干部非法干预司法的行为深恶痛绝。他曾对此现象严厉地批评道："一些党政领导干部出于个人利益，打招呼、批条子、递材料，或者以其他明示、暗示方式插手干预个案，甚至让执法司法机关做违反法定职责的事。在中国共产党领导的社会主义国家里，这是绝对不允许的！"① 对于领导干部非法干预司法的问题，党的十八届四中全会《中共中央关于全面推进依法治国若干重大问题的决定》提出了以下具体的应对措施和制度。

第一，领导机关不得对司法案件作出具体决定。党的领导是社会主义法治的根本保证。坚持党的领导，是我国社会主义司法制度的根本特征和政治优势。我国宪法确定的人民法院、人民检察院依法独立行使审判权、检察权，是建立在党的领导和人民代表大会统一行使国家权力基础上的，强调的是对案件依法独立审判，与西方国家的司法独立具有本质的不同。必须强调的是，党对司法的领导，是党组织在方针政策上的领导和党对政法干部队伍的领导，不是对具体案件的领导甚至决定。党的十八届四中全会《中共中央关于全面推进依法治国若干重大问题的决定》强调指出，任何党政机关和领导干部都不得让司法机关做违反法定职责、有碍

---

① 习近平：《严格执法，公正司法》（2014年1月7日），载中共中央文献研究室编《十八大以来重要文献选编（上）》，中央文献出版社2014年版，第720—721页。

司法公正的事情，任何司法机关都不得执行党政机关和领导干部违法干预司法活动的要求。对此，习近平总书记《在中央全面深化改革领导小组第十次会议上的讲话》中也强调："各级领导干部在推进依法治国方面肩负着重要责任，要牢固树立法律红线不能触碰、法律底线不能逾越的观念，不能违法干预司法活动、插手具体案件处理，不能对司法机关工作进行不当干预。"①

第二，建立领导干部干预司法活动、插手具体案件记录制度和责任追究制度。为了更好地保障司法机关独立行使职权，排除领导干部对司法的非法干预，党的十八届四中全会《中共中央关于全面推进依法治国若干重大问题的决定》提出要"建立领导干部干预司法活动、插手具体案件处理的记录、通报和责任追究制度"。② 严格禁止对政法机关办理的具体案件提出倾向性意见，尤其要禁止替政法机关拍板定案；禁止批条子、打招呼、递材料影响办案，尤其要禁止为一己私利以权压法、徇私枉法等违法干预司法活动的行为。对干预司法机关办案的，建立领导干部干预司法活动、插手具体案件记录制度，并按照党内法规给予党纪政纪处分，造成冤假错案或者其他严重后果的，依法追究刑事责任。这些硬性规定，为党政机关和领导干部

---

① 习近平：《在中央全面深化改革领导小组第十次会议上的讲话》（2015年2月27日），《人民日报》2015年2月28日第1版。

② 《中共中央关于全面推进依法治国若干重大问题的决定》（2014年10月20日），载中共中央文献研究室编《十八大以来重要文献选编（中）》，中央文献出版社2016年版，第168页。

违法干预司法划出了"红线",为司法机关依法独立公正行使职权提供了有力的制度保障。同时,司法人员也要刚正不阿,勇于担当,敢于依法排除来自司法机关内部和外部的干扰,坚守公正司法的底线。要坚持以公开促公正、树公信,构建开放、动态、透明、便民的阳光司法机制,杜绝暗箱操作,坚决遏制司法腐败。

为贯彻落实《中共中央关于全面推进依法治国若干重大问题的决定》有关要求,防止领导干部干预司法活动、插手具体案件处理,确保司法机关依法独立公正行使职权,根据宪法法律规定,结合司法工作实际,2015年3月底,中共中央办公厅、国务院办公厅印发了《领导干部干预司法活动、插手具体案件处理的记录、通报和责任追究规定》,该规定明确要求,"各级领导干部应当带头遵守宪法法律,维护司法权威,支持司法机关依法独立公正行使职权。任何领导干部都不得要求司法机关违反法定职责或法定程序处理案件,都不得要求司法机关做有碍司法公正的事情";"领导干部干预司法活动、插手具体案件处理的情况,应当纳入党风廉政建设责任制和政绩考核体系,作为考核干部是否遵守法律、依法办事、廉洁自律的重要依据"。

四 推进司法公开,增强司法透明度

司法公开是司法民主的必然要求,是人民司法为人民的具体体现。通过司法公开,才能满足人民群众对司法工作知情权、参与权、表达权和监督权的需要;通过司法公开促进司法公正,以透明保廉洁,才能提高司法权威和公信力；司法公开是提高司法工作质量的重要途径，只有公开，使执法司法权在阳光下运行，才能防止暗箱操作，倒逼、促使司法人员谨慎用权、恪尽职守，最大限度地压缩徇私舞弊的空间，实现公正廉洁司法。习近平总书记也指出："阳光是最好的防腐剂。权力运行不见阳光，或有选择地见阳光，公信力就无法树立。执法司法越公开，就越有权威和公信力。""对公众关注的案件，要提高透明度，让暗箱操作没有空间，让司法腐败无法藏身。"[①] 可见实行司法公开，是不断深化的司法体制改革应当持续推进的重要内容，也是建设公正高效权威的社会主义司法制度的重要方面。

（一）推进阳光司法，防止司法腐败

阳光是最好的防腐剂，只有把司法权的运行尽可能地置于"阳光"之下，才能最大限度地遏制背离公正司法的潜规则的生存空间，让司法判决更好地体现公正公平；只有大力推进司法公开，努力去除司法神秘主义的面纱，才能让老百姓了解和理解司法，并最终信服和拥护司法。

党的十八届四中全会《中共中央关于全面推进依法治国若干重大问题的决定》提出："构建开放、动态、透明、便民的阳光司法机制，推进审判公开、检务公开、警务公开、狱务公开，依法及时公开执法司法依据、程序、流

---

① 习近平：《严格执法，公正司法》（2014年1月7日），载中共中央文献研究室编《十八大以来重要文献选编（上）》，中央文献出版社2014年版，第720页。

程、结果和生效法律文书，杜绝暗箱操作。加强法律文书释法说理，建立生效法律文书统一上网和公开查询制度。"① 这是对深入推进司法公开提出的新的更高的要求。

（二）推进"三公开"平台建设

全面推进司法公开，以公开促公正，以公正树公信力需要进一步完善公开机制，创新公开方式，畅通公开渠道。其中，最为关键的就是要加大审判流程、裁判文书、执行信息公开三大平台建设力度，② 不断拓展司法公开的广度和深度，不断提升司法公信力，积极构建开放、动态、透明、便民的阳光司法机制，让人民群众在每一个司法案件中都感受到公平正义。

首先，审判信息和审判流程公开。全国各级法院要建立立案大厅，通过公告栏、指示牌、电子触摸屏、宣传手册等，公示开庭信息、诉讼费用标准、司法救助和多元纠纷解决方式；设立导诉台、开通导诉热线等，为诉讼当事

---

① 《中共中央关于全面推进依法治国若干重大问题的决定》（2014年10月23日），载中共中央文献研究室编《十八大以来重要文献选编（中）》，中央文献出版社2016年版，第170页。

② 最高人民法院发布的《关于全面深化人民法院改革的意见》规定：建立中国特色社会主义审判权力运行体系，必须依托现代信息技术，构建开放、动态、透明、便民的阳光司法机制，增进公众对司法的了解、信赖和监督。到2015年底，形成体系完备、信息齐全、使用便捷的人民法院审判流程公开、裁判文书公开和执行信息公开三大平台，建立覆盖全面、系统科学、便民利民的司法为民机制。参见《最高人民法院关于全面深化人民法院改革的意见》，2015年2月26日，最高人民法院网。

人提供咨询、立案、收费一站式服务；要以各级人民法院政务网站为基础平台，建立审判信息网络查询系统和执行案件信息管理系统，方便诉讼当事人查询；通过手机短信、电话语音系统、电子触摸屏、微博、微信等技术手段，将案件的立案、庭审、调解、宣判等诉讼过程，依法向当事人和社会公开，为其提供全方位、多元化的司法服务。同时，公开审理案件时，人民法院一律公开举证、质证、辩论并公开宣判。公民持有效证件可以旁听。人民法院通过强化庭审活动的录音录像，进一步加大审理过程公开的力度。

其次，裁判文书公开。裁判文书公开是司法公开的核心要素，各级人民法院要克服畏难情绪，打破本位思维，积极推动裁判文书上网工作。要通过推动裁判文书上网，形成倒逼机制，提高裁判文书质量，加强裁判说理，进一步提升法官的司法技能和业务素养，确保法律的正确统一适用，增进公众对裁判文书的理解，维护司法裁判的权威。

最后，执行信息公开。"执行难"是司法工作中长期普遍存在的问题。执行信息公开包括三个方面的内容：一是各级人民法院要将执行实施权的运行过程作为执行公开的核心内容，最大限度挤压利用执行权寻租的空间，充分发挥执行公开的防腐功能；二是加强全国法院失信被执行人名单信息公布与查询平台建设，积极推进执行信息公开平台与社会诚信体系对接，促进社会诚信建设；三是要完善执行信息查询系统，方便当事人随时查询、了解执行案件进展情况。

（三）加强对司法活动的监督

人民法院、人民检察院独立行使司法职权不是绝对的，司法工作仍然要坚持党的领导，接受权力机关的监督、法律专门机关的监督以及人民和社会的监督。加强对司法活动的监督，是司法领域践行执政为民宗旨、把权力关进制度笼子的必然要求，是全面推进依法治国、建设中国特色社会主义法治体系的必然要求，也是解决司法突出问题、完善中国特色社会主义司法制度的必然要求。对司法活动的监督，习近平总书记作出过明确的要求："要健全政法部门分工负责、互相配合、互相制约机制，通过完善的监督管理机制、有效的权力制衡机制、严肃的责任追究机制，加强对执法司法权的监督制约，最大限度减少权力出轨、个人寻租的机会。对司法腐败，要零容忍，坚持'老虎'、'苍蝇'一起打，坚决清除害群之马。"[①]

其一，司法工作要接受权力机关的监督。人民代表大会制度是我国的根本政治制度，人民代表大会产生同级人民政府和人民法院、人民检察院，"一府两院"受人大监督，对人大负责。人民法院、人民检察院接受同级人大及其常委会的监督主要体现在报告工作和人事任命两个方面，即各级人民法院、人民检察院对本级人民代表大会及其常务委员会负责并报告工作，各级人民法院院长、人民检察院检察长由同

[①] 习近平：《在中央政法工作会议上的讲话》（2014年1月7日），载中共中央文献研究室编《习近平关于全面依法治国论述摘编》，中央文献出版社2015年版，第76页。

级人民代表大会选举产生，同时国家权力机关有权罢免由它选出的人民法院院长、人民检察院检察长。

其二，司法工作要接受检察机关的法律监督。我国宪法明确规定，人民检察院是国家的法律监督机关。设立检察机关并赋予其监督司法活动的职责，是中国司法制度乃至中国政治制度的一个重要特色，也是党和国家为加强对司法活动的监督、维护司法公正和廉洁做出的重大制度设计。党的十八届四中全会《中共中央关于全面推进依法治国若干重大问题的决定》把"完善检察机关行使监督权的法律制度，加强对刑事诉讼、民事诉讼、行政诉讼的法律监督"作为"加强对司法活动的监督"的首要任务进行了部署。第一，要进一步完善人民检察院对司法活动进行监督的范围、方式、程序及保障措施。比如，探索建立重大、疑难案件侦查机关听取检察机关意见和建议的制度；健全刑罚变更执行同步监督机制；完善和规范检察建议的提出、受理、办理、反馈机制；明确对民事执行活动监督的范围和程序；细化对行政诉讼活动监督的范围、程序、方式和要求等。第二，检察机关要不断加大监督力度、提高监督水平。要认真履行宪法和法律赋予的职责，坚决防止和纠正不敢监督、不愿监督、不善监督的问题。特别是，要认真贯彻修改后的《刑事诉讼法》，加强对刑事立案、侦查、审判、刑罚执行等各个环节的法律监督，坚守防止冤假错案底线。认真贯彻修改后的《民事诉讼法》，综合运用抗诉、检察建议等多种监督手段，重点监督纠正裁判不公、虚假诉讼、民事调解损害国家利益和社会公共利益、审判活动中的违法行为以及违法执行等问题。加强对行政诉讼的法律监督。严肃查办执法司法不公背后的职务犯罪。第三，各执法司法机关要依法支持检察机关的法律监督。检察机关与其他执法司法机关目的是一致的，都是为了维护司法公正和权威。检察机关要依法规范监督，其他执法司法机关也要依法支持监督。

其三，健全司法机关内部监督制约机制。党的十八届四中全会《中共中央关于全面推进依法治国若干重大问题的决定》要求，"明确司法机关内部各层级权限"；"司法机关内部人员不得违反规定干预其他人员正在办理的案件，建立司法机关内部人员过问案件的记录制度和责任追究制度"；"完善主审法官、合议庭、主任检察官、主办侦查员办案责任制，落实谁办案谁负责"；"明确各类司法人员工作职责、工作流程、工作标准，实行办案质量终身负责制和错案责任倒查问责制，确保案件处理经得起法律和历史检验"。[①]

其四，加强人民群众监督和社会监督，主要体现为完善人民监督员制度和加强舆论监督。人民监督员制度是检察机关为加强对查办职务犯罪工作的监督而探索建立的一项重大制度，是人民群众监督司法、参与司法的重要形式。为更好发挥这项制度的重要作用，党的十八届三中全会强调，广泛实行人民陪审员、人民监督员制度，拓宽人民群众有序参与司法的渠道。党的十八届四中全会《中共

[①] 《中共中央关于全面推进依法治国若干重大问题的决定》（2014年10月23日），载中共中央文献研究室编《十八大以来重要文献选编（中）》，中央文献出版社2016年版，第169—170页。

中央关于全面推进依法治国若干重大问题的决定》进一步提出："完善人民监督员制度，重点监督检察机关查办职务犯罪的立案、羁押、扣押冻结财物、起诉等环节的执法活动。"[1] 抓好人民监督员制度：一要改革人民监督员选任和管理方式；二要拓展人民监督员监督案件范围；三要完善人民监督员知情权保障制度。

舆论监督是社会主义监督体系的重要组成部分，也是社会主义民主政治进程的重要推动力量。当前，随着网络上微博、微信等新媒体迅速发展，舆论监督对促进司法公正、提升司法公信的影响越来越大。1997年，江泽民同志在全国政法工作会议上就曾经强调："要加强党内监督，法律监督，群众监督和舆论监督，把司法活动置于强有力的社会监督体系之中。"[2] 党的十八大以来，以习近平同志为核心的党中央非常重视舆论监督在保障司法公正中的作用。习近平总书记指出："政法机关要自觉接受媒体监督，以正确方式及时告知公众执法司法工作情况，有针对性地加强舆论引导。"[3] 党的十八

---

[1] 《中共中央关于全面推进依法治国若干重大问题的决定》（2014年10月23日），载中共中央文献研究室编《十八大以来重要文献选编（中）》，中央文献出版社2016年版，第171页。

[2] 刘建生、张宿堂、吴恒权、毛磊：《江泽民在全国政法工作会议上强调：依法治国建设社会主义法治国家》，《人民日报》1997年12月26日第1版。

[3] 习近平：《严格执法，公正司法》（2014年1月7日），载中共中央文献研究室编《十八大以来重要文献选编（上）》，中央文献出版社2014年版，第723页。

届四中全会《中共中央关于全面推进依法治国若干重大问题的决定》适应新的形势，专门对重视和规范舆论监督提出要求。一方面，司法机关要及时回应社会关切，要以更加开放、坦诚、自信的态度，坚持阳光司法，以执法办案信息公开作为重点，着力推进案件信息查询、重大案件信息和典型案例发布等工作，以正确的方式传播真实的声音。要认真听取媒体的意见、建议和批评，尤其对媒体反映的司法活动和队伍中的问题，更要高度重视、认真核查，情况属实的依法依纪严肃处理；情况不实或有偏差的，客观平和说明情况，争取社会公众理解支持。另一方面，要规范媒体对案件的报道，防止舆论影响司法公正。政法宣传工作既要遵循新闻工作的规律，又要遵循司法工作的规律。媒体要从履行社会责任出发，加强对法治新闻报道特别是案件报道的审核把关，确保合法性和准确性。正如习近平总书记所要求的那样："新闻媒体要加强对执法司法工作的监督，但对执法司法部门的正确行动，要予以支持，加强解疑释惑，进行理性引导，不要人云亦云，更不要在不明就里的情况下横挑鼻子竖挑眼。要处理好监督和干预的关系，坚持社会效果第一，避免炒作渲染，防止在社会上造成恐慌，特别是要防止为不法分子提供效仿样本。"[①]

[①] 习近平：《严格执法，公正司法》（2014年1月7日），载中共中央文献研究室编《十八大以来重要文献选编（上）》，中央文献出版社2014年版，第723页。

五　坚持司法为民，发展司法便民

党的十八届四中全会《中共中央关于全面推进依法治国若干重大问题的决定》提出要"构建开放、动态、透明、便民"的阳光司法机制。① 所谓开放、动态、透明、便民，是一个统一、完整的体系。就开放来说，要求破除司法工作神秘化的认识和做法，让司法走近民众，让民众参与司法。就动态来说，是指司法公开是一个长期、持续、不断深化、与时俱进的过程。司法公开只有进行时，没有完成时；只有起点，没有终点。就透明来说，是指司法公开是切切实实的公开，真正把司法工作置于人民群众监督之下，而不是标签和空洞的口号，不是作秀、摆花架子。就便民来说，是指司法公开的目的和实际效果是方便当事人和其他诉讼参与人，方便群众，简单实用，方便快捷。可见，在开放、动态、透明、便民的体系中，司法便民是落脚点，司法开放、动态、透明都是促进和保障人民群众参与司法的有效措施。司法为民既是新时期司法工作的根本宗旨，也是在全社会实现公平正义的本质要求，更是检验司法工作社会效果的基本尺度。坚持司法为民，就是要心中装有群众、时时想着群众、密切联系群众，扎实为人民群众办实事，自觉接受人民群众的批评和监督；坚

---

① 《中共中央关于全面推进依法治国若干重大问题的决定》（2014年10月23日），载中共中央文献研究室编《十八大以来重要文献选编（中）》，中央文献出版社2016年版，第170页。

持司法为民，就是要转变司法作风，改进工作方式，提升司法队伍综合素能，提高司法工作效率，不断满足人民群众日益增长的司法需求；坚持司法为民，就是要拓宽人民群众有序参与司法的渠道，有效解决人民群众最关心、最直接、最现实的焦点热点问题，努力让人民群众在每一个司法案件中都感受到公平正义；坚持司法为民，就是要深化司法体制改革，通过制度的完善、程序的规范切实保障人民群众充分行使自己的合法权益。

（一）要在司法中维护和实现人民的权益

要体现司法公正，就要让民众接近司法，重新认识司法的根本目的。使民众尽可能平等地享用司法资源从而接近正义是对司法职业化后回归司法民主化所做出的一种努力。虽然各国的司法改革各有重点、各具特色，但为社会大众提供有效的司法运作机制保障民众接近司法乃至接近正义的权利才是其共同的价值取向和改革目标。我国的司法传统具有人民性与专业性相统一的特征，因此，司法强调追求实质正义和维护人民权益，并注重判决的合法性与合理性、法律专业性与社会可接受性的统一，具有积极寻求司法职业化与人民性之间的平衡，实现司法便民、司法为民的功能和价值。具体而言，司法的人民性体现在三个层面：一是在司法中维护和实现人民的权益；二是保障人民群众参与司法；三是将诉讼过程便民化。

（二）保障人民群众参与司法

人民是依法治国的主体和力量源泉。我国法律制度中确立的"人民司法"概念,既体现了司法的民主价值,也体现了司法的公正价值。党的十八届四中全会《中共中央关于全面推进依法治国若干重大问题的决定》根据人民主权的宪法原则,从扩大依法治国的主体性和群众基础出发,把"保障人民群众参与司法"作为"保证公正司法,提高司法公信力"的一项重要任务,不仅揭示了我国司法制度的人民属性,也指明了司法体制的改革方向和具体要求。

第一,保障公民陪审权利。民众参审或陪审司法案件是世界各国的通例。我国的人民陪审员制度是人民群众参与司法、监督司法的最直接形式,也是审判工作充分依靠群众的有效方法。完善人民陪审员制度,保障公民陪审权利,主要有以下举措:一是,扩大人民陪审员的选任范围,增加人民陪审员的选任数量,让社会不同行业、性别、年龄、民族的人员都能参加陪审工作,保证人民陪审员的广泛代表性。二是,完善人民陪审员选任方式,建立公众选任陪审员制度,完善随机抽选陪审员方式,让人民陪审员真正代表民众参与司法,表达意见,让选举和监督人民陪审员成为公众的一种责任,人民陪审员对公众负责。三是,扩大人民陪审员的审案范围,即合理设定人民陪审员参审案件的范围,细化陪审适用条件,保障当事人申请人民陪审员参审的权利,同时提高在涉及群体利益、公共利益、人民群众广泛关注等案件中人民陪审员的参审比例。四是,调整人民陪审员审判职权。我国法律规定人民陪审员在事实认定与法律适用方面和法官享有相同权力,但是在司法实践中,对法律知之不多的人民陪审员往往不具备参与法律适用问题的审理、裁判的职业技能,导致陪审员不会、不敢、不愿发表意见,"同职同权"也难以实现。为了更好地发挥人民陪审员的作用,有必要对陪审员和法官的职能进行科学的分工。据此,党的十八届四中全会《中共中央关于全面推进依法治国若干重大问题的决定》提出逐步实行人民陪审员不再审理法律适用问题,只参与审理事实认定问题。[①] 充分发挥人民陪审员富有社会阅历、了解乡规民约、熟知社情民意的优势,以大众的思维和朴素的观念弥补职业法官的专业局限,促进国法、事理、常情在司法活动中的有机统一。

第二,完善人民监督员制度。人民监督员制度是在检察机关查办职务犯罪案件的各个环节,请人民监督员提出监督意见,确保检察权正确行使的社会监督制度,是人民群众参与司法的重要渠道之一。党的十八届四中全会《中共中央关于全面推进依法治国若干重大问题的决定》要求完善人民监督员制度,重点监督检察机关查办职务犯罪的立案、羁押、扣押冻结财物、起诉等环节的执法活动。要推进人民监督员制度的法制化、规范化,进一步明确人民监督员的法律地位、权利义务,丰富监督内容,完善监督程序,促进人民监督员制度健康发展。

第三,拓宽人民群众有序参与司法的渠道。司法活动具有多样性,在诉讼活动以外,还有一些附属性、辅助性

[①] 《中共中央关于全面推进依法治国若干重大问题的决定》(2014年10月23日),载中共中央文献研究室编《十八大以来重要文献选编(中)》,中央文献出版社2016年版,第170页。

的司法活动。这些活动的协助者，也是参与司法的主体。党的十八届四中全会《中共中央关于全面推进依法治国若干重大问题的决定》指出，"在司法调解、司法听证、涉诉信访等司法活动中保障人民群众参与"[①]，对进一步拓宽人民群众参与司法的渠道提出了明确要求。

（三）实现诉讼过程便民化

在保证实现司法活动主要目的的前提下，采取更多、更好的司法便民措施，使得整个诉讼过程对人民而言更为简单和易于参与。包括注重调解，建立多元纠纷解决机制，快速有效化解矛盾；充分发挥简易程序的效率优势，提高诉讼效率；设立立案大厅，采用电话、网络等方式预约立案，方便当事人诉讼；建立和完善司法救助、法律援助制度，促使当事人的权益有效实现等。对于司法便民，目前主要的侧重点在于简化司法程序，便于当事人很好地利用司法程序维护自身合法权益，与此同时，对在司法程序中需要帮助的当事人给予必要的法律帮助，司法活动密切关注与人民群众之间的联系等，都是应当在司法体制改革实践逐步加以完善的改革事项。习近平总书记对司法便民问题的重要性曾经明确地指出："改进司法工作作风，通过热情服务，切实解决好老百姓打官司难问题。特别是要加大对困难群众维护合法权益的

[①] 《中共中央关于全面推进依法治国若干重大问题的决定》（2014年10月23日），载中共中央文献研究室编《十八大以来重要文献选编（中）》，中央文献出版社2016年版，第170页。

法律援助，加快解决有些地方没有律师和欠发达地区律师资源不足问题。""法律不应该是冷冰冰的，司法工作也是做群众工作。"① 总之，贯彻落实习近平总书记关于司法为民、司法便民的重要论述，要求各级政法机关在司法实践中一切从人民利益出发，要放下架子，甘心做人民群众的小学生，要利用司法程序充分有效地维护当事人的合法权益，要彻底扭转"衙门八字开，有理没钱莫进来"的封建衙门作风，回归"人民司法"的本性，使得人民群众从内心深处相信司法、自觉地维护司法权威，从而不断提升司法公信力，促进公正司法目标的实现。

六 深化司法体制综合配套改革

党的十八大以来，司法体制改革一直是我国深化改革领域的重要课题。党的十八大报告指出："进一步深化司法体制改革，坚持和完善中国特色社会主义司法制度，确保审判机关、检察机关依法独立公正行使审判权、检察权。"② 党的十八届三中全会《中共中央关于全面深化改革若干重大问题的决定》明确规定："深化司法体制改革，加快建设公正高效权威的社会主义司法制度，维护人民权益，

---

① 习近平：《在十八届中央政治局第四次集体学习时的讲话》（2013年2月23日），载中共中央文献研究室编《习近平关于全面依法治国论述摘编》，中央文献出版社2015年版，第68—69页。

② 《胡锦涛文选》第3卷，人民出版社2016年版，第635页。

让人民群众在每一个司法案件中都感受到公平正义。"[1] 党的十八届三中全会《决定》集中性地提出了若干重大的司法体制改革措施，其中最核心的价值追求就是要确保审判机关、检察机关依法独立公正行使审判权、检察权，维护司法公正。例如，党的十八届三中全会《决定》要求"改革司法管理体制，推动省以下地方法院、检察院人财物统一管理，探索建立与行政区划适当分离的司法管辖制度，保证国家法律统一正确实施"。[2] 但值得注意的是，尽管在实践中司法体制改革已经取得了重大成就，特别是人民法院和人民检察院的员额制的推行，极大地调动了法院、检察官依法办案的主动性和积极性，提高了司法效率。但由于我国的司法体制长期存在着一些结构性矛盾和弊病，故某项具体的司法体制改革措施要能够推进下去、改革到位往往会牵一发而动全身，各种司法体制改革措施必须相互配套、齐头并进，而不能单兵突进、盲目深入。党的十八届四中全会《中共中央关于全面推进依法治国若干重大问题的决定》指出："必须完善司法管理体制和司法权力运行机制，规范司法行为，加强对司法活动的监督。"[3] 司法体制改革必须要有整体观，要从抓住主要矛盾入手，紧盯司法行为的特性，在明确"依法司法"的前提下，才能真正地解开长期困扰司法机关的各种疑难症结。

---

[1] 《党的十八届三中全会〈决定〉学习辅导百问》，党建读物出版社、学习出版社2013年版，第20页。

[2] 同上书，第21页。

[3] 《〈中共中央关于全面推进依法治国若干重大问题的决定〉辅导读本》，人民出版社2014年版，第20页。

最高人民法院和最高人民检察院先后从明确和强化司法责任制入手来寻找司法体制的综合配套改革路径，比较准确地找到了司法体制改革的切入点。2015年9月21日最高人民法院发布的《最高人民法院关于完善人民法院司法责任制的若干意见》规定：完善人民法院的司法责任制，必须以严格的审判责任制为核心，以科学的审判权力运行机制为前提，以明晰的审判组织权限和审判人员职责为基础，以有效的审判管理和监督制度为保障，让审理者裁判、由裁判者负责，确保人民法院依法独立公正行使审判权。紧随其后，2015年9月26日最高人民检察院发布的《关于完善人民检察院司法责任制的若干意见》也明确规定，完善人民检察院司法责任制的目标是：健全司法办案组织，科学界定内部司法办案权限，完善司法办案责任体系，构建公正高效的检察权运行机制和公平合理的司法责任认定、追究机制，做到谁办案谁负责、谁决定谁负责。党的十九大报告在认真总结两院推进司法责任制改革的成功经验基础上，充分肯定了司法责任制在推进司法体制改革的重要作用，并以此为基础，确立了综合改革的思路。党的十九大报告明确规定："深化司法体制综合配套改革，全面落实司法责任制，努力让人民群众在每一个司法案件中感受到公平正义。"[①] 因此，只有走综合配套改革的思路，司法体制改革才能真正避免走过去不断改革、不

---

① 习近平：《决胜全面建成小康社会　夺取新时代中国特色社会主义伟大胜利——在中国共产党第十九次全国代表大会上的报告》，人民出版社2017年版，第39页。

断循环的老路。只有从体制机制制度上、从宏观角度来认识司法体制改革的重要性，才能把握住司法体制改革的主要矛盾和矛盾的主要方面，采取切实有效的措施来推进各项改革措施齐头并进、发挥整体效应。

第九章

推进全民守法，建设法治社会

全民守法是建设法治社会的一项系统工程，是法治精神真正渗透到社会生活的每一个角落发挥自身重要作用的制度保障。在党的十五大明确提出"依法治国，建设社会主义法治国家"的治国方略之前，江泽民同志就对"全民守法"在依法治国中的重要意义给予了充分的论述。他指出："公民自觉守法，依法维护国家利益和自身权益是依法治国的重要基础。"[①] 胡锦涛同志在《社会主义民主法制建设史上的重要里程碑》一文中也强调指出："要加强法制宣传教育，增强全社会法律意识和法治观念，特别是要提高党员领导干部依法办事能力，形成法律面前人人平等、人人自觉学法守法用法的社会氛围。"[②] 在党的十八大报告中，胡锦涛同志又第一次在党的正式文件中明确提出

[①] 张宿堂、何加正：《江泽民在中共中央举办的中央领导同志法制讲座上强调：实行和坚持依法治国　保障国家的长治久安》，《人民日报》1996年2月9日第1版。

[②] 《胡锦涛文选》第3卷，人民出版社2016年版，第511页。

了"全民守法"的概念，强调要"增强全社会学法尊法守法用法意识"。①

党的十八大以来，以习近平同志为核心的党中央特别强调"全民守法"作为全面推进依法治国"四个重要环节"（科学立法、严格执法、公正司法和全民守法）之一的重要性，并把全面守法与建设法治社会有机地联系在一起，强调法治社会的形成依托全民守法的保障。习近平总书记指出："法律要发挥作用，需要全社会信仰法律。"② 2014年1月7日，在中央政法工作会议上，习近平总书记对执政党带头守法提出了明确要求，为"全民守法"指出了工作的重点和重心。习近平总书记指出："党既领导人民制定宪法法律，也领导人民执行宪法法律，做到党领导立法、保证执法、带头守法。"③ 与此同时，习近平总书记还对党如何"带头守法"作出了具体明确的要求，即"各级领导干部要带头依法办事，带头遵守法律，牢固确立法律红线不能碰、法律底线不能逾越的观念"。④ 因此，"全民守法"成为全面推进依法治国系统工程中的一项基础性事业。

---

① 《胡锦涛文选》第3卷，人民出版社2016年版，第634—635页。

② 习近平：《严格执法，公正司法》（2014年1月7日），载中共中央文献研究室编《十八大以来重要文献选编（上）》，中央文献出版社2014年版，第721页。

③ 习近平：《习近平谈治国理政》，外文出版社2014年版，第147页。

④ 同上书，第149页。

全民守法确保社会生活的每一个参与者、社会关系的所有领域都能够遵从宪法和法律的权威,形成良好的遵守和服从规则的守法意识。坚持全民守法,就是要弘扬"法律面前人人平等"的法治精神,保证领导干部、党员与普通群众守法要求和守法状况的一致性,反对各种破坏法治的特权现象,有效解决有法不依的法治难题,从整体上提升全民守法意识和水准,为建设法治中国和法治社会提供全民守法的有力保障。全民守法从制度上来看,既是全面推进依法治国各项法治工作的重要组成部分,又是建设法治社会的基础性工作。法治国家必须要建立在与此相适应的法治社会基础之上,而全民守法是法治社会赖以存在的社会条件和制度基础,没有全民守法,法治社会就无法形成,法治国家也就不可能建立在和谐稳定的法治社会基础之上,所以,必须要把全民守法与建设法治社会放在全面推进依法治国各项事业最重要、最基础的地位上来着实推进。

一　全面推进依法治国必须坚持全民守法

党的十一届三中全会明确提出了"有法可依、有法必依、执法必严、违法必究"的社会主义法制建设"十六字方针",其中"有法必依"是从"守法"的角度提出的,是对一切国家机关、社会组织和公民个人的行为提出的合法性要求。

1982年现行宪法肯定了"有法必依"的法制要求,在其序言中明确规定:全国各族人民、一切国家机关和武装力量、各政党和各社会团体、各企业事业组织,都必须以宪法为根本的活动准则，并且负有维护宪法尊严、保证宪法实施的职责。《宪法》第5条第四款也规定：一切国家机关和武装力量、各政党和各社会团体、各企业事业组织都必须遵守宪法和法律。

习近平总书记在首都各界纪念现行宪法公布施行三十周年大会上的讲话中明确指出："维护宪法权威，就是维护党和人民共同意志的权威。捍卫宪法尊严，就是捍卫党和人民共同意志的尊严。"[①] 宪法和法律是党和全体人民共同意志的体现，遵守宪法和法律就是遵守和服从党和全体人民的共同意志。遵守宪法和法律就是充分体现人民当家作主的主人翁精神，人民对自己制定的法律负责，人民必须认真遵守自己制定的法律。遵守宪法和法律是一切国家机关、社会组织和公民个人的神圣法律义务。上述重要论述很清晰地说明了全民守法的必要性、正当性，把全民守法牢牢地扎根于法律的人民性基础之上。

党的十八大报告在总结党的十一届三中全会提出的"有法可依、有法必依、执法必严、违法必究"的社会主义法制建设"十六字方针"贯彻落实的经验基础之上，根据新时期法治建设的新要求，明确提出"要推进科学立法、严格执法、公正司法、全民守法，坚持法律面前人人平等，保证有法必依、执法必严、违法必究"。其中，"全民守法""坚持法律面前人人平等"以及"有法必依"都

---

① 习近平：《在首都各界纪念现行宪法公布施行三十周年大会上的讲话》（2012年12月4日），载中共中央文献研究室编《十八大以来重要文献选编（上）》，中央文献出版社2014年版，第87页。

围绕着"守法"的主体提出了明确的制度要求,也就是说,"守法"是一项"全民"事业。全民守法既是公民个人遵守宪法和法律的具体义务,也是对一切国家机关、社会组织和公民个人提出的遵守宪法和法律的整体性要求。"全民守法"是一个全称性的概念,按照习近平总书记的论述,全民守法就是"任何组织或者个人都必须在宪法和法律范围内活动,任何公民、社会组织和国家机关都要以宪法和法律为行为准则,依照宪法和法律行使权利或权力、履行义务或职责"[①]。党的十八届四中全会《中共中央关于全面推进依法治国若干重大问题的决定》从建设中国特色社会主义法治体系和完善中国特色社会主义法治理论的高度,将"全民守法"与"促进国家治理体系和能力现代化"的要求紧密结合起来,并且坚持把"全民普法和守法作为依法治国的长期基础性工作,深入开展法治宣传教育,引导全民自觉守法、遇事找法、解决问题靠法"。[②]《中共中央关于全面推进依法治国若干重大问题的决定》在论述全民守法与全面推进依法治国两者之间的辩证关系时进一步明确指出:"法律的权威源自人民的内心拥护和真诚信仰。人民权益要靠法律保障,法律权威要靠人民维护。必须弘扬社会主义法治精神,建设社会主义法治文化,增强全社会厉行法治的积极性和主动性,形成守法光荣、

[①] 《中共中央关于全面推进依法治国若干重大问题的决定》,人民出版社2014年版,第26页。

[②] 《中共中央关于全面推进依法治国若干重大问题的决定》(2014年10月23日),载中共中央文献研究室编《十八大以来重要文献选编(中)》,中央文献出版社2016年版,第172页。

违法可耻的社会氛围,使全体人民都成为社会主义法治的忠实崇尚者、自觉遵守者、坚定捍卫者。"①

在理解全民守法与全面推进依法治国两者之间的关系时,习近平总书记关于全民守法重要意义的一系列论述对此提供了非常好的思考路径。

第一,全面推进依法治国需要全社会公众的参与。习近平总书记指出:"全面推进依法治国需要全社会共同参与,需要全社会法治观念增强,必须在全社会弘扬社会主义法治精神,建设社会主义法治文化。"② 党的十八届四中全会《中共中央关于全面推进依法治国若干重大问题的决定》指出:"全面推进依法治国是一个系统工程,是国家治理领域一场广泛而深刻的革命,需要付出长期艰苦努力。"③ 既然"全面推进依法治国"是一个"系统工程",全面推进依法治国的各项工作就不可能依靠哪几个主体就可以独立完成,必须要由国家机关、社会组织和公民个人的共同参与,并且通过强化立法、执法、司法、守法、法治工作队伍以及加强党的领导等各项法治工作来实现全面推进依法治国的总目标和各项具体目标的要求。因此,"全面推进依法治国"所涉

---

① 《中共中央关于全面推进依法治国若干重大问题的决定》(2014年10月23日),载中共中央文献研究室编《十八大以来重要文献选编(中)》,中央文献出版社2016年版,第172页。

② 习近平:《加快建设社会主义法治国家》,《求是》2015年第1期。

③ 《中共中央关于全面推进依法治国若干重大问题的决定》(2014年10月23日),载中共中央文献研究室编《十八大以来重要文献选编(中)》,中央文献出版社2016年版,第159页。

第九章　推进全民守法，建设法治社会

及领域的"全面性"必然要求作为法治重要环节"守法"的"全民性"与此相对应，没有"全民守法"，"全面推进依法治国"中的"全面"就无从谈起，因此，"全面推进依法治国"离不开"全民守法"的保障。

第二，推进全民守法，必须着力增强全民法治观念。习近平总书记指出："法律要发挥作用，需要全社会信仰法律。"[①]"只有树立对法律的信仰，各族群众自觉按法律办事，民族团结才有保障，民族关系才会牢固。"[②] 党的十八届六中全会审议通过的《关于新形势下党内政治生活的若干准则》也明确规定："党的各级组织和领导干部必须在宪法法律范围内活动，增强法治意识、弘扬法治精神，自觉按法定权限、规则、程序办事，决不能以言代法、以权压法、徇私枉法，决不能违规干预司法。"[③] 党的十九大报告还首次提出了"提高全民族法治素养"的要求，[④] 所谓"法治素养"不仅包含了对掌握法律知识的要求，更重

[①] 习近平：《严格执法，公正司法》（2014年1月7日），载中共中央文献研究室编《十八大以来重要文献选编（上）》，中央文献出版社2014年版，第721页。

[②] 习近平：《在中央民族工作会议暨国务院第六次全国民族团结进步表彰大会上的讲话》（2014年9月28日），载中共中央文献研究室编《习近平关于全面依法治国论述摘编》，中央文献出版社2015年版，第90页。

[③] 《关于新形势下党内政治生活的若干准则》，载《监督执纪问责核心法规》，中国方正出版社2016年版，第92页。

[④] 习近平：《决胜全面建成小康社会　夺取新时代中国特色社会主义伟大胜利——在中国共产党第十九次全国代表大会上的报告》，人民出版社2017年版，第22—23页。

要的是包含了践行法治的能力,即能否在知法守法上做到"知行合一"。党的十九大报告对"提高全民族法治素养"提出的新要求,必将会推动全社会公众把学法用法守法结合起来,形成良好的法治文化和有利于法治实现的社会氛围。

第三,全民守法要与全民普法相结合才能获得长久的生命力。习近平总书记强调指出:"要坚持把全民普法和守法作为依法治国的长期基础性工作,采取有力措施加强法制宣传教育。要坚持法治教育从娃娃抓起,把法治教育纳入国民教育体系和精神文明创建内容,由易到难、循序渐进不断增强青少年的规则意识。"[①] 守法的前提是要知法懂法,而知法懂法对于绝大多数老百姓来说必须依赖政府或者是法律服务机构提供的法治宣传教育和普法服务,因此,全民普法工作做得是否扎实和具有实效,直接关系到全民守法的实际水准,要提高全民守法意识,必须要抓好法治宣传教育和普法工作这个基础性环节。

第四,宪法教育是全民法治教育的重点。习近平总书记在首都各界纪念现行宪法公布施行三十周年大会上的讲话中反复强调了加强全民宪法教育的重要性,他指出:"我们要在全社会加强宪法宣传教育,提高全体人民特别是各级领导干部和国家机关工作人员的宪法意识和法制观念,弘扬社会主义法治精神,努力培育社会主义法治文化,让宪法家喻户晓,在全社会形成学法尊法守法用法的

[①] 习近平:《加快建设社会主义法治国家》,《求是》2015年第1期。

良好氛围。""我们要把宪法教育作为党员干部教育的重要内容,使各级领导干部和国家机关工作人员掌握宪法的基本知识,树立忠于宪法、遵守宪法、维护宪法的自觉意识。"[①] 张德江同志在深入开展宪法宣传教育大力弘扬宪法精神座谈会上的讲话中特别强调了宪法宣传教育的重要意义,指出"开展宪法宣传教育,是全面贯彻实施宪法的重要基础性工作",为此,"宪法宣传教育需要从宪法文本入手,学习和理解原文,这是非常重要的,这方面工作要不断加强和改进","紧密结合我国全面推进依法治国的实践成果来开展宪法宣传教育,就能够把宪法宣传教育引向深入,使全党全国各族人民深刻认识我国宪法在中国特色社会主义法治体系中的至上地位和最高权威"。[②]

第五,法治实践是提高人民法治观念的根本。法制宣传教育和法治实践两者是相辅相成的关系,不能"两张皮",要有机地结合起来。我们要在扎实推进法治实践中,进行生动务实的法治宣传教育。法治实践向前进一步,法治宣传教育才能向前迈一步,没有法治实践的扎实推进,法制宣传教育只能是无本之木、无源之水。法治实践是最生动的法治宣传教育,法治实践是法治宣传的目的,法治

---

① 习近平:《在首都各界纪念现行宪法公布施行三十周年大会上的讲话》(2012年12月4日),载中共中央文献研究室编《十八大以来重要文献选编(上)》,中央文献出版社2014年版,第91页。

② 张德江:《深入开展宪法宣传教育,牢固树立宪法法律权威》(2014年12月3日),载中共中央文献研究室编《十八大以来重要文献选编(中)》,中央文献出版社2016年版,第229、231、236页。

宣传必须融于法治实践之中。应该将法治实践中涌现的生动案例和改革成果生动地传播，形成寓教于乐的立体法律文化宣传引导氛围，使人们在耳濡目染、潜移默化中受影响、受感动，切实提高公民的法律意识和维权能力，激发公民更广泛持久的学法、用法热情。当前，要围绕依法行政和公正司法这两个重点，把法治宣传教育与法治实践结合起来。依法行政、公正司法是最好的法治宣传。近年来，人民法院推行"阳光审判"公开庭审，普通公民得以进入法庭旁听，司法活动的法制教育功能在这一环节中的体现不言自明，司法权威和司法活动的公信力也逐渐得到树立和巩固。而就依法行政而言，从审批到许可，从管理到服务，当前各级政府及其工作部门要自觉依法行政、履行信息公开的职责，打造阳光政府、法治政府，这一系列的政府行为也必将直接深入地影响公民法治观念，提高其法治意识。

第六，全民守法需要通过建设社会主义法治文化来加以巩固。习近平总书记指出："需要全社会法治观念增强，必须在全社会弘扬社会主义法治精神，建设社会主义法治文化。要在全社会树立法律权威，使人民认识到法律既是保障自身权利的有力武器，也是必须遵守的行为规范，培育社会成员办事依法、遇事找法、解决问题靠法的良好环境，自觉抵制违法行为，自觉维护法治权威。"[①] 从法治文化的角度来考虑如何贯彻全民守法，最根本的宗旨在于通过开展全民

[①] 习近平：《加快建设社会主义法治国家》，《求是》2015年第1期。

守法，有力地推进法治社会的建设。相对于法治国家建设来说，法治社会的建设任务要更加复杂一些，一方面要通过全民守法来保证掌握公权力的机关和个人依法行使职权；另一方面要通过全民守法，使社会公众在内心深处产生对法治的信任、信赖和信仰，从而提升全民的守法意识、守法能力和守法水平。培养社会公众遵守宪法和法律的法治文化，涉及社会公众的心理意识倾向，特别是关乎社会公众的行为习惯，因此，必须要通过潜移默化的手段来强化全民守法的实际效果，要努力推进全民守法向全民信法的转变。在具体实践中，要提升宪法和法律在解决社会矛盾和纠纷中的权威与公信力，从而彻底消除社会公众"信访不信法"等轻视和忽视法律权威的现象产生的制度和社会根源，让法律扎根于普通民众的心中，让法律的要求转化成人们内心的思维习惯和行为方式，让社会公众在日常的社会交往中形成崇尚依法办事的心理特征和文化形态。

总之，全民守法与全面推进依法治国两者之间相辅相成、相互促进。全民守法是全面推进依法治国的社会基础，全面推进依法治国又是全民守法的环境保障。全民守法与全面推进依法治国两者相互促进，共同推进依法治国事业不断健康和有序地向前发展。

二　全民守法关键在于执政党和各级领导干部要带头守法

党领导人民制定宪法和法律，党自身必须在宪法和法律范围内活动，真正做到带头守法。执政党带头守法，全民守法才有可靠的政治基础，才能得到榜样力量的支持和鼓励，才能保证党的政策通过国家的宪法和法律得到很好的贯彻落实，才能有效地推进依法执政、依宪执政，提高执政党的执政能力和水平。执政党带头守法，要求广大领导干部应当具有较高的宪法和法律意识，具备依法办事的法治思维能力，善于运用法治方式来处理和解决复杂和重大的社会问题。习近平总书记在首都各界纪念现行宪法公布施行三十周年大会上的讲话中对此提出了明确要求，他指出："各级党组织和党员领导干部要带头厉行法治，不断提高依法执政能力和水平，不断推进各项治国理政活动的制度化、法律化。各级领导干部要提高运用法治思维和法治方式深化改革、推动发展、化解矛盾、维护稳定能力，努力推动形成办事依法、遇事找法、解决问题用法、化解矛盾靠法的良好法治环境，在法治轨道上推动各项工作。"①

对于党组织和党员如何"带头厉行法治"，在具体行为要求上，至少要做到以下几个方面：首先，共产党员应当在自己的本职岗位上严守党的纪律，做遵守宪法和法律的模范。习近平总书记指出："各级领导干部要带头依法办事，带头遵守法律，对宪法和法律保持敬畏之心，牢固树立法律红线不能触碰、法律底线不能逾越的观念，不要去行使依法不该由自己行使的权力，也不要去干预依法自己不能干预的事情，更不能以言代法、以权压法、徇私枉

---

① 习近平：《在首都各界纪念现行宪法公布施行三十周年大会上的讲话》（2012年12月4日），载中共中央文献研究室编《十八大以来重要文献选编（上）》，中央文献出版社2014年版，第92页。

第九章　推进全民守法，建设法治社会

法，做到法律面前不为私心所扰、不为人情所困、不为关系所累、不为利益所惑。"① 其次，党的各级组织要认真执行党的各项路线、方针和政策，服从国家宪法和法律，养成依法办事的习惯。习近平总书记强调指出："各级党组织必须坚持在宪法和法律范围内活动。"② "各级党政组织、各级领导干部手中的权力是党和人民赋予的，是上下左右有界受控的，不是可以为所欲为、随心所欲的。要把厉行法治作为治本之策，把权力运行的规矩立起来、讲起来、守起来，真正做到谁把法律当儿戏，谁就必然要受到法律的惩罚。"③ 所以，党组织和党员"带头守法"不仅要遵守国家宪法法律，同时还要带头遵守包括党内法规、政治纪律、政治规矩等在内的各种行为规则的要求，特别是要带头执行党的政策、社会主义核心价值观以及各种有利于维护执政党的权威和推进依法执政的重要规范性文件和行为规则。再次，执政党要高度重视党规党法的科学性和体系化建设，要建立党规党法与国家宪法和法律之间的联动协调的统一实施机制。此外，坚持党在宪法和法律范围内活动，切实做到任何组织和个人都不得

---

① 习近平：《在十八届中央政治局第四次集体学习时的讲话》（2013年2月23日），载中共中央文献研究室编《习近平关于全面依法治国论述摘编》，中央文献出版社2015年版，第110—111页。

② 同上书，第110页。

③ 习近平：《在省部级主要领导干部学习贯彻党的十八届四中全会精神全面推进依法治国专题研讨班上的讲话》（2015年2月2日），载中共中央文献研究室编《习近平关于全面依法治国论述摘编》，中央文献出版社2015年版，第128页。

>> 全面依法治国　建设法治中国

享有超越宪法和法律的特权，坚决扼制各种特权现象赖以生成的制度条件和土壤，对不遵守宪法和法律的滥用权力、损害党和全体人民整体利益的各种特权和腐败现象，要在坚持走群众路线的基础上，及时发现问题，坚持"老虎""苍蝇"一起打，对于故意违法的行为要始终保持高压的打击态势。对党员领导干部的违法行为要敢于"揭盖子"，要善于运用批评与自我批评的武器，要抓住带头守法与带头违法正反两个方面的典型，利用新闻媒介进行定期宣传和介绍，弘扬守法正气，打击违法邪气，守护遵守宪法和法律的社会正能量。对在中国境内违法犯罪逃逸国外的违法犯罪分子，特别是各种利用职权贪污国家和集体巨额财产、给国家和人民财产造成重大损失的领导干部和重大刑事犯罪嫌疑人，采取各种有效的国际合作手段，及时引渡回国受审，不让违法犯罪分子逍遥法外。正如习近平总书记指出的那样："各级领导干部都要牢记，任何人都没有法律之外的绝对权力，任何人行使权力都必须为人民服务、对人民负责并自觉接受人民监督。要加强对一把手的监督，认真执行民主集中制，健全施政行为公开制度，保证领导干部做到位高不擅权、权重不谋私。"①最后，要在制度上保证"监督者"带头遵守党纪国法，要做到打铁还需自身硬。王岐山同志在十八届中央纪委五次

---

① 习近平：《依纪依法严惩腐败，着力解决群众反映强烈的突出问题》（2013年1月22日），载中共中央文献研究室编《十八大以来重要文献选编（上）》，中央文献出版社2014年版，第136页。

全会上所作的工作报告中特别强调指出："依法治国、依规治党，必然要求党员特别是领导干部切实履行党员义务，自觉遵守党的纪律，模范遵守国家法律法规。""信任不能代替监督。己不正，焉能正人？要心存敬畏和戒惧，增强纪律观念和规矩意识。……坚决防止'灯下黑'，用铁的纪律打造全党信任、人民信赖的纪检监察干部队伍。"①

三 不断完善全民守法机制，努力建设法治社会

习近平总书记在首都各界纪念现行宪法公布施行三十周年大会上的讲话中首次明确指出了"坚持依法治国、依法执政、依法行政共同推进，坚持法治国家、法治政府、法治社会一体建设"②的"整体性""系统性"和"辩证性"有机结合的推进依法治国各项事业的"全面依法治国思想"，根据习近平总书记上述论述精神，"法治国家""法治政府"与"法治社会"在本质上是相互统一的，必须要"一体建设"。为此，旨在实现"中国特色社会主义

---

① 王岐山：《依法治国，依规治党，坚定不移推进党风廉政建设和反腐败斗争》（2015年1月12日），载中共中央文献研究室编《十八大以来重要文献选编（中）》，中央文献出版社2016年版，第339、346页。

② 习近平：《在首都各界纪念现行宪法公布施行三十周年大会上的讲话》（2012年12月4日），载中共中央文献研究室编《十八大以来重要文献选编（上）》，中央文献出版社2014年版，第84页。

法治国家"总目标的"全面推进依法治国"各项法治工作理所当然地也包含了建设"法治社会"的重任。而作为全面推进依法治国各项工作的重要环节，"全民守法"不仅能够推动法治国家目标的实现，更重要的是，"全民守法"有利于建设"法治社会"，从而为最终建成"法治国家"提供一个良好的法治社会环境和法治文化基础。因此，要不断完善全民守法机制，努力建设法治社会，通过全民守法机制的完善和健全，带动法治社会的形成和法治国家各项指标体系的实现。

（一）不断完善公民行为准则，健全公民守法体系

要在全社会牢固树立宪法和法律的权威，让广大人民群众充分相信法律、自觉运用法律，使广大人民群众认识到宪法和法律不仅是全体公民必须遵循的行为规范，而且是保障公民权利的法律武器。依法办事就是依法维权。自觉履行公民遵守宪法和法律的义务就是有效地保护公民自身的合法权益。完善公共场所公民行为准则，健全公民守法体系。大力宣传模范守法公民的先进事迹，提倡见义勇为和敢于同违法犯罪行为作斗争的奉献精神与公民护法意识，鼓励守法者，惩处违法者，教育宪法和法律意识薄弱者，通过丰富而有效的普法形式，让宪法和法律进课堂、进社区，让人民群众主动积极地参与到全民守法的法治事业中来。建立公民守法信用档案体系，对自觉守法的公民赋予法律上更大的便利，对漠视宪法和法律权威、屡次三番违法者建立不良行为监控机制，通过社区、学校、医院、银行、航空公司、交通部门、社保部门、保险机构等

建立相互协调、信息共享的个人诚信记录体系，健全守法义务与守法责任相统一的公民守法体系，用公民对国家和社会的义务以及责任意识来强化基层社会治理的效果，通过弘扬基层群众对国家和社会的责任意识来凝聚基层社会的民众向心力，形成健康活泼向上的精神文化氛围。加强中国公民海外旅行、学习、工作和生活的随意违反当地法律的不良信息记录制度建设，对屡次三番破坏所在国或地区法律，给中国公民守法形象造成不良影响的人采取出境前训诫或出境限制措施，维护中国公民在全球范围内整体性守法的良好形象。与此同时，还要通过强化对公民在海外工作或旅行、暂住的维权意识的教育来提升中国公民在世界各地受到法律有效保护的水平和程度。

（二）加强基层群众性自治组织自治章程建设，为全民守法树立牢靠的社会根基

农村村民委员会和城市居民委员会是基层群众性自治组织。必须将基层群众性自治组织的法治建设作为发展社会主义民主政治和贯彻落实依法治国基本方略的基础性工程重点推进。要健全基层党组织领导的充满活力的基层群众自治机制，出台和完善保障居民权利、明确基层群众日常相邻关系和相互往来法律关系的村规民约和居民自治章程，形成具有中国特色的"基层法治"，通过约束居民行为的村规民约和自治章程，培养基层居民遵守国家宪法和法律的守法观念和遵守与个人日常生产、生活具有密切关系的社会组织、社会团体的自治规则意识，让守法的要求渗透到公民日常生产、生活的每一个角落。完善人民群众从信仰基层法治、地方法治到国家法治的全民守法体系，努力把城乡社区建设成为管理有序、服务完善、制度健全、文明祥和的社会生活共同体。习近平总书记曾经指出："社区在全面推进依法治国中具有不可或缺的地位和作用，要通过群众喜闻乐见的形式宣传普及宪法法律，发挥市民公约、乡规民约等基层规范在社会治理中的作用，培育社区居民遵守法律、依法办事的意识和习惯，使大家都成为社会主义法治的忠实崇尚者、自觉遵守者、坚定捍卫者。"[①] 为此，要充分发挥基层群众性自治组织在监督居民守法中的作用，建立有效的群众监督守法体系，积极推广"双联户"守法与发展互动互助模式，形成"资源共享、利益均沾、优势互补、风险共担、自觉守法、相互监督、共同发展、共保稳定"的基层群众守法义务与责任相统一的社会生活共同体。进一步强化基层群众性自治组织在社区矫正、对具有不良行为习惯的人员进行帮助改造方面的重要作用，通过法制义务宣传员走家入户、治安联防人员走街串巷，形成有利于全民守法的社会环境，全面推进法治社会的基础性建设。党的十九大报告首次明确了"加强农村基层基础工作，健全自治、法治、德治相结合的乡村治理体系"的要求，[②] 为此，在基层治理中，必须

---

① 习近平：《全面深化改革 全面推进依法治国 为全面建成小康社会提供动力和保障》，《人民日报》2014年11月3日第1版。

② 习近平：《决胜全面建成小康社会 夺取新时代中国特色社会主义伟大胜利——在中国共产党第十九次全国代表大会上的报告》，人民出版社2017年版，第32页。

要以法治为核心，采取综合治理的办法才能保证基层治理的有效运行。

（三）加强企事业单位和社会组织内部行为规则约束，强化行业自律意识，充分发挥法律服务在建设和谐社区中的作用

全心全意依靠工人阶级，完善以职工代表大会为基本形式的企事业单位民主管理制度，制定保护职工合法权益和明确职工岗位职责的厂规厂法，支持职工在遵守厂规厂法的前提下参与管理，维护职工合法权益。发挥社会组织在扩大群众参与、反映群众诉求方面的积极作用，增强社会自治功能，通过社会组织的自治章程，明确社会组织的成员权利，理顺社会组织与其成员之间的法律关系，强化社会组织的成员对社会组织的服从意识和荣誉意识，增强社会组织成员对社会组织的责任心。在充分尊重个人意思自治的前提下，依托市场机制建立行业自身发展的规则，强化行业自律意识，提高行业成员自我管理、自我服务的水平。实行法律服务的基层社区全覆盖，建立和完善法律服务顾问团，依靠法律服务职业化团体，送法下乡、下村、下街道、下小区，构建有效的法律服务社会化网络体系，让每一个公民切身体会到法律就在身边，遵守宪法和法律就是有效维护自身合法权益。通过职业化的法律服务，提高社会公众遵守宪法和法律的守法能力和水平，建立具有中国特色的形式、层次多元，内容相互衔接和统一的全民守法体系，让守法成为每一个社会成员日常的自觉行动，让守法精神渗透到社会生活的每一个角落。

（四）深化法治宣传教育，弘扬法治文化，设立促进全民守法工作机构，促进守法意识的不断增长，以普法促守法，逐渐形成有利于法治中国、法治社会建设的守法文化

要深入开展法治宣传教育，在全社会弘扬社会主义法治精神，培育法治文化，引导全体人民遵守法律、有问题依靠法律来解决，形成守法光荣和守法有责的良好氛围。要坚持法治教育与法治实践相结合，普法目标与守法效果相结合，建立全民守法指数考核指标体系，根据全民守法指标的状况适时调整法治宣传教育和普法工作的重点和中心，进一步改变单纯宣传法律文本的简单化普法思想，要坚持依法治国和以德治国相结合，把法治建设和道德建设紧密结合起来，把他律和自律紧密结合起来，做到法治和德治相辅相成、相互促进。

全民守法要做到守法与有德的统一。法律和道德都是社会行为规范，而最高境界的守法是恪守社会公德、职业道德和家庭美德，最低限度的守法是做到法律的底线不能越、道德的红线不能碰、法律的义务不能弃、道德的责任不能丢。把法治教育与道德教育结合起来，深化社会主义核心价值观学习教育实践，深入开展社会公德、职业道德、家庭美德、个人品德教育，大力弘扬爱国主义、集体主义、社会主义思想，以道德滋养法治精神。强化规则意识，倡导契约精神，弘扬公序良俗，引导人们自觉履行法定义务、社会责任、家庭责任，努力形成中华儿女互有责任的良好风尚。广泛开展时代楷模、道德模范、最美人物和身边好人学习宣传活动，积极倡导助人为乐、见义勇为、诚实守信、敬业奉献、孝老亲亲等美德善行。大力弘扬中华优秀传统文化，深入挖掘和阐发中华民族讲仁爱、重民本、守诚信、崇正义、尚和合、求大同的时代价值，汲取中华法律文化精华，使之成为涵养社会主义法治文化的重要源泉。

适时设立促进全民守法工作机构，将普法工作机构纳入全民守法组织管理体系，在普法工作中突出促进和保障全民守法的核心理念。要制定实现全民守法的整体规划，处理好学法与守法的关系，做到知行统一，学以致用。要教育广大领导干部和群众，从自己做起，从身边做起，从具体行为习惯做起。凡是法律禁止的，都不去做；凡是法律提倡的，积极对待；凡是法律保护的，依法去做。要养成相信法律、遵从法律、爱护法律的良好的守法意识，以做一个法治社会合格的公民为抓手，将守法义务落实到每位公民个人日常的一言一行中，逐步形成稳定有效的守法文化体系。

（五）以全民守法作为加强宪法和法律实施的工作抓手，全面推进法治社会建设

全民守法工作具有广泛的社会性和群众基础，全民守法作为法治的重要元素从整体上优化了建设法治中国的社会环境，通过法治社会的建设来推进法治中国的建设。全民守法是社会主义法治建设的重大课题，突出强调全民守法标志着党实施依法治国基本方略的决心和对社会主义法治建设规律认识的深化。全民守法对于构建社会主义和谐社会、实现国家长治久安具有重大战略意义。全民守法是加强和创新社会管理的基础性工作。社会管理的目标在于法的实施和法的价值目标的实现。通过依照宪法和法律来治理社会，使社会管理活动依法进行，从而实现社会公平和正义，形成具有长效性的稳定发展机制。社会管理的实质是社会的依法治理。全民守法是政府和公众在良性互动中实现国家"善政"和社会"善治"的前提。我国正处在改革发展的关键时期，各种利益矛盾相互交织，一方面党员干部要坚持群众路线不动摇，使各项决策更加符合科学发展观的要求，更加贴近人民群众的需要，执政党带头守法，为社会公众严格依法办事处处作出表率；另一方面，也要善于运用法律知识和技能释疑解惑，善于运用法治思维和法治方式化解矛盾，善于运用法律机制理顺社会关系。

人民群众的广泛参与是现代社会管理的重要特征。当前，当代中国社会结构、利益格局发生深刻变动和调整，公民积极参与社会意识明显提高。群众不仅是社会事务的参与者，更是良好秩序的建设者。公民在社会管理中不能扮演消极的、被动的角色，在一个人人都不遵守法律的社会中是无法形成具有长治久安特点的和谐社会的。全民守法是群众有序参与社会管理和社会依法治理的保证，只有全民守法，人民群众才会在社会管理和社会依法治理中表现出高度的社会责任感，形成法治共识，社会管理创新才有良好的群众基础和法治基础。只有以全民守法作为推进法治社会建设的工作抓手，通过全民守法形成良好的宪法和法律实施的社会氛围，形成较高的社会诚信体系，才能让市场要素充分展现自身的活力,让市场规律对社会资源起到基础性配置作用,才能有效地调动执政党、国家机关、社会组织和公民个人各个方面的主动性、积极性,以饱满的政治热情和审慎的守法态度投入社会主义现代化建设中,最大限度地发挥社会主体的创造力,努力实现中国梦和中华民族伟大复兴的理想。

只有全民守法,人人参与,法治社会建设才能具有生机勃勃的活力。法治社会离不开具有较高守法意识的组成法治社会的每一个的公民个体,公民个人的守法意识与全民守法水平两者相辅相成、相互促进,从个体到整体、从部分到全部,为法治社会的建设提供了高素质的人员保障和法律环境、守法意识的有效保障。全民守法通过将守法教育和实践引入家庭、学校、公共机构、社区、群团等不同的社会组织形态中,用法律的规则要求来规范人们的日常行为,摒弃各种落后腐朽、充满负能量的行为习惯、恶风恶俗,用权利义务法律意识和权力责任意识来塑造现代社会人们之间的健康的社会交往方式,不断地提升社会文明程度和发展水平,真正实现个人自由与社会利益和国家利益之间的有机协调,用法治精神夯实法治国家的社会形态,用法治所体现的正义来引导社会正义,最大限度地调动每一个社会成员参与社会主义现代化建设的主动性和积极性,努力提升个人的文明素质和全社会的精神面貌。正如习近平总书记所要求的那样:"要充分调动人民群众投身依法治国实践的积极性和主动性,使全体人民都成为社会主义法治的忠实崇尚者、自觉遵守者、坚定捍卫者,使尊法、信法、守法、用法、护法成为全体人民的共同追求。"①

四　加大全民普法力度

习近平总书记在党的十九大报告中明确指出："加大全民普法力度，建设社会主义法治文化，树立宪法法律至上、法律面前人人平等的法治理念。各级党组织和全体党员要带头尊法学法守法用法，任何组织和个人都不得有超越宪法法律的特权，绝不允许以言代法、以权压法、逐利违法、徇私枉法。"② 1985 年中共中央、国务院批转了《中央宣传部、司法部关于向全体公民基本普及法律常识的五年规划》，拉开了最具中国特色的五年普法行动的序幕。

党的十八大以来，全民普法工作得到了政府和全社会的重视，各项法治宣传教育措施不断深入人心，普法实效不断提高。党的十八届三中全会要求"健全社会普法教育机制"；党的十八届四中全会要求"坚持把全民普法和守法作为依法治国的长期基础性工作，深入开展法治宣传教育"；党的十八届五中全会要求"弘扬社会主义法治精神，增强全社会特别是公职人员尊法学法守法用法观念，在全社会形成良好法治氛围和法治习惯"。为推进全民法治宣传教育深入开展，2016 年 4 月，十二届全国人大常委会第

---

① 习近平：《加快建设社会主义法治国家》，《求是》2015 年第 1 期。

② 习近平：《决胜全面建成小康社会　夺取新时代中国特色社会主义伟大胜利——在中国共产党第十九次全国代表大会上的报告》，人民出版社 2017 年版，第 38 页。

二十次会议通过了《关于开展第七个五年法治宣传教育的决议》，拉开了"七五"普法工作的序幕。

2017年5月，中共中央办公厅、国务院办公厅下发《关于实行国家机关"谁执法谁普法"普法责任制的意见》，强调国家机关是国家法律的制定和执行主体，同时肩负着普法的重要职责。实行国家机关"谁执法谁普法"的普法责任制，是普法工作的重大理念创新和制度创新。2017年11月16日，中宣部、司法部、全国普法办联合发布《关于开展2017年"12·4"国家宪法日集中宣传活动的通知》，指出："以习近平新时代中国特色社会主义思想为指导，全面贯彻落实党的十九大精神，认真贯彻落实'七五'普法规划和全国人大常委会决议，加大全民普法力度，通过开展系列宪法宣传活动，普及宪法知识，弘扬宪法精神，维护宪法权威，让宪法家喻户晓、深入人心，推动全社会尊法学法守法用法，促进全面依法治国。"为此，作为当前和今后一个时期全国普法战线的首要政治任务，在"12·4"国家宪法日期间，按照党中央统一部署，采取多种形式，运用多种载体，加大宣传力度，抓好面向广大群众的宣传教育，深入浅出地向广大群众宣传解读好党的十九大精神，宣传解读好习近平总书记关于法治的重要论述的基本内涵、主要内容、基本特征和重要意义，以习近平关于全面依法治国的论述为依据，通过加大全民普法力度，扎扎实实地推动法治宣传教育工作，努力营造有利于构建法治文化和法治社会的良好的社会学法氛围，提高普法工作的活力和效率。

参考文献

马列主义经典著作及中国国家领导人著作

马克思:《资本论》第1卷,人民出版社2004年版。

《马克思恩格斯选集》第1卷,人民出版社1995年版。

《马克思恩格斯选集》第4卷,人民出版社1995年版。

《马克思恩格斯全集》第1卷,人民出版社1995年版。

《列宁全集》第18卷,人民出版社1959年版。

《毛泽东著作选读》(下册),人民出版社1986年版。

《毛泽东文集》第7卷,人民出版社1999年版。

《邓小平文选》第1卷,人民出版社1994年版。

《邓小平文选》第2卷,人民出版社1994年版。

《邓小平文选》第3卷,人民出版社1993年版。

《江泽民论有中国特色社会主义》(专题摘编),中央文献出版社2002年版。

《江泽民文选》第2卷,人民出版社2006年版。

《江泽民文选》第3卷,人民出版社2006年版。

《胡锦涛文选》第2卷,人民出版社2016年版。

《胡锦涛文选》第3卷,人民出版社2016年版。

习近平:《习近平谈治国理政》,外文出版社2014年版。

习近平：《习近平谈治国理政》第 2 卷，外文出版社 2017 年版。

习近平：《在庆祝中国共产党成立 95 周年大会上的讲话》（2016 年 7 月 1 日），人民出版社 2016 年版。

习近平：《决胜全面建成小康社会　夺取新时代中国特色社会主义伟大胜利——在中国共产党第十九次全国代表大会上的报告》，人民出版社 2017 年版。

专著、文集

《党的十八届三中全会〈决定〉学习辅导百问》，党建读物出版社、学习出版社 2013 年版。

《法理学》（马克思主义理论研究和建设工程重点教材），人民出版社、高等教育出版社 2010 年版。

《监督执纪问责核心法规》，中国方正出版社 2016 年版。

莫纪宏编著：《政府与公民宪法必读》，中国人民公安大学出版社 1999 年版。

《彭真文选》，人民出版社 1991 年版。

彭真：《论新中国的政法工作》，中央文献出版社 1992 年版。

《彭真传》第 4 卷，中央文献出版社 2012 年版。

人民日报评论部：《习近平用典》，人民日报出版社 2015 年版。

汪东林：《梁漱溟问答录》，湖北人民出版社 2004 年版。

王家福、刘海年主编：《中国人权百科全书》，中国大百科全书出版社 1998 年版。

《谢觉哉论民主与法制》，法律出版社 1996 年版。

《宪法学》（马克思主义理论研究和建设工程重点教材），高等教育出版社、人民出版社 2011 年版。

徐显明、李林主编：《法治中国建设的理论与实践》，中国社会科学出版社 2015 年版。

许崇德：《中华人民共和国宪法史》，福建人民出版社 2003 年版。

俞可平：《论国家治理现代化》，社会科学文献出版社 2014 年版。

张文显：《二十世纪西方法哲学思潮研究》，法律出版社 1996 年版。

《〈中共中央关于全面推进依法治国若干重大问题的决定〉辅导读本》，人民出版社 2014 年版。

《中国共产党第十九次全国代表大会文件汇编》，人民出版社 2017 年版。

中共中央文献研究室编：《十四大以来重要文献选编（下）》，人民出版社 1999 年版。

中共中央文献研究室编：《十八大以来重要文献选编（上）》，中央文献出版社 2014 年版。

中共中央文献研究室编：《十八大以来重要文献选编（中）》，中央文献出版社 2016 年版。

中共中央纪律检查委员会、中共中央文献研究室编：《习近平关于党风廉政建设和反腐败斗争论述摘编》，中央文献出版社、中国方正出版社 2015 年版。

中共中央文献研究室编：《习近平关于全面依法治国论述摘编》，中央文献出版社 2015 年版。

中共中央文献研究室编：《习近平总书记重要讲话文章选

编》,中央文献出版社、党建读物出版社2016年版。

《中国共产党章程》,人民出版社2017年版。

最高人民法院中国特色社会主义法治理论研究中心编:《法治中国——学习习近平总书记关于法治的重要论述》,人民法院出版社2014年版。

[德]约瑟夫·夏辛、容敏德编著:《法治》,法律出版社2005年版。

[古希腊]亚里士多德:《政治学》,吴寿彭译,商务印书馆1981年版。

[古罗马]西塞罗:《论共和国 论法律》,王焕生译,中国政法大学出版社1997年版。

[美]约翰·罗尔斯:《正义论》,何怀宏等译,中国社会科学出版社1988年版。

[美]E. 博登海默:《法理学:法律哲学与法律方法》,邓正来译,中国政法大学出版社2004年版。

[英]弗里德里希·冯·哈耶克:《法律、立法与自由》(第2、3卷),邓正来等译,中国大百科全书出版社2000年版。

[英]培根:《培根论文集》,水天同译,商务印书馆1983年版。

期刊

习近平:《加快建设社会主义法治国家》,《求是》2015年第1期。

习近平:《发挥人大职能作用 加强地方立法 促进社会主义市场经济体制的建立和完善》,《福建人大月刊》

1994年第1期。

习近平：《使人民群众不断获得切实的经济、政治、文化利益》，《求是》2001年第19期。

习近平：《全面贯彻实施宪法　促进社会主义政治文明建设》，《浙江人大》2002年第12期。

习近平：《巩固执政基础增强执政本领》，《党建研究》2005年第2期。

习近平：《弘扬法治文化建设"法治浙江"——写在"五五"普法启动之际》，《浙江政报》2006年第23期。

李林：《通过法治实现公平正义》，《北京联合大学学报》2014年第3期。

李林：《依法治国与推进国家治理现代化》，《法学研究》2014年第5期。

袁曙宏：《开创中国特色社会主义法治新时代——深入学习习近平总书记关于全面依法治国的重要论述》，《求是》2016年第10期。

袁曙宏：《正确认识和处理新形势下改革与法治的关系》，《紫光阁》2015年第9期。

报纸

《江泽民在中央纪委第四次全体会议上发表重要讲话强调：治国必先治党治党务必从严》，《人民日报》2000年1月15日第1版。

韩大元：《维护宪法法律权威》，《北京日报》2014年10月27日第3版。

李林：《党的领导是中国特色社会主义法治之魂》，《人民日报》2015年4月2日第7版。

李志昌:《"党大还是法大"暗藏思维陷阱》,《中国社会科学报》2015年4月13日第725期。

李建国:《把经济社会发展纳入法治轨道》,《人民日报》2015年11月13日第6版。

莫纪宏:《推进合宪性审查——"依宪治国"重要举措》,《北京日报》2017年11月6日第13版。

张宿堂、何加正:《江泽民在中共中央举办的中央领导同志法制讲座上强调:实行和坚持依法治国 保障国家的长治久安》,《人民日报》1996年2月9日第1版。

索 引

B

把权力关进制度笼子　50,313
罢免　273,280,314
办案质量终身负责制　315
办事依法　64,336,338
保障人权　8,15,17,39,40,49,
　　52,53,55—57,90,104,126,
　　203,292
备案审查　44,137,220,223
变通执法　266
表达权　158,281,309

C

裁判文书　292,311,312
裁判文书公开　311,312
参与权　158,281,309
长治久安　8,9,15,18,22,24,
　　25,27,31,74,81,91,92,
　　104,136,137,150,169,
　　218,348
成文法典　3
程序正当　256
粗暴执法　269
村务公开　280
错案责任倒查问责制　315

D

党大还是法大　75,76
党的领导　8,9,11,13,16,17,
　　20,22,33,34,42,43,48,
　　72—79,85—90,92,93,101,
　　102,109,110,115,116,
　　120—122,138,145,147,
　　152,153,155—158,166—
　　168,174,176—181,183,
　　184,188,193,211,217,234,
　　248,260,278,286,289,307,

313,332

党和法治的关系 72

党内法规体系 67,102,115,118,135,137,139,140,173

党内监督 10,135,225,272—274,278,280,316

道德是法律的基础 195

道德是内心的法律 71,194

邓小平理论 1,2,13,14

地方法治 344

地方性法规 223,227,230,233,237,238,252,265

钓鱼执法 266

定分止争 285,289

F

法定程序 40,79,139,218,229,234,252,264,309

法律草案 125,235,239

法律程序 241,287

法律底线 123,287,308,328,338

法律地位 43,206,212,213,321

法律服务 131,334,345

法律和道德相辅相成 71,194

法律红线 123,252,308,328,338

法律解释 125,237

法律面前人人平等 39,177,189—191,218,327,329,330,350

法律权威 14,40,43,44,123,126,130,188,190,191,206,208,209,213,214,218—220,225,226,331,336,337,342

法律是成文的道德 71,194

法律是道德的保障 196

法律文书统一上网 293,311

法律效力 32,43,180,205,206,208,214

法律援助 128,131,290,292,322,323

法外开恩 255,297

法无授权不可为 37

法制统一 25,84,180,190,219,223,306

法制义务宣传员 344

法治保障体系 67,102,115,118,140

法治当中有政治 74

法治道路 6,9,10,12,14,17,48,65,71,74,80,105—113,115—117,119,120,145,146,155,163,166—169,

175,179,198,219,304

法治方式　14,17,27,39,44,49,62,64,94,121,127,133,151,163,170,183,192,193,247—249,260,265,268,338,348

法治工具主义　48

法治轨道　10,26,44,49,62,66,67,70,83,85,87,101,122,147,163,236,247,256,260,338

法治国家　2,8,9,11,12,14,17,22,23,26,28,45,48,53,65,68,69,74,80,86,90,92,100,102,108,109,113,115,117,118—120,132,133,137,144—146,149,155,160—167,171,174,175,177,181,203,216,217,256,258,259,261,327,329,337,341,342,349

法治和德治相得益彰　71,194

法治环境　64,100,163,249,338

法治基础　40,160,183,248,348

法治监督体系　67,102,115,118,140

法治建设　2,6—9,11,13,20,23,25,34,64—67,70,72,76,82,86,104,107,109—114,116,117,123,124,144,146,147,151,154—156,158,160,161,164,167,169—175,177,178,185,187,193,194,196,199,211,214,218,226,228,229,244,251,265,266,289,297,298,330,343,346,347

法治教育　130,334,346

法治经济　10,83,144,166,173,241

法治精神　8,66,71,113,130,131,166,194,217,226,327,329,331—334,336,346,349,350

法治理论　2,6,9,10,12—14,37,43,48,65,80,105,106,110,112,113,115,119,120,145,146,155,163,169,199,204,331

法治权威　16,39,43,166,206,219,336

法治社会　9—12,28,55,68,69,83,92,102,119,129,131—133,144,155,161—

166,171,173,197,211,261,327—329,337,341,342,344,346—349,351

法治实践 13,48,66,114,131,169,227,235,335,336,346

法治实施体系 67,102,115,118,140,306

法治衰则国家乱 21

法治思维 14,17,27,32,39,44,49,62,78,94,101,121,127,133,151,163,170,183,192,193,246—249,260,265,268,338,348

法治体系 9—14,17,44—46,48,64,65,67,74,80,100,102,105,106,108,110,113—120,133,135,137,140,145,146,149,155,156,160,163,166,169,171,181,198,219,232,238,244,313,331,335

法治统一 226,231,246

法治万能主义 48

法治文化 39,66,71,114,130,133,144,163,166,173,194,211,212,217,331,332,334,336,337,342,346,347,350,351

法治文明 3,13,14,48,109,112,113,115,165,169,200,247

法治系统工程 66

法治兴则国家兴 21,160

法治形式主义 48

法治虚无主义 49

法治宣传教育 8,38,331,334—336,346,350,351

法治意识 66,113,133,333,336

法治政府 9—12,28,36,65,68,69,80,92,93,99,102,114,119,122,126,131—133,144,155,161—166,171—173,224,255—262,268,271,272,276,281,283,336,341

法治中国 6,9,10,12,14,21,23,28,30,37,68,71,78,80,92,99,118,132,133,141,144—150,152,159—167,171,172,174—176,214,246—248,291,329,346,347

非法证据排除 129,292,302

G

改革和法治 245

高效便民 256

革命党 19,94,121

根本大法 201

根本法 16,32,40—43,116,160,178,180,181,201,203,204,206,208,209,212—214,216,218—220,251

公民行为准则 342

公平正义 8,14,15,25,30,31,38,54—64,72,82,83,86,91,94,99,104,128,143,155,160,163,180,185,188,208,213,217,249,261,264,268,286,287,289—291,294—297,311,318,319,324,325

公正廉明 296

公正是法治的生命线 59,127,296

公正司法 9,11,16,38,63,66,69,70,80,92,93,99,102,114,119,123,124,127—129,133,144,152,161,163,165,171,197,231,285,287,294—298,302,307,309,310,320,323,328,330,336

公众参与立法 36,125,239

关键少数 17,39,191,264

规范性文件 44,220,223,226,227,244,339

规章 125,131,223,236,237,239,284

国家治理体系和治理能力现代化 9,10,14,16,17,24,25,28,44—47,67,81,82,86,90,91,100,111,115—117,121,138,147,150,160—165,169,171,176,198,214,260—262,265,306

国家尊重和保障人权 53,203,292

H

行业自律 345

合法行政、合理行政 256

合宪性审查 43,226,227,254

互联网+ 282

化解矛盾靠法 64,338

J

基层法治 343,344

基层群众性自治组织 279,343,344

家庭美德 196,346

坚持党的领导、人民当家作主

和依法治国有机统一 8,92,174,211

坚持党的领导、人民当家作主、依法治国有机统一 13,16,33,43,73,152,153,157,158,177,178,181

坚持法治国家、法治政府、法治社会一体建设 9,12,65,68,80,92,119,131,132,155,341

坚持"老虎""苍蝇"一起打 313,340

坚持依法治国、依法执政、依法行政共同推进 9,12,65,68,80,92,119,131,132,155,341

监督合力 272,274,278

监督权 34,132,158,217,268,275,281,309,314

监督全覆盖 284

监督体系 11,67,102,115,118,140,171,272—274,276,278,316

监督网络 272,274

监督者谁监督 274

检察机关 34,78,123,128,129,218,234,278,288,290,297,302,303,314—316,321,323,324

检察建议 314

检察权 128,129,183,287—293,297—300,302—304,307,321,323—325

检务公开 129,292,293,310

警务公开 129,293,310

敬畏法律 133

K

科学发展观 1,2,13,14,348

科学立法 8,9,11,16,35,36,62,66,69,70,80,92,93,99,102,114,119,123—125,133,140,144,152,161,165,171,182,228,229,232,234,236,238,239,248,250,252,254,285,297,328,330

L

厉行法治 27,45,52,130,163,168,175,179,234,331,338,339

立法腐败 232

立法规划 232,233,236,250

立法建议 236

立法科学化 233

立法体制 36,86,93,124,

231—233,238

立法效率　230,231

立法引领　47,238

立法质量　36,93,124,172,228—233,238,239,249

立法重点　233

廉洁政府　283

良法善治　15,17,18,44—46,48,71,76,90,100,156,163,197,233

"两个基本"　22,23,49

"两个一百年"　2,11,14,15,22,26,116,141,151,160,161

领导立法　70,78,80,93,102,120,121,139,140,165,183,184,234,250,328

律师　292,323

律师执业权利保障机制　292

M

马克思列宁主义　1,2,4,13

毛泽东思想　1,2,13,202

民事诉讼　314

民主监督　158,272—274,278—280

P

普法目标　346

Q

权利救济　55,126,285,289

权责法定　122,259,261

权责统一　122,126,256,281

全面建成小康社会　10,15,24—27,55,57,58,81,82,90,95—100,103—105,109,114,141,143,146,150,159—162,173,185,246,259—261,268

全面推进科学立法、严格执法、公正司法和全民守法　16

全面推进科学立法、严格执法、公正司法、全民守法　69,123,133,152

《全面推进依法行政实施纲要》　173,256,280

全民普法　39,130,197,331,334,350,351

全民守法　9,11,16,38,66,69,70,80,86,92,99,102,114,119,123,124,129—131,133,144,152,161,165,171,173,197,231,285,297,327—334,336—338,341—349

R

让审理者裁判 291,301,325

人大监督 93,223,224,252, 272—274,313

人民代表大会制度 32,33, 93,185,187,188,203,204, 224,225,286,313

人民当家作主 2,8,11,13, 16,21,22,28,29,32—34, 42,43,52,73,85,88—90, 92,152,153,157,158,168, 174,177—181,185—187, 209,211,234,248,330

人民法院 75,273,287,288, 294,299,300,303—307, 312—314,324,325,336

人民监督员 292,294,315, 316,321

人民检察院 277,278,287, 288,294,299,303,304,307, 313,314,324,325

人民陪审员 129,292,293, 301,315,320,321

人民权益 14,29,34,59,94, 127,130,188,255,260,264, 266,291,319,323,331

人民司法 309,320,323

人民主体地位 30—32,34,35, 37—40,53,54,57,116,156, 157,177,184—188,217

人权 8—10,12,17,30,38— 40,46,49,52—57,72,90, 99,104,113,126,127,129, 157,158,162,163,203,240

人权司法保障 38,55,57,127, 129,289,290,292,293,298

人性化执法 269

人治 6—8,18,20—22,41, 47,85,191,265

柔性执法 269

S

"三大解放" 60,142

"三个代表"重要思想 1,2, 13,14

"三公开"平台建设 311

社会公德 196,346

社会监督 272—274,291,315, 316,321

社会治理 21,31,71,83,131, 162,197,200,214,243, 343,344

社会秩序 71,127,160,194, 255,260,266,299

社会主义法治必须坚持党的领导　75,179

涉诉信访　322

审判公开　129,292,293,310

审判机关　34,78,123,128,129,218,234,288,290,297,302,303,323,324

审判权　128,129,183,287—293,297—304,306,307,311,323—325

"十六字方针"　253,329,330

实质法治　48

市民公约　131,344

守法诚信　122,130,259,261

守法光荣　130,131,331,346

守法文化　346,347

守法效果　346

守法意识　329,334,337,346,347,349

司法便民　318,319,322,323

司法不公　38,76,83,127,172,289,292,296,298,315

司法调解　322

司法改革　69,285,287,294,298,299,319

司法公开　128,280,290,294,309—312,318

司法公信力　9,10,12,38,99,127,129,155,162,269,288,290,292,294—296,311,320,323

司法管辖　291,305,324

司法监督　272—274,278

司法解释　223,306

司法救助　131,292,311,322

司法民主化　319

司法能力　128,290,291

司法权　114,128,183,286,287,291,298—300,303,309,310,313,323,324,336

司法权力运行机制　128,290—292,298,324

司法审判　288,301

司法体制改革　8,11,12,38,65,86,93,94,114,154,155,171,173,287—291,293,294,296,297,304,305,310,319,322—326

司法听证　322

司法行政事务管理权　293,298,300

司法职权　38,127—129,288,291,293,298,313

司法职业化　319

司法制度　86,114,127,286—

289,291,297,304,306,307,
310,313,314,320,323

司法资源 319

"四个全面" 2,11,15,24,41,
66,80,95,97,103,104,145,
148,150,152,154,156,
173,242

四项基本原则 29,41,107,
168,210

送法下乡 345

T

贪赃枉法 76,83,266

同职同权 321

W

违法必究 8,66,99,123,163,
202,208,213,217,253,
329,330

违法干预司法 122,307—309

违法可耻 130,332

违反宪法 43,181,190,208,
214,215,219,223,225,226

维护稳定 39,165,193,260,
338

维护宪法权威 13,39,42,43,
209,215,223,226,330,351

伪命题 75,76

"文化大革命" 7,20,201,228,
253

无产阶级专政下继续革命理论
202,215

"五位一体" 2,15,66,103,
150,156,242,246

X

西方法治中心主义 48

西方民主政治模式 48

西方宪政民主理论 204

"西医法学" 48

宪法的权威也在于实施 42,
216

宪法的生命在于实施 42,216

宪法观念 213

宪法监督 43,204,220,223

宪法权威 13,15,32,39,41—
43,172,206,209,213,215,
219,223,226,330,351

宪法实施 13,16,42,43,172,
181,201,203,204,206,209,
211,212,214—216,218—
226,252,330

宪法宣传教育 217,334,335

宪法宣誓 213

宪法意识 43,213,217,221,
334

宪法至上 16,41,207

宪法尊严 42,43,181,209,214,215,223,330

乡规民约 131,321,344

新时代中国特色社会主义 1,2,12,13,31,103,141,144—146,148,149,151,154,155,161,163,177,203,351

信法 38,54,129,172,188,243,337,342,347,349

信仰法律 133,294,295,328,333

刑事诉讼 278,299,302,314

行政法规 125,210,223,227,230,233,236,237,256,265

行政机关 34,37,102,126,127,129,140,144,218,236,255,256,260,262,263,265,266,270,271,273,286,293,299,300,303

行政监督 258,272—274

行政决策风险 264

行政诉讼 273,314,315

行政执法 86,93,114,256,265—269

行政执法和刑事司法衔接 267

形式法治 48

修改法律 236,239,251

虚假诉讼 314

选择执法 266

学法 39,189,190,217,327,328,334,336,347,350,351

巡回法庭 304—306

徇情枉法 255

徇私枉法 36,39,76,123,126,129,172,190,191,221,308,333,338,350

Y

严格文明公正执法 269

严格执法 9,11,16,37,63,66,69,70,80,92,93,99,102,114,119,122—124,126,127,133,140,144,152,161,165,171,197,231,255,260,266,269—271,285,297,328,330

言必称西方 48

阳光司法 128,309—311,317,318

一手抓法治 71,194

一体建设 9,12,65,68,69,80,92,119,131—133,136,138,155,161,166,261,341

依法办事 20,39,66,78,99,102,123,129,131,139,163,

165,172,183,191,193,249,256,279,302,309,327,328,337—339,342,344,348

依法独立公正 122,128,129,183,287,288,290,291,293,297,301,302,304,306,309,323—325

依法决策 37,260,262—265

依法行政 8,9,12,36,37,65,66,68,69,80,92,93,99,102,114,119,122,126,131—133,140,155,161,163,165,255—263,266—268,271,272,276,280—282,336,341

依法执政 9,12,16,37,43,65,66,68—70,78,80,89,90,92,93,98,99,102,104,110,114,119—122,131,132,135,137,138,155,161,163,165,181,183,184,193,203—207,219,250,338,339,341

依法执政关键是依宪执政 16,43

依法执政基本方式 78

依法治官 17,49—51,76,90,180

依法治国基本方略 8,9,12,22,65,66,69,70,78,93,99,109,121,152—154,156,158,159,162,166,171,174,175,217,256,257,265,295,343,347

依法治国首先是依宪治国 16

依法治军 66,69,244

依法治理 40,69,89,131,260,348

依法治权 15,17,49—51,76,90,99,163,180

依法治省 211

依规治党 10,12,13,49,65,71,80,114,117,134—139,148,155,181,183,341

依宪执政 16,41,43,70,89,90,98,102,114,120,121,183,203—207,211,219,226,245,338

依宪治国 16,43,66,69,99,120,121,163,183,201,203—209,211,218,219,226,227,245

依宪治理 211,212

依宪治省 211

以党代政 77

以党治国 18,75,77,102

以德治国　12,18,49,65,70,71,155,177,193—197,346

以公开促公正　128,309,311

以权压法　36,39,76,123,126,129,172,190,191,255,308,333,338,350

以身试法　255

以审判为中心　301

以透明保廉洁　309

以言代法　39,76,123,129,190,191,333,338,350

引咎辞职　280

用法　38,39,64,129,188—190,217,327,328,334,336,338,350,351

由裁判者负责　291,301,325

有法必依　8,66,99,123,163,202,208,213,217,253,329,330

有法可依　8,66,123,202,208,213,217,228,230,240,253,329,330

于法有据　44,67,147,210,245,247,250,251,268

舆论监督　272—274,278,280,315—317

狱务公开　129,293,310

遇事找法　64,331,336,338

冤假错案　64,122,296,302,307,308,314

Z

责任追究　122,263,266,292,293,301,308,309,313,315

正人先正己　266

政法队伍　8

政法工作　63,86,139,279,295,316,328

政法机关　63,170,294,296,297,308,316,323

政府法律顾问制度　126,263

政略　18

政务公开　126,243,258,279—284

政治体制改革　80,84—87,92—95,101,147,170,266,289,294

政治陷阱　75

支持司法　70,78,80,93,102,120—122,128,140,165,184,309

知法犯法　129,172

知情权　129,158,281,309,316

知识产权　83,241

执法必严　8,66,99,123,163,

202,208,213,217,253,329,330

执法不严 36,76,83,126,172,190,221,266,269

执法严明 122,259,261

执行难 129,312

执行信息公开 311,312

执政党 18,20,40,42,50,57,59,85,89,94,102,121,134,135,144,160,204,206,225,248,250,273,286,328,337—339,348,349

职能科学 122,259,261

职业道德 196,292,294,346

制约公权 104,289

治国安邦 16,43,180,206,213,251

治国方略 15,17—19,121,203,204,258,327

治国理政 2,7,9—11,13,16—23,28—31,40—42,44—46,48,49,54,55,57,59,62,67,68,70,71,82,84,88—90,102,104,110,115—117,119,121,122,135,137—139,152—154,157,160,183,186,194,204,206,207,211,212,214,248,257,272,338

中国特色社会主义法律体系 8,12,64—66,135,155,163,171,181,206,208,213,217,219,228,230,240,253

中国特色社会主义法治道路 6,9,10,12,14,17,48,65,71,74,80,105—110,112,113,115—117,119,120,145,146,155,166,167,175,179,198,219,304

中国特色社会主义法治理论 6,12,14,43,48,65,110,112,113,115,119,120,145,146,155,204,331

中国特色社会主义法治体系 11—13,17,44,45,48,65,67,74,100,102,108,110,113—120,133,135,137,140,145,146,149,155,160,163,171,181,198,219,232,238,313,331,335

中国特色社会主义民主政治 48,88,109,178

中国特色社会主义司法制度 286—288,291,306,313,323

中华法律文化 14,48,199,347

中华法系 3,108,111

中华人民共和国主席 221
"中西医法学"相结合 48
忠于党 78,294
忠于法律 78,295
忠于国家 78,294
忠于人民 77,221,295
重大改革要于法有据 67,247,251
重点领域立法 66,125,240
主办侦查员 315
主任检察官 315
主审法官 291,301,315
资本主义法治 32,157,187

自治章程 343,345
总章程 16,41,43,180,201,206,213,251
最后一公里 267
尊法 38,39,129,130,188—190,217,328,334,349—351
遵守宪法 76,123,181,204,212,216,225,263,309,330,331,335,337,338,340,342,345
遵守宪法法律 76,123,225,309

后　记

本书是国家社会科学基金十八大以来党中央治国理政新理念新思想新战略研究专项工程项目"习近平治国理政新思想研究"（批准号：16ZZD001）的子课题有关法治问题重要论述研究的最终成果，由中国社会科学院法学研究所李林研究员、国际法研究所莫纪宏研究员共同完成。全书由李林负责框架设计，李林、莫纪宏共同撰写和统稿，中国社会科学院研究生院法学系的研究生王基宏任课题秘书，并负责文字编辑、索引编制、注释核对等工作。

在本书策划和写作过程中，中国社会科学院法学研究所陈甦研究员、李忠研究员、翟国强研究员、支振锋研究员，国际法研究所刘小妹研究员等提供了多方面帮助。

本书二稿完成后，召开专家评审会，参加评审会并提出宝贵意见的专家有：中共中央党校（国家行政学院）胡建淼教授（原国家行政学院）、卓泽渊教授（原中共中央党校），司法部司法研究所王公义研究员，中国社会科学院法学研究所冯军研究员、张广兴研究员和吴玉章研究员。

在课题结项研讨会上，军事科学院丛文胜教授和其他专家对本书给予积极评价并提出了重要建议。我的老朋友、中国社会科学出版社社长赵剑英对本书的思路、结构、创新等给予了重要而及时的指导；中国社会科学出版社总编辑助理王茵在课题立项、管理、服务和编务等方面提供了非常专业和敬业的帮助支持。

在本书付梓之际，谨向上述专家、同仁和朋友表示诚挚的感谢！

本书于2017年7月底完成初稿。党的十九大召开后，我们又根据十九大及二中全会、三中全会的精神对书稿作了全面修改完善。

本书是我们学习研究阐释习近平总书记关于法治的重要论述的阶段性成果。尽管我们已全力以赴、尽己所能，但由于能力、水平和时间所限，书中一定还存在诸多不足和缺憾，希望广大读者批评指正。

李　林

2019年1月